JN424114

중국 지역개발전략과 투자법제

김 성 화 저

법 영 사

머 리 말

會 當 凌 絶 頂(언젠가는 반드시 정상에 올라)
一 覽 衆 山 小(뭇 산들의 자그마함을 굽어보리라)
— 두보(杜甫)의 시「望岳」중에서

2002년 경, 한국에서 유학 및 연구 활동을 하는 중에 저자는 한국 모 대그룹 계열사에 초청되어 중국의 정치제도와 최근 경제발전전략에 대한 특강을 한 적이 있었다. 그때 특강에 참석했던 그 그룹의 한 간부가 저자에게 이런 질문을 했다.

"김 교수님, 저희 회사는 현재 중국의 서부지역에 위치한 사천성에 제약회사를 설립하려고 계획 중인데요, 가능하시다면 중국의 지역개발전략과 관련된 법제에 대해 간단하게 소개해 주실 수 없으신지요?"

그때 저자는 아주 난감할 수밖에 없었는데 당시 중국에서는 서부대개발(西部大開發)에 한창 열을 올리고 있었으나 지역개발전략을 뒷받침할만한 법제가 거의 없었을 뿐만 아니라 저자 본인 또한 이와 관련해 아는 것이 별로 없었기 때문이었다. 저자가 알고 있는 내용들을 깡그리 정리하여 답변은 겨우 드렸으나 그때의 그 난감했던 기억이 그 이후에도 머릿속에 계속 남아 맴돌았고 그 때부터 저자는 중국지역개발전략 특히는 이와 관련된 법제에 차츰 관심을 가지기 시작했다. 때마침 2003년 7월, 당시 한국 노무현(盧武鉉)대통령의 방중(訪中)을 계기로 "중 · 한공동성명(中 · 韓共同聲明)"이 발표되면서 서부대개발(西部大開發)은 중국과 한국 간 "10대 협력사업"의 하나로 선정되었다. 이러한 국내외적인 배경

하에서 결국 저자는 "중국 서부지역개발을 위한 투자관련 법제의 연구"라는 주제로 박사학위논문을 쓰기에까지 이르렀다. 비록 우연하게 시작한 공부이긴 했으나 지역개발전략 및 관련 법제의 중요성과 연구의 어려움을 직접 체험할 수 있었고 더욱이 학위논문 심사위원을 맡으신 교수님들의 따끔한 가르침을 받으면서 학문적으로 자신의 부족함과 지속적인 연구의 필요성을 절감하였다.

중국은 광활한 대륙과 최대의 인구를 가진 세계적인 대국이다. 주지하다시피 그동안 중국은 높은 GDP 성장률과 외국인직접투자, 그리고 방대한 양의 외환보유액으로 사실 상 세계경제를 주름잡는 경제대국으로 이미 자리매김을 하였다. 하지만 중국의 급속한 경제성장의 뒷면에는 많은 문제들이 산적해 있는 바, 그 중 하나가 바로 지역발전의 격차라고 할 수 있다.

1978년 말 개혁 · 개방정책을 실시한 후 중국의 제2세대 지도자 등소평(鄧小平)은 국가의 효율적인 경제발전을 위해 동부지역의 경제발전을 우선하는 "선부론(先富論)"과 "두 개 대국론(兩個大局論)" 및 "삼보주(三步走)" 등 불균형발전전략(不均衡發展戰略)들을 제시하였다. 이러한 전략에 따라 중국 동부지역은 자체의 우월한 지리적 여건, 막대한 외국인직접투자, 중앙정부의 전폭적인 정책지원 등에 힘입어 저렴한 노동력을 활용하여 수출 위주의 노동집약형 산업으로 급속도로 발전한 반면에, 서부 · 중부 및 동북지역은 불리한 지리적 여건, 미흡한 외국인투자, 개발전략의 부족 등으로 인하여 경제발전으로부터 상대적으로 소외되어 그동안 경제적 낙후상태가 줄곧 지속되어 왔다. 이러한 지역발전격차는 오늘날 국민경제발전을 저애함은 물론, 국가의 정치적 안정까지 위협하는 등 심각한 양상을 보이고 있다. 따라서 중국정부는 지역발전격차를 그대로 방치할 경우 사회적 분열과 동서 간 경제의 동반추락도 예상된다고 판단하고 국토의 균형발전과 내수시장의 고른 확대에 따른 지속적인 경제성장을 도모하기 위해 낙후된 중서부지역 · 동북지역 및 농촌지역을 개발하는 다양한 지역개발전략들을 추진하게 되었다. 특히 세계경제의 침체와 국제금융시장의 불안이 가중되고 있는 최근의 상황을 감안할 때 중국의 입장에서는 지역개발을 통한 내수시장의 확대가 불가피하다고 할 수 있다.

중국에서 지역개발전략이라고 함은, 중국 서북(西北)지역에 위치한 섬서성(陝西省) · 감숙성(甘肅省) · 청해성(青海省) · 녕하회족자치구(寧夏回族自治區) · 신강위구르자치구(新疆維吾爾自治區) · 내몽고자치구(內蒙古自治區)등과 서남(西南)지역에 위치한 사천성(四川省) · 중경직할시(重慶直轄市) · 운남성(云南省) · 귀주성(貴州省) · 티벳자치구(西藏自治區) · 광서장족자치구(廣西壯族自治區)등을 포함하는 낙후된 서부지역 12개 성(省) · 자치구(自治區) · 직할시(直轄市)를 개발하는 "서부대개발(西部大開發)"전략, 요녕성(遼寧省) · 길림성(吉林省) · 흑룡강성(黑龍江省)등 동북지역 노후공업기지의 진흥을 위한 "동북진흥(東北振興)"전략, 그리고 호북성(湖北省) · 호남성(湖南省) · 하남성(河南省) · 산서성(山西省) · 강서성(江西省) · 안휘성(安徽省) · 무한시(武漢市, 호북성의 성도) 등 중부지역의 6개 성(省)과 1개 시(市)를 개발하기 위한 "중부궐기(中部蹶起)"전략, 낙후지역 농촌문제의 해결을 위한 중국 식 새마을 운동인 "사회주의 신 농촌건설(社會主義新農村建設)"전략 등을 말한다.

이러한 지역개발전략들은 21세기 중국의 국운(國運)이 걸려 있는 또 하나의 중대한 실험이며, 중국정부가 국토의 균형발전과 경제의 지속적인 고속성장을 위하여 야심차게 추진 중인 국토종합개발 프로젝트이다. 중국이 21세기 중엽에 전면적인 "소강사회(小康社會, 풍족하고 여유 있는 사회)"의 건설목표를 달성하기 위해서는 이러한 지역개발전략들의 성공여부에 달려있다고 해도 과언이 아니다. 또한 이는 오늘날 중국이 채택한 "과학적발전관(科學發展觀)"과 "조화사회(和諧社會)"건설의 국책이념과도 맞물리는 것이다.

지역개발전략들이 성공하기 위해서는 국내외의 자본과 인재 및 기술을 많이 유치하는 것이 중요한 관건이며, 해당 지역의 투자환경을 근본적으로 변화시킬 수 있도록 하는 투자법제가 마련되어야 한다. 더욱이 외국자본이 도입되는 경우에는 그 적절한 운용과 과실송금의 보장 및 투자보상 등을 위한 법적 장치가 매우 중요한 전제가 되므로, 지역개발과 투자법제 간의 역학관계를 살펴 지역개발을 위한 다양한 투자법제와 정책들을 연구하는 것은 여러모로 자못 중요한 의미를 가진다.

그러나 이러한 지역개발전략들을 추진하는 과정에 아직까지도 중앙정부와 해당 지방정부의 정책적인 문건에 대부분 의존하는 수준에 머물러 있으며 지역개발전략들을 추진하고 보장하기 위한 법적 시스템은 미흡한 실정이다. 이러한 상황은 해당 지역의 투자환경의 개선을 제약하고 있을뿐더러 국내외투자자들의 투자리스크를 가중시키고 있으며 실제로 중국 중서부지역에 투자했거나 투자하고자 하는 많은 외국인들이 불안감 때문에 이 분야에 대한 자문을 끊임없이 해오고 있는 것이 현실이다.

따라서 본서는 "서부대개발(西部大開發)"전략, "동북진흥(東北振興)"전략, "중부궐기(中部蹶起)"전략, "사회주의 신 농촌건설(社會主義新農村建設)"전략 등 그동안 중국이 추진해 오고 있는 지역개발전략들과 이와 관련된 투자법제와 정책들을 중점적으로 연구하여 향후 정책방향을 제시함으로써 중국 지역개발전략과 투자법제에 대해 체계적으로 연구하는 계기를 마련하고 특히 외국인투자자들이 중국 중서부지역에 진출하는데 일정한 도움을 드리고자 집필하게 되었다.

본서는 모두 8개장으로 나뉘었는바, 제1장 중국의 지역개발전략; 제2장 서부대개발전략과 투자법제; 제3장 동북진흥전략과 투자법제; 제4장 중부궐기전략과 투자법제; 제5장 사회주의 신 농촌건설전략과 투자법제; 제6장 중국 지역개발과 관련된 투자법제; 제7장 주요 국가의 지역개발과 투자법제; 제8장 중국지역개발전략과 발전방향 순으로 정리되었다. 또한 현재 중국 지역개발전략과 관련된 해당 투자법규와 정책들을 참고하는데 도움을 드리고자 부록을 추가하였다.

국내외의 경제여건이 급변하는 현 상황에서 최근의 자료를 수집하는데 예상보다 어려움이 뒤따랐고 각 지역별 투자관련 법제와 정책들을 구체적으로 다루지 못한 점이 무엇보다도 아쉬움으로 남는다. 따라서 이 부분은 향후 연구과제로 별도로 남겨 두기로 한다.

이 기회를 빌어 한국유학생활 과정에서 큰 뜻을 품고 학문적으로 더 한층 정진할 수 있도록 부족한 제자를 엄격하게 이끌어주신 고준환 교수님, 그리고 인생과 학문연구의 길에서 항상 끊임없는 격려와 용기를 주시며 따뜻한 배려와 함께 뜻 깊은 인생의 진리를 깨우쳐주신 석희태 교수님 두 분 은사님께 진심으로 감사를 드리며, 학위논문심사를 맡아 많은 심혈을 기울여 주신 홍승인 교수님(경기대), 송쌍종 교수님(서울시립대), 박동진 교수님(연세대)께도 지면으로나마 감사의 인사를 전해 드린다.

또한 오늘도 늘 한결같이 여러 모로 많은 도움을 주고 계시는 정연호 변호사님(법무법인 렉스), 홍용석 교수님(경기대 행정대학원), 장시성 사장님(혜인SHOT)께 깊은 감사의 마음을 전하며, 학문연구의 길에서 함께 고락을 나누고 있는 정정일 박사님과 김정덕 박사님께도 따뜻한 고마움을 전한다.

특히 강의와 연구 및 자문 역으로 불철주야 바쁘신 와중에서도 변변치 못한 본서의 발간을 위해 많은 도움을 주신 경희대학교 법과대학 최승환 교수님의 노고에 깊은 사의를 표한다.

또한 최근의 어려운 경제여건 속에서도 본서의 발간을 선뜻 수락하여 주신 법영사 고준영 사장님께도 진심으로 감사드린다.

끝으로 저자 나름대로의 고민과 노력에도 불구하고 본서는 발간하는 이 순간에도 여러 가지로 부족함이 느껴진다. 선배제현과 독자 여러분들의 아낌없는 질타와 조언을 기대하며 부족한 부분은 향후 지속적인 연구를 통해 단계적으로 수정 및 보완할 것임을 약속드린다.

저 자

2008년 12월 15일

中國 蘇州 敬文 書齋에서

차 례

제 1 장 중국의 지역개발전략

제 2 장 서부대개발전략과 투자법제

제 3 장 동북진흥전략과 투자법제

제 4 장 중부궐기전략과 투자법제

제 5 장 사회주의 신 농촌건설전략과 투자법제

제 6 장 중국 지역개발과 관련된 투자법제

제 7 장 주요 국가의 지역개발과 투자법제

제 8 장 중국 지역개발전략과 발전방향

제 1 장 중국의 지역개발전략

제 1 절 지역개발전략의 개요

Ⅰ. 지역개발전략의 의미

중국은 광활한 대륙과 최대의 인구를 가진 세계적인 대국이다. 주지하다시피 그동안 중국은 높은 GDP 성장률[1]과 외국인직접투자,[2] 그리고 방대한 양의 외환보유액[3]으로 사실상 세계 경제를 주름잡는 경제대국으로 자리매김을 하였다. 하지만 중국의 급속한 경제성장의 뒷면에는 많은 문제들이 산적해 있는 바, 그 중 하나가 바로 지역발전의 격차라고 할 수 있다.

1978년 말 개혁 · 개방정책을 실시한 후 중국의 제2세대 지도자 등소평(鄧小平)은 국가의 효율적인 경제발전을 위하여 동부지역의 발전을 우선하는 “선부론(先富論)”과 “두 개 대국론(兩個大局論)” 및 “삼보주(三步走)” 등 불균형발전전

---

1) 2007년 중국 GDP성장률은 전년대비 11.4% 증가한 것으로 집계되었으며 2008년에는 전년대비 10.2% 증가할 것으로 예측되고 있다(國家統計局: http://www.stats.gov.cn/tjgb/ndtjgb/qgndtjgb/t20080228_402464933. htm, 검색일시: 2008년 9월 28일).

2) 중국에 대한 외국인직접투자는 최근 들어 하락세를 보이고 있는바, 실제로 2006년의 경우, 중국에 투자한 외국인기업 수는 41485개로 전년대비 5.76% 줄었으며, 실제 이용한 외자액은 694.68억 달러로 전년대비 4.06% 줄었고, 2007년의 경우, 중국에 투자한 외국인기업 수는 37888개로 전년대비 8.69% 줄었으며, 실제 이용한 외자액은 826.58억 달러로 전년대비 13.8% 줄었다(商務部: http://www.mofcom.gov.cn/static/v/to ngjiziliao/v.html/1, 검색일시: 2008년 9월 28일).

3) 중국의 외환보유액은 2008년 6월까지 1조 달러를 훨씬 넘어선 18088.28억 달러로 집계되었다(國家外滙管理局: http://www.safe.gov.cn/model_safe/tjsj/tjsj_detail.jsp?ID=110400000000000000,19&id=5, 검색일시:2008년 9월 28일).

략(不均衡發展戰略)들을 제시하였다.[4] 이러한 전략에 따라 중국 동부지역은 자체의 우월한 지리적 여건, 막대한 외국인직접투자, 중앙정부의 전폭적인 정책지원 등에 힘입어 저렴한 노동력을 활용하여 수출 위주의 노동집약형 산업으로 급속도로 발전한 반면에, 중서부지역 · 동북지역 및 농촌지역은 불리한 지리적 여건, 미흡한 외국인투자, 개발전략의 부족 등으로 인하여 경제발전으로부터 상대적으로 소외되어 그동안 경제적 낙후상태가 줄곧 지속되어 왔다. 이러한 지역발전격차는 국민경제발전을 저애함은 물론, 국가의 정치적 안정까지 위협하는 등 심각한 양상을 보이고 있다.[5] 따라서 중국정부는 지역발전격차를 그대로 방치할 경우 사회적 분열과 동서 간 경제의 동반추락도 예상된다고 판단하고 국토의 균형발전과 내수시장의 고른 확대에 따른 지속적인 경제성장을 도모하기 위하여 낙후된 중서부지역 · 동북지역 및 농촌지역을 개발하는 다양한 지역개발전략들을 추진하게 되었다.[6] 특히 세계경제의 침체와 국제금융시장의 불안이 가중되고 있는 최근의 상황을 감안할 때 중국의 입장에서는 지역개발을 통한 내수시장의 확대가 불가피하다고 할 수 있다.

중국에서 지역개발전략이라고 함은, 중국 서북(西北)지역에 위치한 섬서성(陝西省) · 감숙성(甘肅省) · 청해성(青海省) · 녕하회족자치구(寧夏回族自治區) · 신강위구르자치구(新疆維吾爾自治區) · 내몽고자치구(內蒙古自治區)등과 서남(西南)지역에 위치한 사천성(四川省) · 중경직할시(重慶直轄市) · 운남성(云南省) · 귀주성(貴州省) · 티벳자치구(西藏自治區) · 광서장족자치구(廣西壯族自治區)등을 포함하는 낙후된 서부지역 12개 성(省) · 자치구(自治區)[7] · 직할시(直轄市)를 개발하는 “서부대개발(西部大開發)”전략,[8] 요녕성(遼寧省) · 길림성(吉林省) · 흑룡강성(黑龍江省)등 동북 세 개 지

---

4) 鄧小平, 「鄧小平文選」(第3卷), 人民出版社(北京), 1993年 第1版, 第155面, 第226面, 第246面, 第277-278面, 第373-374面.

5) 王炳林 · 徐艷華, “正確認識小康社會與和諧社會的關係”, 「社會主義經濟理論與實踐」, 2006年 第1期, 第146面.

6) 대부분의 후진국이 경제개발계획을 수립하는 데에는 통상 정치적 고려를 포함하고 있다. Warren F. Ilchman and Norman. T. Uphaff, *The Political Economy of Change* Ch. Ⅰ and Ⅱ, especially at 14. (Berkeley: University of California Press, 1969).

7) 중국의 민족구역자체제도에 따라 중국 내의 소수민족자치지역은 분포지역 및 인구수 등에 따라 자치구(自治區, 省 級), 자치주(自治州, 地區 級), 자치현(기)(自治縣〔旗〕, 縣 級) 등 세 가지로 나뉜다.

8) 서부대개발을 위한 정책실시 및 적용범위에는 지리적으로 서부지역 외에도 중부지역의

역의 노후공업기지의 진흥을 위한 "동북진흥(東北振興)"전략,[9] 그리고 호북성(湖北省) · 호남성(湖南省) · 하남성(河南省) · 산서성(山西省) · 강서성(江西省) · 안휘성(安徽省) · 무한시(武漢市, 호북성의 성도) 등 중부지역의 6개 성(省)과 1개 시(市)를 개발하기 위한 "중부궐기(中部蹶起)"전략, 낙후지역 농촌문제의 해결을 위한 중국 식 새마을 운동인 "사회주의 신 농촌건설(社會主義新農村建設)"전략[10] 등을 말한다.

이러한 지역개발전략들은 21세기 중국의 국운(國運)이 걸려 있는 중대한 실험이며, 중국정부가 국토의 균형발전과 경제의 지속적인 고속성장을 위하여 야심차게 추진 중인 국토종합개발 프로젝트이다. 중국이 21세기 중엽에 전면적인 "소강사회(小康社會, 풍족하고 여유 있는 사회)"[11]의 건설목표를 달성하기 위해서는 이러한 지역개발전략들의 성공여부에 달려있다고 해도 과언이 아니다.

오늘날 중국의 지역발전격차는 그 위험수위를 넘어서 심각한 양상을 보이고 있다. 이를 그대로 방치할 경우 사회적 분열을 조장하게 될 것이고 국민경제의 지속적인 성장을 보장할 수 없음은 물론, 동서 간 경제의 동반추락까지도 예상

내몽고자치구(內蒙古自治區)와 동부지역의 광서장족자치구(廣西壯族自治區)가 정식으로 추가되어 모두 12개 지역이다. 그 후 중부지역에 위치한 호남성(湖南省)의 상서토가족묘족자치주(湘西土家族苗族自治州), 호북성(湖北省)의 은서토가족자치주(恩施土家族自治州) 및 동부지역에 위치한 길림성(吉林省)의 연변조선족자치주(延邊朝鮮族自治州)가 그 특수성이 감안되어 "서부대개발우대정책적용지역(西部大開發優待政策適用地域)"으로 다시 추가되었다. 따라서 여기서 서부지역이라 함은 단순한 지리적 개념보다는 중국에서 낙후된 소수민족지역을 통칭하는 개념으로 이해하는 것이 더 바람직하다.

9) 동북진흥전략을 중국 내에서는 "동북노후공업기지진흥(東北老工業基地振興與)"이라고 표현하나 여기서는 간결함을 기하기 위해 동북진흥전략이라고 쓰기로 한다.

10) "사회주의 신 농촌건설(社會主義新農村建設)"에 대해 중국 내에서는 이를 전략(戰略)이라고 표현하지 않으나, 이는 주로 농업(農業) · 농촌(農村) · 농민(農民)등 "삼농(三農)"문제의 해결을 통해 낙후된 농촌지역의 개발과 경제발전을 도모한다는 점에서 하나의 국가적인 전략이라고 해석할 수 있다.

11) 중국정부는 그 동안 "3단계 국가발전전략"을 추진하였는바, 1단계는 "온포(溫飽-배불리 먹을 수 있는 자급자족의 생활단계)", 2단계는 "소강(小康-풍족하고 여유 있는 생활단계)", 3단계는 "대동(大同-대동의 본래의 뜻은 예기(禮記) · 예운편(禮運篇)에 나오는데, 국가와 계급이 없고 사람마다 평등하고 자유로운 이상을 추구하는 세계관을 말하는바 오늘날에는 바로 고도로 현대화된 사회발전단계를 뜻함)"이다. 이러한 "3단계 국가발전전략"은 전통적인 사고방식에서 탈피하여 실리에 바탕을 둔 중국식 발전모델이라고 평가할 수 있다.

된다. 이러한 배경 하에서 국토의 균형발전과 내수시장의 고른 확대에 따른 지속적인 경제성장을 도모하기 위하여 낙후된 중서부지역 · 동북지역 및 농촌지역을 개발하는 다양한 지역개발전략들을 추진하는 것은 아주 필요한 조치이다. 또한 이는 오늘날 중국이 채택한 "과학적발전관(科學發展觀)"과 "조화사회(和諧社會)"건설의 국책이념과도 맞물리는 것이다.

Ⅱ. 지역개발의 과제

역사적으로 1949년 건국이후 개혁 · 개방이전까지 30년 동안 중국은 동부와 중서부 간의 불균형문제를 해결하고자 두 차례의 집중적인 지역개발을 추진한 바 있다.

첫 번째는 1차 5개년 계획기간(1953년-1957년)으로 694개 국가중점건설항목 중 68%인 472개 항목을 중서부지역에 배정하였으며 기본건설투자총액의 47.8%도 중서부지역에 집중시켰다. 중국은 당시 구소련 식 공업화모델을 바탕으로 중공업 발전정책을 추진하였는바 구소련으로부터 지원받은 프로젝트 156개 중 1/3 이상도 중서부지역에 배정하였다. 하지만 이 시기 내륙 중공업 중심의 지역개발정책은 농업의 희생을 통한 '사회주의 식 자본축적'에 기초한 모델로 경제원리를 무시한 군사적인 고려에 의한 것이었다.12)

두 번째는 1960년대 중반 제3차-4차 5개년 계획기간(1965년-1975년)으로 중국은 당시 구소련과의 관계가 급속히 악화되어 국교를 단절하기에까지 이르렀으며 국제적으로는 베트남전쟁을 치르는 등 극히 냉전적인 국제환경에 처해 있었기 때문에 부득불 전시체제를 가동할 수밖에 없었다. 따라서 외부로부터의 침략에 대비하고 국가기간산업을 보호하기 위해 전국을 1선(線) · 2선(線) · 3선(線)으로 나누어 내륙인 3선(線) 지역에 공업시설을 집중시키는 "3선건설전략(三線建設戰略)"을 추진하게 되었다.13) 그러나 이 시기에도 지역개발은 상대적으로 선

12) 모택동(毛澤東)은 "10대 관계를 논함(論十大關係)"에서 "중국에서 공업의 70%가 동부연해지역에 집중되어 있는 것은 역사적으로 형성된 불합리한 현상이며 공업의 균형발전을 위해서는 새로운 공업을 내륙지역에 치중하여 건설하는 것이 국가의 균형발전에 부합될 뿐만 아니라 전쟁을 준비하는데 있어서도 유리한 것"이라고 주장하였다(毛澤東, "論十大關係", 「毛澤東選集」, 第5卷, 人民出版社(北京), 1997年, 第269-288面).

진적인 기술력과 연구 인력을 확보했고 노동자들의 자질이 높다는 특성을 지녔음에도 불구하고 현지 경제상황과 효율성을 도외시한 투자로 인해 지역경제를 발전시키는 데는 별로 기여하지는 못하였으며 오히려 중국의 경제발전전반에 상당한 후유증을 남기는 결과를 가져왔다.

중국에서 중서부지역의 경제발전은 바로 중국정부가 경제발전중심의 개혁과 개방정책을 추진한 1980년대 이후에야 비로소 가능했는바 이때부터 종합경제실력이 점차 증대되고 산업구조조정으로 인하여 경제구조가 변화하였으며 경제개혁으로 인해 개방수준도 제고되는 등 많은 성과들을 이룩할 수 있었다. 하지만 중국의 중서부지역의 경제발전은 동부지역에 비해 많이 뒤쳐져 있으며 중국의 지역개발은 아직도 상당한 과제들을 안고 있다.

1. 동부지역과의 경제발전격차 확대

중국에서 동부지역과 중서부지역 간의 경제성장속도를 비교해보면, 1979년-1999년까지 서부지역 GDP 증가치는 동부지역에 비해 1.4% 포인트, 중부지역에 비해서도 0.2% 포인트 낮았다. 또한 동부지역의 경우 경제규모가 그 동안 7.8배 증가한 반면 중부지역은 6배, 서부지역은 5.7배 증가하였다. 그 중에서 동부지역의 광동성(廣東省)과 복건성(福建省)의 경제성장세가 가장 두드려졌는바 연평균 13.7% 증가하였으며 이 때 서부지역의 청해성(青海省)은 7.2%에 그쳤다. 다음 중서부지역의 인구는 동부지역에 비해 더 많으나 두 지역의 경제규모를 비교해보면 많은 차이를 보이고 있다. 특히 동부지역과 서부지역을 비교해보면 1980년에는 1 : 1.87이었으나 1999년에는 1 : 2.77로 그 차이가 더 벌어졌다. 일인당 GDP도 1999년 동부지역은 10,100위안, 중부지역은 5,460위안인 반면에 서부지역은 4,170위안에 그쳤다. 도시화정도도 동부지역은 34%, 중부지역은 30.7%

---

13) "3선(線)"이라 함은 전국을 군사 · 전략적 기준으로 구분한 것으로, 제1선은 동부연해지역과 중국과 구소련이 인접한 변방지역으로서 전쟁발발 가능성이 가장 높은 지역이고, 제2선은 호북성 무한(武漢)을 중심으로 한 중부지역이며, 제3선은 구체적으로 사천(四川) · 운남(云南) · 귀주(貴州) · 섬서(陝西) · 감숙(甘肅) · 녕하(寧夏) · 청해(青海) · 하북(河北) · 하남(河南) · 호북(湖北) · 호남(湖南) · 광동(廣東) · 산서(山西)의 서부 · 광서(廣西)의 서북부가 포함된 전 지역을 말한다. 이 시기에도 기초건설투자총액 1269.67 억 위안을 서부지역에 투입하였다.

인 반면에 서부지역은 23.5%이다. 소비능력 면에서도 차이가 두드러졌는데 동부지역 일인당 소비액이 평균 3,789위안, 중부지역 일인당 소비액은 평균 2,000위안인 반면에 서부지역은 1,482위안에 불과하였다.[14)]

이러한 경제발전격차의 확대는 지역개발전략의 가장 직접적이고 중요한 추진요인이 되었다고 할 수 있다. 그동안 다양한 지역개발전략과 중앙정부의 전폭적인 지원 및 각 지방정부의 각고의 노력으로 인하여 중서부지역의 경제가 꾸준히 발전했음에도 불구하고 최근 동부지역과 중서부지역 간의 경제발전격차는 오히려 늘어났다는 비관적인 통계까지 나오고 있는 가운데 중국에서 지역개발은 더 이상 외면할 수 없는 시급한 과제임이 강조되고 있다.

2. 중서부지역의 생태환경 악화

중국은 현재 급속한 공업화와 도시화의 과정을 거치고 있으며 경제의 고속성장과 인구의 증가로 말미암아 자연자원의 개발과 이용정도도 높아지고 있다. 하지만 환경에 대한 과학적인 인식과 합리적인 관리시스템이 결여되어 중서부지역의 생태환경은 급속도로 악화되고 있다. 현재 중국 전체의 수토유실면적은 360만㎢인데 그 중 서부지역이 80%나 차지하며 매년 사막화 면적은 2400만㎢인데 대부분이 서부지역에 집중되어 있다. 매년 상류의 수토유실로 인하여 장강(長江, 양쯔강)과 황하(黃河)에 유입되는 모래는 20억 톤에 이르러 중·하류지역의 하천과 댐의 수위를 높이고 있으며 북방지역이 물 부족까지 초래하고 있다. 중서부지역에서의 자원과 토지의 난개발로 인한 산림과 초지의 유실은 황사를 초래하는 주범이 되고 있으며 이는 중국 국내는 물론 한반도, 일본 등 주변국의 환경에도 심각한 영향을 주고 있다. 중·서부지역의 도시오염수준도 심각한 상황인바 WHO(세계보건기구)가 1998년에 선정한 세계 10개 오염도시 중 중국이 8개나 포함되어 있고 이 중·서부지역에 위치한 귀양(貴陽)·중경(重慶)·란주(蘭州)가 각기 1위, 2위, 4위를 차지하는 불명예를 안기도 하였다.

따라서 중국에서 지역개발이라 함은 단순히 낙후된 중서부지역의 경제를 발전시키기 위한 개발이 아니라 해당 지역 생태환경의 복원까지도 고려한 친 환

14) 해당 수치는 해마다 일정한 변화가 있으나 기본적인 불균형구도는 변하지 않고 있다. (「中國統計年鑒」 각 년 판 참조)

경적인 경제개발을 의미하는 것이다.

3. 빈곤과 민족모순의 격화

현재 중국 전역에서 "온포(溫飽)"(즉 기본적으로 자급자족할 수 있는 생활단계)문제를 해결하지 못한 3400만 명 내외의 농촌빈곤인구가 대부분이 중서부지역에 분포되어 있다. 그 주된 이유는 지리적 여건이 열악하고 생태환경이 취약하여 중앙 및 지방정부의 노력에도 불구하고 빈곤퇴치에 상당한 어려움을 겪고 있기 때문이다. 또한 중서부지역의 교육수준과 평균수명도 타 지역에 비해 많이 떨어진다. 예를 들면 제4차 "전국인구보편조사자료(全國人口普查資料)"의 통계에 의하면 서부지역의 문맹과 반 문맹 비율이 취업인구의 39.5%에 달해 중국 전체의 평균치보다도 8% 포인트 높았다. 특히 서부소수민족지역의 경우 경제 및 사회생활수준이 낙후하고 빈곤인구의 비율이 높아 전반적으로 빈곤문제가 심각해지고 있다. 이러한 상황은 곧바로 해당 지역사회의 불안정과 민족모순을 초래하는 불씨가 되고 있다.

따라서 지역개발을 추진하지 않을 경우 소수민족이 대거 집거하고 있는 변방지역의 사회적 안정도 담보할 수 없다는 위기감이 고조됨에 따라 해당 지역에 대한 지역개발은 정치적으로도 중요한 전략적 의미를 가지고 있다고 하겠다.

4. 재래식 공업기지의 노화와 시장경제수준의 저하

1950, 60년대 중국정부는 중서부지역에 야금 · 기계 · 에너지개발 등을 중심으로 하는 공업단지를 많이 건설하였다. 하지만 개혁 · 개방이후 국내외 경제상황이 급변하면서 이들 공업단지는 낙후된 기술력과 저하된 산업경쟁력으로 더 이상 시장경제체제의 현 상황에 적응할 수 없게 되었다. 따라서 대형 국유기업이 집중되어 있는 지역의 경우 해당 기업이 파산됨에 따라 실업인구도 급증하여 사회경제적 모순도 심화되었다. 또한 지역주의가 팽배하여 각 지역은 자체이익을 도모하고자 타 지역과의 경제교류를 제한하거나 아예 차단하는 경우까지 있었는바 이러한 상황은 경제구조의 합리적인 구축을 어렵게 하였고 따라서 전반적으로 중서부지역의 국내외적인 투자유치에 부정적인 영향을 미쳤고 기업경영

에도 어려움을 가중시켰다.

따라서 중서부지역의 공업구조가 많이 노화되어 있고 경제의식 면에서 전통관념의 속박에서 완전히 벗어나지 못하였으며 전반적인 경제여건이 시장경제체제의 요구에 비해 뒤떨어지고 있다는 점이 지역개발을 추진하게 된 또 다른 요인이 되었다.

Ⅲ. 후진(後進)배경

중국에서 중서부지역에 대해 혹자는 "황(荒) · 원(遠) · 변(邊) · 궁(窮) · 대(大) · 재(才) · 보(寶) · 미(美)" 8자를 사용하여 형용한다.[15] 근 5000년간 중서부지역의 경제발전은 동등한 시점에서 시작하여 부단히 하락하였는바, 중서부지역이 후진(後進)된 배경에는 자연적인 요소와 사회적인 요소가 함께 존재하는바 크게 세 가지 측면으로 정리할 수 있다.

1. 자연 · 지리여건의 영향

중국의 동부지역은 교통이 발달하고 한국 · 일본 · 대만 · 홍콩 및 동남아 국가들과 이웃하고 있어 경제발전과 대외개방에 유리한 지역적 여건을 두루 갖춘 반면에 내륙에 위치한 중서부지역은 지형이 복잡하고 교통이 불편하여 대외경제교류가 상당한 제약을 받아왔다. 또한 근 5000년 동안 중국의 기후는 전체적으로 볼 때 갈수록 가물었으며 서부지역에서 특히 두드러지게 나타났다. 또한 동부지역에는 평원과 경작지가 많이 집중돼 있고 수자원이 풍부한 반면에 중서

15) "황(荒)"은 황폐하여 잡초가 우거졌다는 것으로 중서부지역의 많은 지방이 아직 개발되지 않았거나 개발정도가 낮음을 뜻함; "원(遠)"은 교통이 불편하다는 것으로 중서부지역의 교통이 불편하기 때문에 아주 가까이 있으면서도 오히려 하늘 끝 멀리 있는 것 같음을 뜻함; "변(邊)"은 중심이 아닌 변방을 말하는데 중서부지역의 변방이 끝없이 길고 많은 주변 국가들과 인접되어 있어 왕래할 가능성과 편리함을 갖추고 있음을 뜻함; "궁(窮)"은 중서부지역의 경제가 상대적으로 낙후함을 뜻함; "대(大)"는 중서부지역이 지역적으로 매우 광활함을 뜻함; "재(才)"는 중서부지역이 비록 경제가 상대적으로 낙후되어 있으나 인적 수준이 비교적 높음을 뜻함; "보(寶)"는 중서부의 광활한 지역에 광물, 목재, 동식물 등 자원이 풍부하여 지상과 지하에 매장된 보물이 무한함을 뜻함; "미(美)"는 중서부지역의 자연경관이 수려함을 뜻함.

부지역에는 산지와 사막이 많고 상당수 지역들이 물이 부족하다. 중앙과 지방정부의 부단한 노력 하에 그동안 중서부지역의 자연 · 지리여건은 획기적인 변화를 가져왔다. 하지만 상대적으로 열악한 자연 · 지리여건은 오늘날에도 중서부지역의 투자환경의 개선을 어렵게 하고 있으며 경제발전의 발목을 잡는 주된 요인으로 작용하고 있다.

2. 역사 · 사회 및 문화적 영향

역사적으로 중서부지역에도 번영했던 시기가 있었다. 예를 들면 진(秦) · 한(漢) · 당(唐)등 강성하고 번영했던 봉건왕조들이 바로 지금의 서부지역인 섬서성(陝西省)와 감숙성(甘肅省) 일대를 중심으로 정권을 구축하였다. 하지만 수천년이 흐르는 동안 수없이 많은 전란과 자연재해 및 인위적인 파괴를 거쳤고, 더욱이 근대에 중국사회가 반식민지 및 반봉건사회(半植民地半封建社會)로 전락하면서 중서부지역의 생태환경은 지속적으로 악화되었고 이는 곧 경제의 낙후로 이어졌다. 특히 명(明) · 청(淸)등 역대 봉건왕조의 "폐관쇄국(閉關鎖國)"정책 때문에 중국 전체가 외계와의 교류가 드물었는바 중서부지역은 연해(沿海)로부터 멀리 떨어져 있어 그 영향이 더 심각했다. 또한 명(明) · 청(淸)이래 대량의 농촌인구가 사천성(四川省)으로 이주하고 감자, 옥수수, 고구마 등 가뭄지구에서 산출이 높은 작물이 반입되면서 인구팽창이 가능하게 되었다. 중서부지역의 인구는 관중평원(關中平原), 황토고원(黃土高原)의 대지와 극소수 사막의 오아시스를 중심으로 밀집되다보니 인구밀도가 높고 인구분포가 아주 불균형하게 되었다. 인구의 팽창은 바로 농업생태환경의 파괴로 이어졌으며 경제발전을 제약하게 된 것이다. 이러한 역사 · 사회 및 문화적 영향은 인위적으로 장기간 지속된 것으로 중서부지역이 낙후하게 된 가장 중요한 원인이라 하겠다.

3. 정책과 제도의 영향

신(新)중국이 창건된 이후 30년간은 동부지역과 중서부지역 간의 경제발전격차는 대체적으로 미미하였다. 예를 들면 서부지역의 GDP 증가율은 동부지역보다 0.44% 높아 두 지역 간의 경제발전격차가 점차 축소되어 1978년 두 지역의 연간 1일당 GDP의 차이는 RMB로 200위안에 불과할 정도였다. 하지만 “선부론(先富論)”과 “두 개대국론(兩個大局論)” 및 “삼보주(三步走)”등 불균형발전전략(不均衡發展戰略)들을 채택한 이래 동부지역의 경제는 급속하게 성장한 반면 경제발전에서 상대적으로 소외된 중서부지역은 시장화의 속도가 느리게 되었고 국유기업의 비중도 높아 개혁과 구조조정의 부담이 많았다. 수출입 총액과 외국인투자 총액에 있어서도 중서부지역은 동부지역에 비해 많은 차이를 보이게 되었다.[16] 실제로 일부 학자들은 최근 중서부지역의 상황을 설명할 때 미국 서부지역의 개발[17]을 예로 들면서 중서부지역이 동부지역은 물론 동북지역에 비해서도 경제발전이 늦어진 것은 역사적인 기회를 얻지 못하였기 때문이라고 주장하고 있다.[18] 특히 그동안 중서부지역의 개발을 뒷받침 할 수 있는 전략과 제도적 장치가 마련되지 않았기 때문이라는 것이다. 그러나 필자의 관견으로는 중서부지역이 낙후된 데는 정책 및 제도적 영향이 크다고 하겠으나 이것이 주된 원인이 되는 것은 아니며 여러 가지 복합적인 요인에 의한 결과라고 생각된다.

---

16) 외국인직접투자 평균이용률의 경우 서부지역은 3.48%, 중부지역은 9.76%, 동부지역은 86.76%로 집계되었다(「中國統計年鑒」 각년판 수치를 참조하여 계산한 것임).

17) 미국 서부지역은 금광개발, 1차세계대전 및 첨단기술혁명 등 세 차례의 역사적인 기회를 얻어 태평양연안에 미국에서 인구가 가장 많고 경제력이 가장 강한 캘리포니아를 건설할 수 있었으며 이것이 오늘날 미국경제가 발전할 수 있는 핵심동력이 되고 있는 것이다.(杜平, 「中外西部開發史鑒」, 湖南人民出版社(長沙), 2002年 第1版, 第182面)

18) 彭智敏, “論中部蹶起的路徑依賴”, 「江漢論壇」, 2005年 第8期, 第26面.

제 2 절 지역개발의 필요성

21세기에 접어들어 중국이 야심차게 추진하고 있는 서부대개발전략, 동북진흥전략, 중부궐기전략, 사회주의 신 농촌건설전략 등 지역개발전략들의 주된 배경은 앞서 살폈듯이 개혁 · 개방이후 지속적으로 확대되고 있는 지역발전격차를 해소하여 국토의 균형발전과 질적인 경제성장을 도모하고자 하는 것이다. 그 동안 지역발전격차의 확대는 지역 간과 민족 간의 갈등은 물론, 본 세기 중엽, 전면적 "소강사회(小康社會, 풍족하고 여유 있는 사회)"건설목표의 실현가능성도 어둡게 하고 있어서 전반적인 사회적 위기로 인식되어 왔다. 따라서 이하 정치 · 경제 · 사회 등 다양한 측면으로 중국 지역개발의 필요성을 분석해 보고자 한다.

Ⅰ. 정치적 필요성

1. 정치적 안정과 국민통합

중국은 주체민족인 한족(漢族) 이외에 55개 소수민족(少數民族)[19)]을 거느린 대

---

19) 2001년 3월 28일에 발표된 제5차 인구조사의 결과에 따르면 중국의 55개 소수민족 인구는 1 억 643만 명으로 총인구의 8.41%를 차지한다. 인구 별로 살펴보면 다음과 같다.

① 인구 100만 이상인 소수민족: 장족(壯族), 회족(回族), 위구르족(維吾爾族), 카자흐족(哈薩克族), 타이족(傣族), 이족(彝族), 묘족(苗族), 만족(滿族), 티벳족(藏族, Tibetian), 몽고족(蒙古族), 토가족(土家族), 부이족(布依族), 조선족(朝鮮族), 동족(侗族), 요족(瑤族), 바이족(白族), 하니족(哈尼族) 등 17개 민족이 있다.

② 인구 10만 이상 100만 이하인 소수민족: 리족(黎族), 리수족(傈僳族), 서족(畲族), 라후족(拉祜族), 와족(佤族), 수이족(水族), 둥샹족(東鄕族), 나시족(納西族), 시버족(錫伯族), 토족(土族), 거로족(仡佬族), 키르기스족(柯爾克孜族), 다월족(達斡爾族), 챵족(羌族), 징퍼족(景頗族) 등 15개 민족이 있다.

③ 인구 5만 이상 10만 이하인 소수민족: 무로족(亻+么佬族), 싸라족(撒拉族), 모난족(毛南族), 부랑족(布朗族) 등 4개 민족이 있다.

④ 인구 1만 이상 5만 이하인 소수민족: 타지크족(塔吉克族), 푸미족(普米族), 누족(怒族), 아창족(阿昌族), 에벵크족(鄂溫克族), 지눠족(基諾族), 우즈베크족(烏孜別克族), 러시아족(俄羅斯族), 보안족(保安族), 징족(京族), 더앙족(德昂族), 위구족(裕固族) 등 12개 민족이 있다.

국이다. 중서부지역에는 이들 55개 소수민족의 대부분이 거주하고 있으며 중국 소수민족인구의 86%를 차지한다. 또한 중국 내의 5대 소수민족 자치구가 모두 중서부지역에 위치해 있다는 현실을 감안하면 어떤 의미에서 중국이 현재 추진 중인 지역개발들은 소수민족지역에 대한 개발이라고도 할 수 있다. 중국에서 소수민족지역의 안정은 곧바로 국내의 정치적 안정이다. 따라서 중화인민공화국이 창건된 이후 그 동안 중국정부는 소수민족에 대해 줄곧 특별한 관심과 정책적 배려를 기울려왔다. 즉 소수민족이 집중되어 있는 지역을 자치지역(自治地域)으로 지정하고 해당 소수민족이 자체의 언어 · 문자 · 종교 · 민족습관 등을 유지 및 발전하도록 보장하고 평등 · 단결 · 상호협력의 이념을 구현하여 타 지역과는 차별화 된 각종 우대정책으로 경제발전을 도모하는 것인데 이것이 바로 민족구역자치제도(民族區域自治制度)이다. 하지만 중서부지역의 소수민족은 역사 · 전통 · 풍습 · 종교 신앙 등 면에서 한족(漢族)과는 많은 차이를 가지고 있으며 개혁 · 개방초기에 추진한 "불균형발전전략(不均衡發展戰略)"으로 인하여 그 동안 경제개발에서 상대적으로 소외되어 발달한 동부지역에 비해 점차 뒤떨어지게 되었다. 이러한 현실을 빌미로 신강(新疆)과 티벳(西藏)의 일부 불순분자들은 서방국가의 반 중국세력들의 비호 하에 끊임없이 민족분열과 갈등을 조장함으로써 이 지역의 정치적 안정과 경제발전을 크게 해치고 있다.[20] 게다가 중서부지역은 중국의 중심부에서 멀리 떨어져 있어 중앙의 직접적인 통제가 어려울 뿐만 아니라 주변 국가와 서방 반 중국세력으로부터의 영향도 만만치 않은 실정이다. 최근 국제적으로 격화되고 있는 민족분쟁[21]도 소수민족의 분열과 갈등을 부추기는 외부적 요인으로 작용하고 있다.

중국이 21세기에 경제의 고도성장을 이룩하여 세계슈퍼강국으로 부상하기 위해서는 정치적 안정이 반드시 보장되어야 한다. 특히 다민족국가인 중국에서

---

⑤ 인구 1만 이하인 소수민족: 고산족(高山族), 다다르족(塔塔爾族), 두룽족(獨龍族), 오르죤족(鄂倫春族), 먼바족(門巴族), 뤄바족(珞巴族), 허저족(赫哲族) 등 7개 민족이 있다. 이외에도 등인(亻+登人), 샬바인(夏爾巴人) 등과 같이 아직 그 민족성분이 식별되지 않은 인구도 약 70여 만 명 있다.

20) 북경올림픽을 앞둔 시점까지 티벳(西藏)에서 분리 독립주의자들이 획책한 크고 작은 독립시위와 유혈폭동, 신강(新疆)에서 동투르키스탄 분리 독립주의자들이 주도한 각종 테러 등은 이 지역의 경제발전과 사회 안정 및 외국인투자에 찬물을 끼얹고 있다.

21) 이-팔분쟁, 아프간 민족분쟁, 러시아-체첸분쟁 등을 그 예로 들 수 있다.

국가의 생존과 발전을 위해서는 소수민족의 융합과 응집력을 강화해야 만이 전반적인 국민통합과 정치적 안정을 이룰 수 있다는 공감대가 형성됨에 따라 낙후된 중서부 소수민족지역의 경제발전문제가 중요한 이슈로 떠오른 것이다. 이러한 측면에서 중국의 지역개발은 소수민족지역의 경제적 불평등을 지역개발을 통해 사전에 해소하여 정치적 위기로 비화되는 것을 막고 불순한 민족분리주의 바람을 잠재우려는 국가차원의 정치적 대응이라고도 할 수 있다.

2. 정치적 성장

중국은 건국이후 제1세대 지도자 모택동(毛澤東), 제2세대 지도자 등소평(鄧小平), 제3세대 지도자 강택민(江澤民), 제4세대 지도자 호금도(胡錦濤)로 당과 국가의 최고지도부 책임자의 세대교체가 순조롭게 진행되어 왔다. 주지하다시피 제1세대 지도자 모택동(毛澤東)은 중국을 건국한 건국의 아버지로, 제2세대 지도자 등소평(鄧小平)은 중국의 개혁개방을 이끈 총설계사로 역사에 이름을 남겼다. 제3세대 지도부를 이끌어온 강택민(江澤民)주석도 재임기간 안정적으로 국정을 이끌면서 시장경제체제로 전환하는 과정에서 해이해진 당내 기강을 확립하기 위해 우선 1998년 말 중국공산당 전당대회에서 학습(學習), 정치(政治), 정기(正氣)에 대한 교육을 통해 마르크스-레닌주의, 모택동사상, 등소평의 개혁개방이론을 지도이념으로 구체화하고 21세기에 중국 특색의 사회주의를 크게 발전시키는 것을 골자로 하는 "삼강교육(三講教育)"[22]을 제기하였으며 이어서 2000년 2월에는 광동성(廣東省) 시찰 시 "중국의 현안문제를 잘 풀어 가는 관건은 바로 당의 사상, 작풍, 조직, 기율상황과 리더쉽의 수준에 달려 있다"고 전제하고 "중국공산당이 중국 선진사회생산력의 발전요구, 중국 선진문화의 전진방향, 중국의 가장 광범위한 인민대중의 근본이익을 대표해야만 영원히 확고한 지위에 서게 되며 전국 여러 민족 인민들의 옹호를 받아 부단히 전진할 수 있다"는 내용의 "세 개 대표론(三個代表論)"[23]을 제시하였다. 이러한 이념을 바탕으로

22) "삼강교육(三講教育)"이라 함은 바로 학습(學習), 정치(政治), 정기(正氣)에 대한 교육을 뜻함.

23) "세 개 대표론(三個代表論)"에서 가장 주목할 부분은 공산당의 계급기초를 "노동자중심"에서 "광범위한 인민대중"으로 확대함으로써 개혁 · 개방이후의 새로운 경제구조변화를 반영하여 명실상부한 인민정당으로 탈바꿈하려는 의지를 엿볼 수 있다는 점이다.

2000년부터 서부대개발을 본격 선언하면서 국가의 균형발전과 중서부지역 주민들의 삶에 획기적인 변화를 가져왔다. 현재 호금도(胡錦濤)주석을 중심으로 한 중국 제4세대 지도부는 "과학적 발전관(科學發展觀)"을 국책이념으로 채택하였다. "과학적 발전관(科學發展觀)"은 도-농, 계층 간 및 지역 간 소득 격차를 해소하고 경제발전을 중시하되 사회와의 조화 발전과 지속적인 발전을 강조한다는 내용의 새로운 이념이다. 이는 지난 20여 년간의 개혁 · 개방을 통해 경제가 급성장하면서 산업화는 이룩했지만 그 과정에서 빈부격차, 높은 실업률, 사회 및 경제 모순의 심화 등의 부작용이 나타나자 이를 극복하고 안정 속 성장을 지속하기 위한 이론이다. 따라서 오늘날 중국이 추진하는 다양한 지역개발전략들은 "과학적 발전관(科學發展觀)"의 국책이념을 가장 잘 뒷받침하는 것이라고 하겠다.

등소평(鄧小平)이론, "세 개 대표론(三個代表論)"에 이어 "과학적 발전관(科學發展觀)"등 이러한 국책이념들의 핵심은 국가의 경제발전과 인민생활의 질적 향상이라고 할 수 있다. 따라서 이러한 정치적 배경에서 경제의 지속적인 발전을 위해 다양한 지역개발전략을 추진하는 것은 하나의 정치적인 성장을 의미하는 것으로 역사에 남을 정치업적을 이룩할 수 있는 좋은 기회이기도 하다.

Ⅱ. 경제적 필요성

1. 균형발전

동부지역과 중서부지역 간의 경제발전격차는 앞서 살폈듯이 이미 심각한 수준에 와 있으며 그 격차가 더 커지고 있다. 이 외에도 대외무역의 경우 1999년 중국 총 수출액의 91%를 동부지역에서 달성하였으며 그 중에서도 광동(廣東)을 중심으로 한 주강삼각주(珠江三角州)와 상해(上海)를 중심으로 한 장강삼각주(長江三角州)가 전체의 약 50%를 차지하며 외자유치에 있어서도 중서부지역이 전체 유치 액에서 차지하는 비율은 아주 미미하다. 이러한 지역적인 경제발전격차와 소득격차의 확대는 중서부지역 지방정부의 행정효율성과 적극성을 저하시켰으며 주민들의 불만도 고조되고 각종 범죄가 창궐하여 사회안정을 크게 해치고 있다. 또한 한족과 소수민족 간의 갈등과 모순을 격화시켜 민족문제로 비화시킬 가능성이 높아졌다. 또한 중국 전체의 도시와 농촌 간의 빈부격차도 갈수록 심화되고 있는 실정이다. 중국의 도시와 농촌의 1인당 평균소득은 1980년대 중반 1.8대1, 2001년 2.9대1에서 2002년에는 3.1대1로 벌어졌다. 도시소득은 빠른 속도로 늘어나는데 반해 농촌소득 증가율은 둔화된 결과인 것이다. 실제로 1997년 4.6%이던 농촌인구의 연평균소득증가율은 1999년에는 2.9%로 떨어졌고 2003년 상반기에는 2.5%에 불과했다. 도-농 격차를 심화시킨 주요원인 중 하나는 이주제한이라고 할 수 있다. 중국은 그동안 도시경제개발에 집중하기 위해 최근까지 도-농간 이주를 엄격히 제한하고 전체 인구의 3분의 2에 해당하는 농촌인구를 경제개발혜택에서 소외시켰다. 최근 들어 많은 규제들이 상당 부분 완화되기는 하였지만 직 · 간접적 제약은 여전히 남아있다.[24] 이러한 현실을 충분히 감안하여 최근 호금도(胡錦濤)를 중심으로 하는 중국 제4세대 지도부는 21세기 사회주의 시장경제체제의 완성을 위해 지역격차 및 도농격차를 해소하고 "소강사회(小康社會, 풍족하고 여유 있는 사회)"의 진입을 전제로 균형발전을 위한 "5대 국가발전정책"을 채택하였다.[25]

따라서 동부지역과 중서부지역 · 동북지역 및 농촌지역 간의 전체적인 지역격차와 도농격차를 해소하여 국가의 균형발전을 이룩하기 위해서는 "서부대개발(西部大開發)", "동북진흥(東北振興)", "중부궐기(中部蹶起)", "사회주의 신 농촌건설(社會主義新農村建設)" 등 여러 가지 지역개발이 시기적으로 아주 절박한 전략으로 부상하였다.

2. 지속성장과 내수확대

시장경제를 도입한 제8차 5개년 계획기간(1991-1995)동안에 중국경제는 연평균 12.0%의 고도성장을 이룩했었다. 하지만 과거의 공급부족문제가 해소되면서 점차 둔화되기 시작하여 제9차 5개년 계획기간(1996-2000)동안에는 연평균 8.3%

---

24) 예를 들면 농민들이 도시에 들어와 취업하고 생활하려면 해당 도시의 공안기관으로부터 임시거류증(暫住證)을 발급받아야 한다.

25) 새로 확정한 "5대 국가발전정책"은 ① 도시 · 농촌 간 균형발전; ② 각 경제권 간 경제력격차개선; ③ 경제 · 사회 공동발전; ④ 환경중시(인간과 자연 동시발전); ⑤ 국내발전과 아울러 대외개방 확대 등이다. 이 중에서도 도시 · 농촌균형 발전과 관련되는 농업(農業) · 농촌(農村) · 농민(農民)등 "삼농(三農)"문제의 해결이 최대의 관건인바 여기서 구체적으로 해결해야 할 과제는 농업의 후진성과 농촌빈곤, 농민실업 등이다.

에 그쳐 전기 기간에 대비하여 성장이 연평균 3.7% 하락하였다. 이것은 주로 아시아 금융위기로 세계시장이 크게 위축되어 대외의존도가 높은 중국경제에 상당한 타격을 초래하였기 때문이다.[26] 따라서 수출위주의 발전전략을 전환할 필요성이 대두되었다. 특히 최근에는 미국을 중심으로 한 선진국들의 중국에 대한 인민폐(RMB)절상압력이 거세지고 있고 막대한 외화를 보유함에 따른 부담이 가중되고 있으며 수출시장에서의 중국산 제품에 대한 반덤핑제소와 지적재산권침해소송이 날로 많아지고 있어 국제시장에서의 경쟁 환경은 더욱더 어려워지고 있다. 특히 2008년 최근 미국 발 금융위기는 세계경제의 미래를 어둡게 하고 있다. 때문에 국제시장에서 국가 간 경쟁이 날로 치열해지고 가격의 불확정요소가 날로 심해지고 시장이 변화무쌍한 현 상황에서 내수확대에 주력하는 것은 경제적 모험지수를 낮추고 국민경제의 안정적인 성장을 도모할 수 있는 중요한 조치이다. 따라서 심각한 내수부진을 해소하고 국내경기를 부양하기 위해서라도 지역개발은 시급히 또한 장기적으로 추진되어야 할 필수적인 과제라고 하겠다.

3. 산업구조조정

중서부지역의 산업은 주로 자본집약형 투자와 대형화의 기업경제구조를 가지고 있어 자원채굴과 기초가공분야와 관련된다. 이러한 산업구조는 중서부지역의 전자, 정밀기계 등 기술 집약 형 산업의 발전을 저해했을 뿐만 아니라 투자규모가 적고 경제적 효율과 수익이 높은 경공업 분야의 노동집약형 산업의 발전에도 불리하였다. 따라서 도시와 농촌의 격차가 커지면서 이는 중서부지역에서 향진기업(鄕鎭企業)[27]이 발달하지 못한 주된 원인이 되었다. 더욱이 개혁 · 개방이전에 중서부지역에 건설된 국방공업, 중공업, 채굴공업 및 에너지와 원자재

26) 당시 중국의 수출입의존도는 38%, 수출의존도는 20%였음.

27) 우선 향(鄕)과 진(鎭)은 중국의 말단 행정단위이다. 향진기업(鄕鎭企業)은 바로 향(鄕)과 진(鎭) 농촌지역에서 공업, 운수업, 상업 등 비농업분야의 활동을 하는 집단소유제(集體所有制)의 합작기업(合作企業) 또는 개인기업(私人企業)을 가리킨다. 향진기업(鄕鎭企業)은 노동집약형으로 설비가 비교적 단순하고 기술수준이 높지 않지만 국가의 통제에서 벗어나 자유롭게 경영할 수 있는 형태로 1980년대 이후 급성장하여 농촌지역 경제활동의 중심이 되었고 도시에까지 확산되어 중국 전체 공업생산의 30%를 차지할 정도로 발전하였으나 최근에는 많이 위축되었다.

관련 대형 국유기업들은 기술과 시설이 낙후되고 비효율적이었다. 이와 반면에 동부지역의 산업은 대부분 수익성과 자본회전율이 높고 경공업, 가공조립공업 및 단순가공형 기업들이어서 동부지역 주민들의 소득을 급격히 향상시켰다. 중국경제가 그동안 고속성장을 지속할 수 있었던 것은 풍부한 노동력과 시장규모, 그리고 향진기업(鄕鎭企業)의 발전 등에 그 배경이 깔려있다고 할 수 있다. 이러한 현실은 동부지역과 중서부지역의 격차를 심화시킬 수밖에 없었다. 그리고 동부지역과 중서부지역은 도시화에서도 큰 차이를 보이고 있다. 지리적 · 역사적인 원인으로 동부지역의 도시화와 산업화 수준은 중서부지역보다 훨씬 높다. 동부지역의 도시화는 비농업분야의 발전을 촉진시켰으며 반대로 도시화가 느린 중서부지역은 농업과 비농업분야가 동시에 낙후되어 이중적 경제현상이 뚜렷해졌다. 중서부지역은 비효율적인 1차 산업의 비중이 높은 반면에 2차, 3차 산업의 비중이 낮아 지역경제의 발전을 저해하였던 것이다. 이와는 별도로 중국 동북지역은 바로 중공업 위주로 그동안 중국의 핵심공업중심역할을 줄곧 수행해 왔으나 시장경제체제로의 이행으로 인하여 많은 공장과 설비들이 노후하여 그 생산력이 동부지역에 비해 많이 떨어지게 된 것이다. 따라서 지역개발은 바로 이러한 불균형적인 산업구조를 전환하는데 촉진역할을 하게 되는 것이다.

Ⅲ. 사회적 필요성

1. 실업문제해결

1980년대 말부터 빈곤한 중서부지역 농촌에서 생활고를 해결하기 위하여 많은 농민들이 일자리를 찾아 대거 동부지역의 대도시로 몰리기 시작하였는바 이들이 바로 오늘날 중국에서 집중 조명을 받고 있는 "농민공(農民工)"[28]들이다.

---

28) 중국에서 "농민공(農民工)"이라 함은 농촌에서 돈벌이를 목적으로 임시로 도시에 들어와 3D업종 등에 종사하는 농민들을 가리키는데 이들은 "도시임시거류증(暫住證)"을 발급받아야 하며 임금, 의료보험, 자녀교육 및 취업 등 분야에서 도시인들에 비해 많은 차별을 받아왔다. "농민공(農民工)"들은 현재 경제가 발달된 북경, 상해, 절강, 광동 등 지역에 많이 집중되어 있다. 오늘날 "농민공(農民工)"들은 중국에서 무시할 수 없는 하나의 계층을 형성하고 있으며 "농민공(農民工)"들의 권리를 보장하기 위한 정부와 사회차원의 다각적인 대책들이 강구되고 있고 최근에는 전국인민대표대회에 "농민공(農民工)"대표를

"농민공(農民工)"들의 도시진출로 인하여 값싸고 풍부한 노동력이 도시에 공급되어 도시의 경제발전을 촉진시켰으며 "농민공(農民工)"들은 중국이 오늘 같은 경제성장을 이루어낸 주역이었다. 특히 동부지역에 위치한 북경, 상해, 절강, 광동 등 지역이 그동안 눈부신 경제발전을 할 수 있었던 것은 "농민공(農民工)"들의 헌신적인 노동의 결과라고 해도 과언이 아닐 것이다. 그러나 "농민공(農民工)"들의 도시진출로 인하여 임금체불과 산재보상으로 인한 갈등, "농민공(農民工)"자녀교육에서의 차별대우 및 도시의 범죄율 상승 등 새로운 사회적 문제들을 양산하기도 하였다.

또 다른 측면에서 볼 때 중서부지역 농촌인력이 동부지역으로 이동하는 것은 동부지역과 중서부지역 간 발전격차로 인하여 중서부지역의 취업기회가 그만큼 적고 중서부지역의 농촌에 막대한 잉여인력이 존재함을 반증하는 것이다. 동시에 그동안 중서부지역에 편중되었던 대량의 국유기업들이 구조조정을 통해 양산되는 실업인구도 상당하였다.[29] 따라서 중서부지역에 대한 경제개발을 다그쳐 취업기회를 지속적으로 확대하는 것만이 농촌인력이 동부지역으로 유입되는 것을 줄이고 중국 전체의 실업문제 등 각종 현안들을 해결하여 사회적인 불안요소를 제거할 수 있는 최선의 방법이라고 하겠다.

2. 생태환경보호

중국에서 중서부지역은 면적이 광대하고 토지자원의 유형이 매우 다양하며 대부분이 산지(山地), 구릉(丘陵), 사막(沙漠)등으로 되어 있어 작물 경작이 불가능한 토지면적이 다수를 차지한다. 또한 중서부지역은 장강(長江, 양쯔강)과 황하(黃河)등 중국의 주요 하천의 발원지이기도 하다. 현재 중국의 중서부지역은 생태환경이 가장 취약한 지역으로서 대부분 지역의 경우 삼림면적이 매우 적다. 예를 들면 청해성(青海省)의 삼림면적은 0.35%, 신강(新疆)은 0.79%, 녕하(寧夏)는 1.54%, 감숙(甘肅)은 4.33%, 티벳(西藏)은 5.84%이다. 또한 중서부지역은 현재 중국에서 생태환경이 가장 심각하게 파괴되고 있는 지역으로서 그 중 강

포함시키는 결정이 통과되기도 하였다.

29) 물론 현재 중국의 실업문제는 중서부지역에 국한된 것이 아니라 중국사회전체가 안고 있는 심각한 문제이라고 할 수 있다. 최근 노동사회보장부(勞動和社會保障部)의 공식통계에 따르면 현재 중국 도시 실업률은 완전고용에 가까운 3~4%대에 이르고 있다.

과 호수의 생태환경이 그 균형을 상실하였고 수토유실과 토지황폐화가 심각하며 식생면적이 극히 적은 등 문제가 특히 두드러지게 나타나고 있다. 생태환경의 심각성은 중서부지역은 물론 중국 전체의 사회경제발전을 제약하는 중요한 요인이 되고 있다. 때문에 생태환경의 보호와 건설은 지역개발을 추진하는데 있어 근본이자 최대의 관건이라고 할 수 있다. 따라서 중서부지역의 삼림(森林)과 초원(草原)을 조속히 회복시키고 수토유실을 방지하며 장강(長江, 양쯔강)과 황하(黃河) 중 · 하류 지역의 홍수재해를 방지하는 것은 지역개발의 중요한 내용의 하나로서 친 환경적인 지역개발을 통해 국민경제와 사회의 지속적인 발전을 도모하고자 하는 것이다.

3. 세계화적응

현재 세계는 WTO(세계무역기구)의 체제하에서 무역과 투자의 자유화, 상품의 세계화, 자본의 국제화, 시장의 지구화로 급속도로 변화되고 있다. 이미 세계적으로 무역규모가 4위권에 진입한 중국으로서는 이러한 세계화의 흐름을 거스를 수 없는 상황이다. 더욱이 2001말 WTO의 가입으로 관세인하와 더불어 그동안 은행 · 보험 · 상업 · 대외무역 · 여행 · 이동통신 · 운송 · 의료 · 회계 · 법률 · 출판 등 서비스무역 분야가 단계적으로 전격 개방되었다. 따라서 대외개방의 폭을 지속적으로 넓혀야 하는 현 시점에서 국제경쟁력제고는 아주 시급한 과제로 나서고 있다. 그러나 현재 중국에서 중서부지역은 시설과 기술이 노화된 중공업과 원자재공업이 대부분이다. 이러한 경제구조와 생산력수준으로는 국제사회에서의 경쟁력을 운운할 수 없다. 또한 중국에서 중서부지역은 러시아, 몽골을 비롯하여 중앙아시아의 카자흐스탄, 키르기스스탄, 아프가니스탄, 타지키스탄과 동남아시아의 네팔, 인도, 부탄, 미얀마, 라오스, 베트남 등 여러 나라와 국경을 인접하고 있는데 이들 국가들은 유럽 국가들이 아태지역으로 진출하는 중요한 문호일 뿐만 아니라 동아시아의 한국, 일본 등 국가들이 서아시아와 유럽으로 진출하는 편리한 통로이기도 하다. 따라서 세계화의 추세와 상당히 뒤떨어진 중서부지역을 계속 방치할 경우 중국 전반의 지속적인 경제성장이 어렵게 되므로 낙후된 중서부지역에 대한 경제개발과 대외개방을 통해 국민경제의 발전과 국민들의 삶의 질 향상을 도모하는 동시에 세계화의 추세에 하루 빨리 적응하고자 하는 것이다.

제3절 지역개발과 투자법제의 관계

Ⅰ. 지역개발과 투자

1. 지역개발을 통한 투자기회 확대

투자는 통상 경제주체가 일정한 자금(혹은 자원)을 이익을 목적으로 특정 사업에 투입하는 경제활동,[30] 혹은 이익을 목적으로 하는 자금흐름의 중요한 방식[31]이라고 정의한다. 자금은 이익이 예상되는 곳을 찾아 흐르기 마련이다. 지역개발은 범위의 광활성, 내용의 풍부성, 개발의 지속성 등 특성을 지니고 있고 지역개발이 추진되는 곳에는 경제이익이 예상되므로 자금의 흐름 즉 투자가 반드시 동반된다.

(1) 범위의 광활성, 즉 지역개발은 그 개발범위가 한 두 군데에 그치는 것이 아니고 아주 광활한 영역을 포함한다. 예컨대 "서부대개발(西部大開發)"전략의 범위에는 중국 서북지역의 섬서성(陝西省) · 감숙성(甘肅省) · 청해성(青海省) · 녕하회족자치구(寧夏回族自治區) · 신강위구르자치구(新疆維吾爾自治區) · 내몽고자치구(內蒙古自治區)와 서남지역의 사천성(四川省) · 중경직할시(重慶直轄市) · 운남성(云南省) · 귀주성(貴州省) · 티벳자치구(西藏自治區) · 광서장족자치구(廣西壯族自治區)등이 포함되며, "동북진흥(東北振興)"전략의 범위에는 요녕성(遼寧省) · 길림성(吉林省) · 흑룡강성(黑龍江省)등 동북지역의 노후공업기지가 포함되며, "중부궐기(中部蹶起)"전략의 범위에는 호북성(湖北省) · 호남성(湖南省) · 하남성(河南省) · 산서성(山西省) · 강서성(江西省) · 안휘성(安徽省)등 중부지역이 포함된다. 그리고 "사회주의 신 농촌건설(社會主義新農村建設)"전략의 범위에는 중국의 광활한 농촌지역이 모두 포함된다. 따라서 현재 중국이 추진하는 다양한 지역개발에는 동부지역을 제외한 나

---

30) 孔淑紅 · 梁明, 「國際投資學」, 對外經濟貿易大學出版社(北京), 2001年 2月 第1版, 第3面.

31) 余勁松, 「國際投資法」, 法律出版社(北京), 2003年 8月 第1版, 第1面.

머지 지역이 모두 포함된다고 볼 수 있다.

(2) 내용의 풍부성, 즉 지역개발은 단순한 지역경제개발의 의미를 떠나 정치, 경제, 사회 등 분야의 많은 내용을 포함한다. 정치적 측면에서 지역개발은 역사적인 의미가 있는 하나의 국가발전전략이라고 할 수 있다. 단순히 특정 지역의 경제개발을 목적으로 하는 것이 아니라 국가전체의 발전을 목적으로 하는 전략이라는 의미가 크다. 특히 지역개발과 관련된 경제적 측면만 보더라도 농업현대화, 에너지 및 원자재 생산, 인프라구축, 자원탐사와 개발, 현대설비제조, 물류중심구축, 하이테크산업육성, 금융중심구축, 교통체계정비, 기업구조조정, 외자유치 등 많은 내용들을 포함한다. 또한 지역개발을 통한 국민들의 삶의 질 향상과 더불어 고차원의 문화생활추구, 교육기회의 확대, 의료서비스의 제고 등 사회적 효과도 간과할 수 없을 것이다. 따라서 지역개발은 정치, 경제 및 사회적으로 풍부한 내용들을 가지고 있다.

(3) 개발의 지속성, 즉 현재 중국정부가 추진 중인 "서부대개발(西部大開發)"전략, "동북진흥(東北振興)"전략, "중부궐기(中部蹶起)"전략, "사회주의 신 농촌건설(社會主義新農村建設)"전략 등은 국토의 균형발전과 경제의 지속적인 고속성장을 위하여 야심차게 추진 중인 국토종합개발 프로젝트이다. 이러한 국토종합개발 프로젝트는 1, 2년을 기간으로 하는 것이 아니며 적어도 50년 이상 계획적으로 추진되는 것으로서 상당기간 지속된다. 예를 들면 서부대개발전략의 경우, 제1단계(2000년-2005년)인 개발초기단계, 제2단계(2006년-2015년)인 대규모개발단계로, 제3단계(2016년-2050년)인 마지막 단계로 나뉘며 전후하여 50년 이상 지속된다. 따라서 지역개발은 단기간에 끝나는 사업이 아니라 장기적으로 지속되는 특성을 갖고 있다. 지역개발의 이러한 특성 때문에 일자리 창출과 수익증대가 상당기간 확실하게 예상되므로 그만큼 투자기회가 많아지게 되는 것이다.

2. 투자를 통한 지역개발 활성화

경제발전을 위한 여러 가지 생산요소 중에서는 결국 자본이 핵심적인 열쇠로 등장하게 된다는 점이 문제이다.[32] 경제개발을 위한 자본의 조달방법은 크게 내자조달(內資調達)과 외자도입(外資導入)의 두 가지로 요약할 수 있다. 현재 중국에서 중서부지역과 동북지역은 개발의 초기단계에 머물러 있는 상황이므로 지역 내에서 민간자본을 조달하는 데는 한계가 있으며, 국가에서 해마다 상당한 자금을 투입하고는 있으나 이 역시 제약을 받기 마련이다. 이처럼 내자동원(內資動員)이 제한되어 있는 현재의 상황에서 이들 지역의 경제발전을 위해서는 외부(동부지역 혹은 해외)로부터 보다 많은 국내외자본이 도입되어야 할 것이다. 특히 이들 지역들이 처해있는 지역적 상황은 개혁 · 개방초기의 동부지역과는 전혀 다르다는 점이다. 즉 이들 지역은 동부지역과 같은 자율적인 경제발전이 가능한 지역적 여건을 갖추지 못하고 있으며 자원은 풍부하나 전반적으로 경제발전 여건이 매우 취약하고 낙후되어 중국인들도 회피하는 경향이 있는 지역이다. 때문에 이들 지역을 발전시켜 낙후된 면모를 개변하려면 대대적인 경제개발과 함께 국내외 투자가 필요하게 되며 이들 지역에 대한 국내외투자는 지역개발을 활성화시켜 지역개발전략을 확실하게 추진시키는 역할을 하게 되는 것이다.

Ⅱ. 지역개발과 투자법제

1. 지역개발을 통한 투자법제의 촉진

현재 지역개발과 관련하여 국무원 및 관련부처 그리고 지방정부 차원에서 제정하여 잠정 시행하고 있는 "통지(通知)", "의견(意見)" 등 명칭을 단 행정법규와 지방법규만이 있을 뿐 전인대(全人大)차원의 기본법(基本法)이 마련되어 있지 않고 있으며, 더욱이 지역개발의 내용이 투자법제의 형태로 충분히 반영되지 못하고 있는 실정이다.

첫째, "서부대개발(西部大開發)"전략의 경우에는 지금까지 국무원과 관련부서에서 발표한 10여부의 행정법규가 있으나 아직까지 전인대(全人大)차원의 특별법은 제정되지 않고 있다. "서부대개발(西部大開發)"전략이 본격적으로 시작된 2000년부터 지금까지 매년 전국인민대표대회(전인대-全人大)와 전국정치협상회의

32) 김찬진, 「외자도입론」, 일조각, 1976년 9월 초판, 제25면.

(정협-政協)가 개최될 때마다 서부지역 출신의 전인대(全人大)대표 및 정협(政協) 대표들은 서부지역의 개발을 위한 법제의 중요성을 역설하고 여러 차례 "서부개발촉진법(西部開發促進法)"의 입법을 제안하였고 이와 관련된 입법논의가 학계 및 실무에서 활발하게 진행되어 왔으나 아직까지는 이렇다 할 결실을 보지 못하고 있다. 다음, "동북진흥(東北振興)"전략의 경우에는 2003년 9월, 중공중앙정치국회의에서 동북지역의 전통공업기지의 진흥에 관한 문제를 집중 토의한 후 2003년 10월, 중공중앙 16기 제3회 전체회의에서 발표한 "중공중앙과 국무원의 동북지역 등 전통공업기지의 진흥전략에 대한 약간의 의견(中共中央國務院關于東北地區等老工業基地振興戰略的若干意見)"등이 있고, 셋째, "중부궐기(中部蹶起)"전략의 경우에는 2007년 1월, 국무원이 발표한 "중부6개성에서 동북지역 등 전통공업기지진흥과 서부대개발 관련정책을 참조하여 실시할 데 관한 통지(關于中部六省比照實施振興東北地區等老工業基地和西部大開發有關政策範圍的通知)"가 적용되며, 넷째, "사회주의 신 농촌건설(社會主義新農村建設)"전략의 경우에는, 현재 중공중앙(中共中央)과 국무원(國務院)이 2005년 12월 31일 공동으로 발표한 "사회주의 신 농촌건설을 추진할 데 관한 약간의 의견(關于推進社會主義新農村建設的若干意見)" 등이 있을 뿐이다. 따라서 "서부대개발(西部大開發)"전략, "동북진흥(東北振興)"전략, "중부궐기(中部蹶起)"전략, "사회주의 신 농촌건설(社會主義新農村建設)"전략 등 지역개발전략들은 중앙정부와 지방정부의 정책과 행정규범에 의하여 추진되어왔을 뿐 이를 위한 전인대(全人大)차원의 기본법(基本法)이 마련되어 있지 않았다. 이러한 현실상황은 국가발전전략을 장기적이고 체계적으로 추진하는데 많은 제약을 주고 있다. 결과적으로 국토의 균형발전과 경제의 지속적인 성장을 도모하기 위한 대형전략을 추진하는 과정은 이를 뒷받침하는 기본법(基本法)이 없다면 사실상 불가능하다. 그동안 중국 내 학계와 실무에서 지역개발과 관련된 입법필요성을 끊임없이 제기하고 있고, 정부차원에서도 현재 입법타당성을 검토하고 있는 실정이어서 결국 지역개발과 관련된 전인대(全人大)차원의 기본법(基本法)이 제정될 것으로 전망된다. 만약 관련 기본법(基本法)이 제정되면 이는 지역개발과 관련된 투자법제의 입법을 촉진하는 중요한 계기가 될 것으로 보인다.

2. 투자 법제를 통한 지역개발 보장

오늘날 경제사회의 발전과 다원화사회의 진전으로 인하여 국가의 경제정책이 구체적으로 추구하는 목적도 매우 다양하다.[33] 중국이 추진하는 지역개발전략들은 한마디로 사회적 필요(social needs)인 공공복지의 향상에 그 목적을 두고 있다. 이를 위해서는 국내외의 자본과 인재 및 기술의 대량 유치가 관건이며, 해당 지역의 투자환경을 근본적으로 변화시켜야 한다. 투자환경은 물론 정치, 경제, 법률, 사회 환경, 국민의식 등 많은 사회적 요소들을 포함하고 있다. 이러한 투자환경의 여건과 요소들은 인위적인 작용에 의해 변화할 수 있다. 때문에 투자환경을 개선함에 있어 가장 중요한 수단으로 작용하게 되는 것이 바로 법제의 구축이다. 투자환경은 통상 일정한 법제를 통해 자체의 작용과 효력들을 완성시키기 때문이다.

오늘날 중국에서 추진되는 "서부대개발(西部大開發)"전략, "동북진흥(東北振興)"전략, "중부굴기(中部崛起)"전략, "사회주의 신 농촌건설(社會主義新農村建設)"전략 등 지역개발전략들의 경우, 아직까지는 전인대(全人大)차원의 진정한 의미의 법안에 의해 추진되고 있지는 않으나 그렇다고 법적인 장치가 전무한 상황에서 맹목적으로 추진되고 있는 것은 결코 아니다. 오히려 그동안 중국의 여러 지역개발전략들은 중앙정부와 지방정부의 많은 행정법규와 정책들에 의하여 그 계획과 실행이 보장되어 왔다. 중국 법제의 특성 상 이러한 행정법규와 정책들을 넓은 의미의 법으로 이해한다면 현재 추진되고 있는 지역개발전략들은 중국식 법제의 보장이 있어서 가능했다고 봐야 할 것이다. 결과적으로 투자법제는 지역개발이 효과적으로 추진될 수 있도록 보장하는 중요한 역할을 하게 된다.

33) 김옥암, 「경제정책론」, 학문사, 2000년 제1판, 제14면.

제2장 서부대개발전략과 투자법제

제1절 서부대개발전략의 의의

Ⅰ. 서부대개발전략의 개념과 특징

1. 개 념

중국에서 서부대개발전략이라 함은 바로 중국 서북지역의 섬서성(陝西省)·감숙성(甘肅省)·청해성(靑海省)·녕하회족자치구(寧夏回族自治區)·신강위구르자치구(新疆維吾爾自治區)·내몽고자치구(內蒙古自治區)등과 서남지역의 사천성(四川省)·중경직할시(重慶直轄市)·운남성(云南省)·귀주성(貴州省)·티벳자치구(西藏自治區)·광서장족자치구(廣西壯族自治區) 등을 포함하는 서부지역 12개 성·자치구·직할시를 개발하는 국가종합개발프로젝트를 말한다.34)

2. 특 징

서부대개발전략은 개혁·개방이후 중국에서 최초로 시도된 지역개발전략이라

---

34) 중국 중부지역에 위치한 호남성(湖南省)의 상서토가족묘족자치주(湘西土家族苗族自治州), 호북성(湖北省)의 은서토가족자치주(恩施土家族自治州) 및 중국 동부지역에 위치한 길림성(吉林省)의 연변조선족자치주(延邊朝鮮族自治州) 등 중국 내 일부 소수민족지역들이 그 특수성이 감안되어 “서부대개발우대정책적용지역(西部大開發優待政策適用地域)”으로 추가되었으므로 여기서 말하는 “서부지역(西部地域)”은 기존의 단순한 지리적 개념이 아니라 12개 성·자치구·직할시보다 훨씬 더 넓은 지역을 포함하는 중국 내 소수민족 위주의 경제후진지역이라는 점은 앞서 설명한 바와 같다.

는 점에서 그 의미가 크다. 서부대개발전략은 다음과 같은 특징을 가지고 있다.

(1) 지역범위의 광활성, 즉 중국에서 서부대개발전략이 적용되는 지역은 섬서성(陝西省) · 감숙성(甘肅省) · 청해성(青海省) · 녕하회족자치구(寧夏回族自治區) · 신강위구르자치구(新疆維吾爾自治區) · 사천성(四川省) · 중경직할시(重慶直轄市) · 운남성(云南省) · 귀주성(貴州省) · 티벳자치구(西藏自治區)등 전통적인 서부지역은 물론 호남성(湖南省)의 상서토가족묘족자치주(湘西土家族苗族自治州), 호북성(湖北省)의 은서토가족자치주(恩施土家族自治州)등 중부지역에 위치한 일부지방 그리고 내몽고자치구(內蒙古自治區), 광서장족자치구(廣西壯族自治區), 길림성(吉林省)의 연변조선족자치주(延邊朝鮮族自治州)등 동부지역까지도 포함하고 있다. 따라 서부대개발전략이 적용되는 지역범위는 중국에서 대다수 지역을 포함한다고 하겠다.

(2) 개발내용의 풍부성, 즉 서부대개발전략은 단순한 지역경제개발을 떠나 정치, 경제, 사회 등 분야의 많은 내용들을 포함하고 있다. 특히 지역개발과 관련된 경제적 측면만 보더라도 농업현대화, 에너지 및 원자재 생산, 인프라구축, 자원탐사와 개발, 현대설비제조, 물류중심구축, 하이테크산업육성, 금융중심구축, 교통체계정비, 기업구조조정, 외자유치 등 많은 내용들을 포함한다. 또한 지역개발을 통한 국민들의 삶의 질 향상과 더불어 고차원의 문화생활보급, 교육기회의 확대, 의료서비스의 제고 등 사회적 측면의 내용도 많다.

(3) 개발전략의 지속성, 즉 현재 서부대개발전략은 국토의 균형발전과 경제의 지속적인 고속성장을 위하여 중국정부가 개혁 · 개방이후 처음으로 야심차게 추진 중인 국토종합개발 프로젝트이다. 서부대개발전략은 국토종합개발 프로젝트인 만큼 단기간에 끝나는 사업이 아니며 적어도 50년 이상 상당 기간을 두고 지속적으로 추진되는 것이다.

Ⅱ. 서부대개발전략의 형성과정

건국이후 개혁 · 개방이전까지 30년 동안 중국은 동부와 서부지역 간의 불균형 문제를 해결하고자 1차 5개년 계획기간(1953년-1957년)과 제3차-4차 5개년 계획기간(1965년-1975년)에 두 차례 서부지역에 대한 개발을 추진한 바 있다. 그러러나 이 시기에도 서부지역에 대한 개발은 상대적으로 선진적인 기술력과 연구인력을 확보했고 노동자들의 수준이 높다는 특성을 지녔음에도 불구하고 현지의 경제상황과 효율성을 도외시한 투자로 인해 지역경제를 발전시키는 데는 별로 기여하지는 못하였으며 오히려 중국의 경제발전전반에 상당한 후유증을 남기는 결과를 초래하였다. 서부지역의 경제발전은 바로 중국정부가 경제발전중심의 개혁과 개방정책을 추진한 이후에 진행된 서부대개발전략 형성과정에서 비로소 그 성과를 보이기 시작한 것이다.

1. 등소평(鄧小平)의 "두 개 대국(兩個大局)"전략

등소평(鄧小平)은 1988년 9월 12일, "가격 및 임금개혁시행방안보고회(價格和工資改革初步方案報告會)"와 1992년 초, 중국 남방(南方)시찰 시에 선후로 "두 개 대국(兩個大局)"전략을 명확히 제시하였다.

"두 개 대국(兩個大局)"이라 함은 바로 하나의 "대국(大局-큰 국면)"은 동부지역의 대외개방을 가속화하여 비교적 빨리 먼저 발전하도록 하고 중서부지역은 이러한 "대국(大局)"에 만전을 기하는 것이고, 또 다른 하나의 "대국(大局-큰 국면)"은 동부지역을 일정 수준까지 발전시켜 20세기말까지 중등정도의 생활수준에 도달하였을 때 보다 많은 역량을 결집하여 중서부지역의 발전을 도우며 동부지역도 이러한 "대국(大局)"을 따라가야 한다는 것이다. 이는 중국은 영토가 광활하고 인구가 많으며 전체적으로 생산력수준이 낙후하기 때문에 동일한 시점에서 모든 지역이 공동으로 부유해지는 것은 현실적으로 불가능하다는 당시의 현실적인 상황을 고려하여 일부 지역은 먼저 부유해지고 또 일부 지역은 나중에 부유해지도록 하는 것이 필요하다고 본 것이다. 등소평(鄧小平)의 "두 개 대국(兩個大局)"전략은 개혁 · 개방초기 중국의 현실을 정확하게 진단한 중요한 전략이었다. "두 개 대국(兩個大局)"전략은 두 가지 의미를 가지는데 첫째는 일부 사람과 일부 지역은 자체의 지역적 우세와 부지런한 노력으로 먼저 발전한 후 나중에 낙후된 지역을 지원하고 이끌어 공동발전하며 결과적으로 전국 모든 지역의 공동번영과 발전을 실현한다는 것이고, 둘째는 지역격차를 해소하는 시간을 20세기말부터로 예정한다는 것인데 서부대개발전략은 바로 이러한 시기에 맞추어 2000년부터 추진되고 있는 것이다.

2. 강택민(江澤民)주석의 "6.17연설"

1999년 6월 17일, 강택민(江澤民)당시 중국공산당 총서기 겸 국가주석은 섬서성(陝西省) 서안(西安)에서 직접 주최한 "서부 5개 성 국유기업개혁 및 발전 좌담회(西部五省國有企業改革和發展座談會)"에서 중서부지역의 발전을 다그칠 데 관한 중요한 연설을 발표하였는바 이를 통상 "6.17연설"이라고 한다. 그는 연설에서 "현재 우리는 세기가 교체되는 역사적인 기회를 잘 포착하여 서부대개발을 다그치고 서부대개발과 관련하여 시급히 연구해야 한다."는 총 원칙을 제시하였다. 즉 서부지역 경제발전의 가속화, 정치 · 사회 안정의 유지 및 민족단결 등을 강조하고 서부대개발과 3단계 국가발전전략을 결합하여 국민경제의 안정적인 성장을 전제로 서부지역에 대한 지지를 점차 강화하며 국내외 자본 · 인재 · 기술 등을 적극 유치하여 개발에 투입하고 명확한 목표아래 서부지역의 인구 · 자원 · 환경 및 경제사회의 협조발전을 단계적으로 추진한다는 것이다. 우리가 "6.17연설"을 주목하는 것은 당시의 중국 최고지도자가 처음으로 "서부대개발(西部大開發)"의 개념을 공식 언급했다는 점이다.

3. 주용기(朱鎔基) 전 총리의 지시

주용기(朱鎔基) 당시 중국 국무원 총리는 1999년에 섬서성(陝西省)(8월 5일-9일), 운남성(云南省)(8월 12일-16일), 사천성(四川省)(9월 6일-12일), 감숙성(甘肅省) · 청해성(青海省) · 녕하회족자치구(寧夏回族自治區)(10월 21일-30일)등 지역들을 선후로 시찰하면서 서부대개발에 관한 현지조사를 직접 진행하고 그 중요성을 역설하였다. 또한 1999년 10월 3일에는 "중앙민족사업회의(中央民族工作會議)"에서 소수민족지역의 경제를 발전시킬 데 관한 5개항의 사업계획을 제시하였는바 그 구체적인 내용은 다음과 같다: (1) 소수민족지역의 인프라건설을 지속적으로 증가하되 특히는 도로와 철도 등 교통 분야에 역점을 두어야 하며 수자원 개발과 종합이용에 주력하며 에너지와 통신시설구축을 한층 강화해야 한다. (2) 지역우세를 충분히 발휘하여 특색 있는 소수민족지역의 경제를 발전시키고 시장경제 원리에 따라 산업구조를 최적화하여 새로운 "경제성장점(經濟成長點)"을 육성하며 농업구조조정을 통해 지역우세를 갖는 기둥산업을 육성하여야 한다. (3) 원시림보호와 생태환경건설을 중시하여야 하는데 이는 서부대개발을 실시하고 소수민족지역의 경제를 발전시키는 중요한 내용이며 또한 지속적인 경제발전을 위한 중요한 조치이다. (4) 소수민족지역의 빈곤을 해소하기 위해 최선을 다 해야 한다. (5) 과학기술과 교육에 의해 나라를 부흥시키는(科敎興國)전략을 착실히 실행해야 한다.

사실상 1999년부터 당시의 중국 지도자들은 많은 현지시찰과 다양한 회의를 통해 서부대개발에 대해 여러 차례 언급함으로써 이듬해인 2000년부터 서부대개발전략을 본격 실시하는 데 기본적인 이론 분위기를 조성하였다.

4. 당16대 보고(報告)

2002년 11월 8일, 중국공산당 제16차 당 대표대회(16大)에서 강택민(江澤民)당시 중국공산당 총서기 겸 국가주석은 "소강사회을 전면적으로 건설하고 중국특색이 있는 사회주의 사업의 새로운 국면을 열자(全面建設小康社會, 開創中國特色社會主義事業新局面)"라는 주제의 보고(報告)를 발표하였다. 보고(報告)의 제4장인 "경제건설 및 경제체제개혁(經濟建設和經濟體制改革)"의 (3)부분을 보면 "서부대개발을 적극 추진하고 지역경제의 조화로운 발전을 촉진하자(積極推進西部大開發, 促進區域經濟協調發展)"제목 하에 "서부대개발전략을 실시하는 것은 전국적 발전의 대 국면과 민족단결 및 변강지역 안정과 관련된 것으로써 기초를 잘 다지고 착실하게 추진하되 그 중점은 기초시설과 생태환경건설에 두어야 하며 10년 이내에 뚜렷한 진전을 볼 수 있도록 노력해야 한다. 특색 있는 우세산업을 적극 발전시켜 중점지역개발을 추진한다. 이 지역의 과학기술교육을 발전시키며 여러 분야의 인재를 양성하여 잘 활용해야 한다. 국가는 투자항목, 세제 및 재정지원액 등 분야에서 서부지역에 대한 지원을 강화하며 장기적이고 안정적인 서부개발자금루트를 구축해야 한다. 투자환경을 개선하는데 주력하여 외국자본과 국내자본이 서부개발에 참여하도록 장려해야 한다. 서부지역주민들은 자체의 의식을 한층 개방하고 자체발전능력을 높여 개혁 · 개방 중에서 발전을 다그칠 수 있는 새로운 길을 걸어야 한다."는 취지의 내용을 담고 있다. 중국에서 중국공산당 전당대회는 중국의 정치, 경제 및 사회 전반에 걸친 총체적인 국가발전이념과 방향 및 지침을 제정하고 구체적인 계획안이 마련되고 채택되는 최고급 중요한 회의이다. 따라서 제16차 중국공산당 전당대회에서 서부대개발전략이 하나의 핵심내용으로 등장한 것은 중국의 지역개발전략이 본격적인 가동단계에 진입했음을 말해준다.

5. 정부사업보고(2000년-2008년)[35)]

2000년 3월 5일, 제9기 전인대 제3차회의에서 주용기(朱鎔基)당시 국무원 총리의 "정부사업보고(政府工作報告)" 제3장 "경제구조의 전략적 조정을 강력하게 추진하자(大力推進經濟結構的戰略性調整)" 제5번째 부분에서는 "서부대개발전략을 실시하고 중서부지역의 발전을 가속화하는 것은 당중앙이 등소평(鄧小平)의 '두개 대국(兩個大局)'전략을 관철하고 새로운 세기를 지향한 중대한 결책이다."라는 취지의 내용을 담고 있다.

2001년 3월 5일, 제9기 전인대 제4차회의에서 주용기(朱鎔基)당시 국무원 총리의 "정부사업보고(政府工作報告)"는 제5장 전부를 할애하여 "서부대개발을 실시하고 지역의 조화로운 발전을 촉진하자(實施西部大開發, 促進地區協調發展)"는 내용으로 서부대개발을 실시하고 중서부지역의 발전을 촉진하는 것은 현대화건설의 제3단계발전목표를 실현하는 중요한 조치이며, 10.5기간에 추진해야 할 가장 중요한 국가적 사업이라고 강조하고 있다. 2001년 정부사업보고가 한 개 장(章) 전부를 할애하여 서부대개발전략에 대해 강조한 데서 그 중요성을 충분히 감안할 수 있다.

2002년 3월 5일, 제9기 전인대 제5차회의에서 주용기(朱鎔基)당시 국무원 총리의 "정부사업보고(政府工作報告)"는 제3장 "경제구조조정과 경제체제개혁을 적극 추진하자(積極推進經濟結構調整和經濟體制改革)" 제2번째 부분에서 "서부대개발전략을 지속적으로 실시하고 지역의 조화로운 발전을 촉진하고 서부지역의 기초시설건설과 생태환경건설을 가속화해야 한다."는 취지의 내용을 담고 있다.

2003년 3월 5일, 제10기 전인대 제1차회의에서 주용기(朱鎔基)당시 국무원 총리의 "정부사업보고(政府工作報告)"는 제2장 "올해 정부사업에 대한 건의(對今年

---

35) 中華人民共和國中央人民政府: http://www.gov.cn/test/2006-02/16/content_200719.htm.검색일시: 2008년 9월 28일

政府工作的建議)” 제3번째 부분에서 “산업구조조정과 서부대개발을 적극 추진하자(積極推進産業結構調整和西部大開發)”이라는 테마로 “서부대개발을 착실하게 추진하고 중점을 부각시키며 실효성을 역점을 두고 기초를 잘 다져야 한다.”는 취지의 내용을 담고 있다.

2004년 3월 5일, 제10기 전인대 제2차회의에서 주용기(朱鎔基)당시 국무원 총리의 “정부사업보고(政府工作報告)”는 제2장 “2004년의 주요임무(2004年主要任務)” 제3번째 부분에서 “지역경제발전을 통일적으로 계획하여 서부대개발과 동북지역 등 전통공업기지의 진흥을 추진하자(統籌區域經濟發展, 推進西部大開發和東北地區等老工業基地振興)”는 테마로 “서부대개발전략을 지속적으로 실시하고 경험을 착실히 총결하고 정책을 완벽 화하며 여러 가지 조치를 실행하여 적극적이고 질서 있게 추진해야 한다.”는 취지의 내용을 담고 있다.

2005년 3월 5일, 제10기 전인대 제3차회의에서 온가보(溫家寶) 국무원 총리의 “정부사업보고(政府工作報告)”는 제3장 “경제의 안정적이고 비교적 빠른 발전을 계속 유지하자(繼續保持經濟平穩較快發展)” 제1번째 부분에서 “서부대개발전략의 5년 내의 경험을 진지하게 총화하고 국가는 정책조치, 자금투입, 산업분포 및 인재개발 등 분야에서 지속적으로 서부지역을 지지해야 한다.”는 취지의 내용을 담고 있다.

2006년 3월 5일, 제10기 전인대 제4차회의에서 온가보(溫家寶) 국무원 총리의 “정부사업보고(政府工作報告)”는 제2장 “올해주요임무(今年主要任務)” 제4부분에서 “지역의 조화로운 발전을 계속 추동하자(繼續推動區域協調發展)”는 테마로 “서부대개발을 한 층 추진하고 중점지대, 중점도시 및 중점산업이 빨리 발전할 수 있도록 집중 지지한다.”는 취지의 내용을 담고 있다.

2007년 3월, 제10기 전인대 제4차회의에서 온가보(溫家寶) 국무원 총리의 “정부사업보고(政府工作報告)”에서도 서부대개발전략이 다시 강조되었다. 즉 “정부사업보고(政府工作報告)” 제2장 “2007년의 주요임무(2007年主要任務)” 지역개발을 언급한 제4번째 부분에서 “서부대개발을 한 층 추진한다(進一步推進西部大開發)”라는 제목으로 “중점지대, 중점도시 및 중점산업이 빨리 발전할 수 있도록 집중 지원한다. 청장철도와 장강삼협 제3기공정 등 중요 프로젝트의 건설과 운영을 확보하고 중대 건설프로젝트를 새롭게 시작한다. 경작지를 삼림 혹은 초원으로 환원하는 사업의 성과를 공고히 하고 후속정책에 대한 연구를 다그친다.

천연림보호, 황사 및 사막화 방지 등 생태공정을 지속적으로 실시한다. 우세산업의 발전을 지원하고 특색자원가공기지를 건설한다. 과학기술과 교육을 발전시킨다. 정책적인 지지와 재정이전 및 지급을 확대하고 장기적이고 안정적인 서부대개발 자금원을 구축한다."는 취지의 내용을 담고 있다.

2008년 3월, 제11기 전인대 제1차회의에서 온가보(溫家寶) 국무원 총리의 "정부사업보고(政府工作報告)"에서도 지난 5년간의 사업을 회고하는 부분에서 서부대개발전략과 동북진흥전략을 중점적으로 언급하고 있다. 또한 "정부사업보고(政府工作報告)" 2008년 주요임무의 제3번째 부분에서도 "지역의 조화발전을 촉진하자"는 테마로 "서부대개발을 심도 있게 추진하되 핵심 지역과 핵심 공정에 대해 우선하여 개발하고 천연림 보호 및 사막화방지를 지속적으로 강화해야 한다."는 취지의 내용을 담고 있다. 서부대개발 관련 언급이 예전에 비해 적어진 것은 사실이나 중앙정부의 지역개발전략에 대한 의지는 더욱 확고해 보인다.

중국에서 실행되는 정책과 전략들은 거의 모두 "회의(會議)"라는 특유의 방식을 통해 결정되고 채택된다고 할 수 있다. 그만큼 중국에는 공산당 전당대회 및 지방대회, 전국인민대표대회 및 지방인민대표대회, 중앙경제사업회의, 지방경제사업회의, 서부지역개발회의, 각종 좌담회, 화상(畵像)회의 등 수없이 많은 형식의 "회의(會議)"들이 해마다 열리고 있다. 따라서 구체적인 법안이 아닐지라도 이러한 회의일정과 요지들을 자세히 살펴보면 중국의 지역개발전략을 포함한 여러 가지 정책방향들을 보다 정확하고 빠르게 확인할 수 있다.

Ⅲ. 추진방향과 중점프로젝트

1. 추진방향

서부대개발전략은 "3단계국가발전전략"과 결합하여 장기적으로 추진하는 21세기의 중국 최대의 국책사업의 하나로써 시기적으로 다음과 같은 단계를 거친다. 즉 제1단계(2000년-2005년)는 개발초기단계로, 주로 구체적인 개발계획과 정책수립, 중앙과 지방의 주요추진기구 설립, 대내외 정책홍보와 사회간접자본(Social Overhead Capital: SOC)부문의 기초건설을 가속화하는 것이고, 제2단계(2006년-2015년)는 대규모개발단계로, 외국인직접투자(Foreign Direct Investment: FDI)를 통한 서부지역 자체의 자율적인 개발능력을 제고하고 非 SOC분야로 투자규모를 확대하는 것이며, 제3단계(2016년-2050년)는 마지막 단계로, 서부지역의 도시화, 시장화를 통한 구매력을 제고하고 전면적인 대외개방으로 국제화의 수준을 제고하는 것이다.

이를 위해서 아래와 같은 구체적인 계획을 수립하였는바 (1) 재원(財源) 면에서는 정부투자[36]외에도 국내외 신규투자 및 동부지역 외자기업의 재투자 등으로 각종 투자주체들의 참여를 적극 유도한다. 또한 서부대개발에 참여하려는 일반기업에 대한 대출을 늘려 좋은 여건을 만들 계획이다. 중국의 경우 정부에서 투입할 수 있는 재원(財源)은 극히 제한되어 있기 때문에 이러한 조치는 필수적이라 할 수 있다.[37] (2) 개발전략 면에서는 맹목적인 자원개발을 배제하고 생산능력 확대 및 경쟁우위가 있는 첨단산업 육성에 주력한다. 서부지역은 항공 우주산업 등 첨단기술 산업에 비교우위가 있는바 특히 섬서성(陝西省) 서안(西安)은 하이테크 산업단지로 전망이 밝다. (3) 개발형식 면에서는 기존의 조방형(粗放型) 개발형식을 지속발전이 가능한 집약형(密集型)형식으로 전환할 것인바 서부대개발전략을 생태환경보호와 연계시켜 추진한다. 특히 서부지역은 중국의 식수원인 장강(長江-양쯔강)과 황하(黃河)상류에 위치한 점을 감안하여 환경친화적인 개발을 중시하고 "경작지를 삼림 혹은 초원으로 환원하는(退耕還林[草])"사업을 추진한다. (4) 단계별 개발계획을 수립하여 우선적으로 사회간접자본(SOC)과 생태환경건설에 주력하고 경쟁력 있는 산업 및 제품을 육성 · 발전시키되 지역특성에 맞는 발전전략을 추진한다.[38]

---

36) 특히 서부지역 각종 인프라건설사업에 소요되는 막대한 자금은 주로 ① 국무원이 발행하는 국채(國債)의 70%; ② 중앙정부재정예산의 70%; ③ 외국정부차관의 70%로 충당할 계획이며, 이외에도 지방 성 · 자치구 · 직할시인민정부가 자체 발주하는 사업에는 해당 성 · 자치구 · 직할시의 지방재원도 투입된다.

37) 중국 내 국민소득분포를 보면 개인이 약 60%, 기업이 약 30%를 차지하며, 정부가 차지하는 비중은 10%에 불과하다.

38) 예를 들면 운남성(云南省)은 열대 · 아열대의 풍부한 생물자원을, 사천성(四川省)은 가공공업을, 섬서성(陝西省)은 하이테크산업을, 신강(新疆)은 면화 · 토마토 · 천연가스 등을 개발하는 것이다.

2. 중점프로젝트

서부지역의 투자환경을 근본적으로 변화시키기 위해서는 우선 낙후된 서부지역 인프라를 시급히 개선해야 한다. 이를 위해 중국정부는 그동안 서부지역을 중심으로 대규모 사회간접자본(SOC)건설을 추진하고 있는바 중국정부가 추진하고 있는 사회간접자본(SOC)건설 관련 중점프로젝트를 살펴보면 다음과 같다.

(1) "서전동수(西電東送)", 즉 대륙을 가로지르는 송전(送電)프로젝트로 서부지역의 전기를 동부지역으로 보내는 사업을 말한다. 서부지역 중에서도 수력(水力)과 화력(火力)등을 이용한 전력자원이 풍부한 귀주(貴州) · 운남(云南) · 광서(廣西) · 내몽고(內蒙古) 등 지역의 전력을 개발하여 전기수요가 많은 광동(廣東)을 중심으로 한 주강삼각주(珠江三角洲)와 상해(上海)를 중심으로 한 장강삼각주(長江三角洲)로 보내는 사업이다.

(2) "서기동수(西氣東輸)", 즉 대륙횡단 천연가스 파이프라인 공사로 서부의 천연가스를 동부로 수송하는 사업을 말한다. 천연가스 수요가 적고 생산량이 많은 서부지역 신강(新疆) 타림분지 유전에서 동부지역 상해(上海)까지 파이프를 이어 공급하는 사업이다.

(3) "남수북조(南水北調)" 즉 남쪽 장강(長江-양쯔강)의 물을 상류(서쪽라인-西線), 중류(중심라인-中線), 하류(동쪽라인-東線)로 나누어 물이 부족한 북쪽의 황하유역으로 공급하는 사업이다.

(4) "삼협공정(三峽工程)" 즉 장강(長江)의 홍수방지 및 발전(發電)을 위한 대형 프로젝트이다.

(5) "팔종팔횡(八從八橫)" 즉 서부지역의 고속도로, 철도, 공항, 해운 등이 포함되는 교통인프라건설사업을 말한다.[39)]

상술한 중점프로젝트의 경우 상당수가 이미 완공되어 가동되고 있으며 해당지역의 경제발전과 지역민들의 삶의 질을 제고함은 물론, 동부지역과 국가전체의 경제발전에도 상당한 공헌을 하고 있음이 증명되고 있다.

---

39) 이중에서 평균 해발 4,000M의 고산지대인 청해성(青海省)과 티벳(西藏) 사이의 1,118㎞를 연결하는 청장철도(青藏鐵道)는 이미 완공되어 개통되었다.

Ⅲ. 서부대개발전략의 추진기구

1. 서부대개발전략 추진기구 개요

서부대개발전략에 대한 정책적 과제들을 집중적으로 연구하고 서부대개발전략을 보다 효율적으로 추진하기 위하여 2000년 1월 16일, 국무원은 "국무원서부지구개발영도소조를 설립할 데 관한 결정(國務院關于成立國務院西部地區開發領導小組的決定)"(國發[2000]3號)[40]을 발표하였는바 이 "결정(決定)"에 의해 "서부지구개발영도소조(西部地區開發領導小組)"(이하 "영도소조(領導小組)"로 약칭)[41]를 설치하여 서부대개발전략과 관련된 연구 및 실무를 총괄하도록 하였다.

"영도소조(領導小組)"는 주용기(朱鎔基) 당시 총리가 조장(組長)을, 온가보(溫家寶)당시 부총리가 부조장(副組長)으로 임명되었고, 중공중앙 및 국무원 산하 19개 부처의 책임자들이 위원으로 임명되었다. "영도소조(領導小組)"는 별도로 판공실(辦公室)을 설치하여 국가개발계획위원회(國家發展計劃委員會)[42]의 산하기구로 두어 "영도소조(領導小組)"의 일상 업무를 담당하도록 하였다. 당시 국가개발계획위원회(國家發展計劃委員會)의 증매염(曾培炎)주임(主任-장관급)이 판공실(辦公室)주임(主任-국장급)을 겸직하였다. "국무원서부지구개발영도소조판공실(國務院西部地區開發領導小組辦公室)"(이하 "국무원서부개발판공실(國務院西部開發辦)"로 약칭함)은 2000년 3월에 정식으로 업무를 시작하였고 같은 해 6월에 "영도소조(領導小組)"위원들은 중공중앙과 국무원의 23개 부처의 책임자들로 다시 편성되었다.

2003년 5월에 새롭게 임기를 시작한 국무원은 "영도소조(領導小組)"에 대하여

---

40) 新法規速遞:http://www.law-lib.com/law/law_view.asp?id=15782 검색일시: 2008년 9월 30일.

41) 향후 국무원 산하에 "지역개발부(地域開發部)"를 신설하거나 "국무원서부개발판공실(國務院西部開發辦)"을 기존 국무원 부서 산하의 "서부개발국(西部開發局)" 혹은 "서부개발사(西部開發司)"로 개편하여 신설하는 것이 바람직하다(자세한 내용은 후술함).

42) "국가발전계획원회(國家發展計劃委員會)"는 중국 국무원 산하의 한 부서로써 현재는 "국가발전개혁위원회(國家發展和改革委員會)"로 개칭되었다. 본 부서의 주요 기능은 국민경제 및 사회발전전략, 중장기계획과 연도별 계획을 수립하고 국내외 경제발전추세, 재정, 금융 등 경제 분야의 상황을 수집, 정리, 분석, 연구하여 국가의 주요 경제정책수립에 일조하는 것이다. 본 부서의 수장(首長)은 주임(主任)이며 장관급에 해당한다.

또 다시 대폭 물갈이를 하였는바 온가보(溫家寶)국무원 총리를 조장(組長)으로, 증매염(曾培炎)부총리를 부조장(副組長)으로, 중공중앙과 국무원 27개 부처의 책임자들이 위원으로 새롭게 임명되었다. 또한 "국무원서부개발판공실(國務院西部開發辦)"의 주임(主任-국장급)에는 국가발전개혁위원회(國家發展與改革委員會)의 마개(馬凱)주임(主任-장관급)이 임명되었다.

이외에 "영도소조(領導小組)"위원으로 지명된 중공중앙과 국무원 27개 부처는 각 부처별로 "서부개발사업연락원(西部開發事業連絡員)"을 설치하였으며 국무원의 기타 부처에도 전문 인력을 두어 서부대개발전략을 관장하도록 하였다. 현재 서부지역 12개 성 · 자치구 · 직할시와 기타 서부대개발전략 적용지역에 "서부개발영도소조(西部開發領導小組)"와 판공실(즉 "西部地區省區市政府開發辦")을 설치 · 운영하고 있으며 동부지역과 중부지역의 성과 직할시에서도 서부대개발전략의 참여와 지원을 위한 전문기구(즉 "東中部地區省市政府協作辦")를 두고 있다.

2. 서부대개발전략 추진기구 기능

관련 규정의 따라 "국무원서부개발판공실(國務院西部開發辦)"은 다음과 같은 기능을 갖는다.

(1) 서부지역의 개발전략, 발전계획, 중요과제 및 관련 정책과 법규들에 대한 건의사항들을 연구하여 상부의사결정기관에 제출함으로서 서부지역경제의 지속적이고 건전한 발전을 도모한다.

(2) 서부지역의 농촌경제발전, 핵심기반시설건설, 생태환경보호 및 건설, 기업구조조정, 자원개발, 중점건설항목의 배분 등에 관한 건의사항들을 연구하여 상부의사결정기관에 제출하고 농업경작지를 임야(林野)나 초지로 바꾸는 사업(退耕還林[草])의 내실 있는 추진을 도모하고 관련 부서간의 긴밀한 협조체계를 유지케 한다.

(3) 서부지역의 개혁을 심화하고 개방을 확대하며 국내외 자본 · 인재 · 기술을 유치할 데 관한 정책적 과제들을 연구하여 제출하고 경제개발과 과학기술 문화사업의 전면적 발전을 이룩하여 관련 부서간의 긴밀한 협조체제를 유지케 하며 "영도소조(領導小組)"에서 하달하는 기타사항들을 처리한다.

제 2 절 서부대개발전략을 위한 투자법제

I. 투자법제의 개요

법적인 측면에서 서부대개발전략과 관련하여 그동안 여러 가지 다양한 정책들과 행정법규들이 발표되었는바 정리하면 다음과 같다.

1. "국민경제 및 사회발전 제10차 5개년 계획요강(國民經濟和社會發展第十個五年計劃綱要)"과 "국민경제 및 사회발전 제11차 5개년 규획요강(國民經濟和社會發展第十一個五年規劃綱要)"
2. "중서부지구외상투자우세산업목록(中西部地區外商投資優勢産業目錄)"
3. "서부대개발실시의 약간의 정책조치에 관한 통지(關于實施西部大開發若干政策措置的通知)"
4. "서부대개발에 관한 약간의 정책조치 실시의견(關于西部大開發若干政策措置的實施意見)"
5. "국무원의 서부대개발을 진일보 추진할 데 관한 약간의 의견(國務院關于進一步推進西部大開發的若干意見)"
6. "국가세무총국의 '중서부지구의 외상투자기업에 대해 3년간 15%의 기업소득세를 징수하는' 우대정책을 실시할 데 관한 통지(國家稅務總局關于實施對設在中西部地區的外商投資企業給預三年減按15%稅率徵收企業所得稅的優惠的通知)"
7. "서부대개발과학기술사업을 강화할 데 관한 약간의 의견(關于加强西部大開發科技工作的若干意見)"
8. "국무원의 경작지를 산림과 초지로 환원하는 시점사업을 진일보 잘 할 데 관한 실시의견(關于進一步做好退耕還林還草試點工作的實施意見)"과 "국무원의 경작지를 산림과 초지로 환원하는 정책조치를 진일보 완벽 화 할 데 관한 약간의 의견(關于進一步完善退耕還林政策措置的若干意見)"
9. "서부대개발 중 건설항목의 환경보호관리를 강화할 데 관한 약간의 의견(關于西部大開發中加强建設項目環境保護管理的若干意見)"
10. "서부개발촉진법(西部開發促進法)"의 입법건의안
11. "국가발전개혁위원회의 중경시 및 성도시에 전국종합개혁시험구의 설립을 비준할 데 관한 통지(國家發展和改革委員會關于批准重慶市和成都市設立全國統籌城鄉綜合

配套改革試驗區的通知)"

이러한 정책과 행정법규들에는 모두 투자와 관련된 내용들이 언급되어 있다. 따라서 이러한 정책들과 행정법규들이 규정한 투자관련 내용들을 서부대개발전략을 위한 투자 법제라고 정의할 수 있다.

Ⅱ. 투자법제의 내용

1. "국민경제 및 사회발전 제10차 5개년 계획요강(國民經濟和社會發展第十個五年計劃綱要)"과 "국민경제 및 사회발전 제11차 5개년 규획요강(國民經濟和社會發展第十一個五年規劃綱要)"

2001년 3월 15일, 제9기 전국인민대표대회 제4차 회의에서 비준된 "국민경제 및 사회발전 제10차 5개년 계획요강(國民經濟和社會發展第十個五年計劃綱要)"에는 2001년부터 2005년까지의 중국의 국민경제와 사회발전 각 분야에 관한 계획이 담겨있는 바[43] 그 중 제8장이 "서부대개발전략 실시와 지역 간 균형발전의 촉진"이라는 테마로 되어 있으며, 여기에는 서부대개발전략을 실시하여 중서부지역의 경제발전을 가속화하고 지역의 경제구조를 합리하게 조정하여 지역경제의 균형발전을 촉진함을 목적으로 하는 서부대개발의 본격추진, 중부지역 발전의 가속화, 동부지역 발전수준의 제고, 특색 있는 지역경제의 형성 등 네 개 분야의 내용이 담겨 있다. "계획요강(計劃要綱)"에 서부대개발전략을 공식 포함시킨 것은 그 중요성을 재확인하는 것이며, 또한 10차 5개년 계획이 시작된 2001년부터 서부대개발전략이 이미 본격 가동되었음을 의미한다.

2006년 3월 14일, 제10기 전국인민대표대회 제4차 회의에서 비준된 "국민경제 및 사회발전 제11차 5개년 규획요강(國民經濟和社會發展第十一個五年規劃綱要)"에는 2006년부터 2010년까지 중국의 국민경제 및 사회발전 각 분야에 관한 규획(規劃)이 담겨있는바 그 중 제19장은 "지역개발의 총체적 전략을 실시하자(實施地域開發總體戰略)"라는 테마로 되어 있으며 제1절 "서부대개발을 추진하자(推進西部大開發)"

---

43) 本書編寫組(編), 「'國民經濟和社會發展第十個五年計劃綱要' 學習讀本」, 中共中央党校出版社(北京), 2001年 第1版, 第83-94面.

에서 또다시 서부대개발전략에 대해 강조하였다. 여기에는 개혁개방의 확대, 자생능력제고, 기초시설건설, 환경보호, 특색산업발전, 공공서비스개선, 변경무역발전, 안정적인 투자자금의 확보 등 다양한 내용들이 요약되어 있다.

2. "중서부지구외상투자우세산업목록(中西部地區外商投資優勢產業目錄)"

"중서부지구외상투자우세산업목록(中西部地區外商投資優勢產業目錄)"은 당시의 국무원 국가개발계획위원회(國家發展計劃委員會)(지금의 국가발전개혁위원회-國家發展和改革委員會), 국가경제무역위원회(國家經濟貿易委員會), 대외경제무역합작부(對外經濟貿易合作部)(지금의 상부무-商務部) 등 국무원 소속 세 개 부처가 국무원의 비준을 거쳐 2000년 6월 16일에 공동으로 발표한 것이다. 이 "목록(目錄)"에는 중서부 20개 성 · 자치구 · 직할시의 농업 및 목축산품가공, 관광, 식수조림, 광물자원개발, 교통시설구축 및 신형전자부품의 개발과 제조 등 총 255개 분야의 내용이 명시되어 있으며 이들 255개 분야에 투자할 경우 각종 우대정책을 실시한다고 밝히고 있다.

2004년 7월, 국가발전개혁위원회(國家發展和改革委員會)와 상부무(商務部)는 이 "목록(目錄)"에 대해 1차 수정본(2004.7.23발표, 2004.9.1발효)에 발표하였으며, 2008년 12월에는 2차 수정본(2008.12.23발표, 2009.1.1발효)을 발표하였는바 이 과정을 거쳐 해당 내용을 대폭 개정하였다.(부록-2참조)

3. "서부대개발실시의 약간의 정책조치에 관한 통지(關于實施西部大開發若干政策措置的通知)"

"서부대개발실시의 약간의 정책조치에 관한 통지(關于實施西部大開發若干政策措置的通知)"는 서부대개발전략과 관련한 규정 중에서 가장 주목해야 할 부분이라 할 수 있다. 2000년 12월 27일, 국무원이 중국 국영통신사인 신화통신사(新華通迅社)를 통해 언론에 공식 발표한 이 "통지(通知)"에는 정책 확립의 원칙과 지지중점, 자금투입확대정책, 투자환경개선정책, 국내외 개방 확대에 관한 정책, 인재흡수 및 과학기술교육에 관한 정책 등 다섯 개 분야의 내용들이 포함되어 있다. "국무원서부개발판공실(國務院西部開發辦)"과 국무원 각 부처 및 서부지역 지방정부는 현재 내지는 금후 10년(2001-2010)동안 본 "통지(通知)"에 명시한 포괄적인 정책조치에 따라 보다 구체적인 추진방안들을 제정하여 서부대개발전략을 체계적으로 추진해야 할 법적인 의무가 있다.

4. "서부대개발에 관한 약간의 정책조치 실시의견(關于西部大開發若干政策措置的實施意見)"

"서부대개발에 관한 약간의 정책조치 실시의견(關于西部大開發若干政策措置的實施意見)"은 2001년 8월 28일, 국무원판공청(國務院辦公廳)이 국무원서부개발판공실(國務院西部開發辦)에 위임하여 발표한 것이다. 서부대개발전략을 실시하고 중서부지역의 경제발전을 다그치기 위하여 국무원의 "서부대개발실시의 약간의 정책조치에 관한 통지(關于實施西部大開發若干政策措置的通知)"에 근거하여 제정한 본 "의견(意見)"에는 정책조치의 적용범위,44) 건설자금투입확대, 건설항목 우선배정, 공적자금지원범위확대, 금융대출지원확대, 투자환경대폭개선, 세금우대정책실시, 토지사용우대정책실시, 광물자원우대정책실시, 가격 및 수금제도조정, 외국인투자영역확대, 외국인자금루트의 확대, 외자이용여건완화, 대외경제무역발전, 지역 간 협력과 지원확대, 인재흡수, 과학기술주도역할발휘, 교육투입증대, 문화 · 위생 등 사회사업건설강화, 정책조치의 해석과 관철 등 20개 분야의 많은 내용들이 포함되어 있다.

5. "국무원의 서부대개발을 진일보 추진할 데 관한 약간의 의견(國務院關于進一步推進西部大開發的若干意見)"

"국무원의 서부대개발을 진일보 추진할 데 관한 약간의 의견(國務院關于進一步推進西部大開發的若干意見)"은 2004년 3월 11일에 국무원이 새로 제정한 행정법규이다. 서부대개발전략이 추진된 이후 서부지역의 경제발전은 그 동안 괄목할 만큼 많은 진전을 보이고 있으나 인프라구축미비, 생태환경악화, 수자원고갈, 교육 · 의료수준저하, 인재유실 등 많은 문제점들은 아직도 해결되지 못하고 있다. 본 "의견(意見)"은 몇 년간의 경험을 종합하고 기존의 법규와 정책들을 보

---

44) 정책조치의 적용범위라 함은 서부지역 12개 성 · 자치구 · 직할시와 호남성(湖南省) 상서(湘西), 호북성(湖北省) 은시(恩施), 길림성(吉林省) 연변(延邊) 등 지역을 포함한다.

완하여 서부대개발을 새롭게 추진하려는 의도에서 가장 최근에 나온 규정이다. 본 규정에는 생태환경보호 및 농민수입증가; 도시인프라구축; 농업과 농촌지역 인프라구축; 특색산업육성; 경제발전중심육성; 과학기술 · 교육 · 의료 · 문화 등 분야의 발전; 투자환경개선; 자금루트확보; 인재역량육성; 법률체제구축 등 10개 분야의 내용을 포함하고 있다. 본 규정의 경우 처음으로 "서부개발촉진법(西部開發促進法)"과 "서부개발생태환견보호감독조례(西部開發生態環境保護監督條例)"를 입법할 데 관한 의견을 제시한 것으로 그 의미가 크다고 할 수 있다.

6. "국가세무총국의 '중서부지구의 외상투자기업에 대해 3년간 15%의 기업소득세를 징수하는' 우대정책을 실시할 데 관한 통지(國家稅務總局關于實施對設在中西部地區的外商投資企業給預三年減按15%稅率徵收企業所得稅的優惠的通知)"

"국가세무총국의 '중서부지구의 외상투자기업에 대해 3년간 15%의 기업소득세를 징수하는' 우대정책을 실시할 데 관한 통지(國家稅務總局關于實施對設在中西部地區的外商投資企業給預三年減按15%稅率徵收企業所得稅的優惠的通知)"는 국무원의 결정에 의해 그 직속기관인 국가세무총국(國家稅務總局)이 1999년 9월 17일에 발표한 것이다. 중서부지역의 국가장려산업 외국인투자기업에 대해서는 5년간의 감면세기간이 만료한 이후 다시 3년간 연장해준다는 내용을 포함하고 있으며, 이 "통지(通知)"의 해당 규정은 이미 중서부지역에서 실시되고 있다. 2007년 3월에 새롭게 제정된 "기업소득세법(企業所得稅法)"에도 서부대개발전략이 적용되는 지역에 대한 세수우대정책을 그대로 유지한다고 명시하고 있다.

7. "서부대개발과학기술사업을 강화할 데 관한 약간의 의견(關于加强西部大開發科技工作的若干意見)"

"서부대개발과학기술사업을 강화할 데 관한 약간의 의견(關于加强西部大開發科技工作的若干意見)"은 국무원 과학기술부(科學技術部)가 중앙정부의 서부대개발전략을 진일보 관철 실행하고 과학기술로 서부지역의 경제 및 사회전반사업을 발전시킨다는 취지에서 2000년 8월 18일에 발표한 것이다. 본 "의견(意見)"에는 우선 서부대개발전략을 추진함에 있어 과학기술이 발전되어야 한다는 점을 강조하고 확고한 지도이념의 확립, 과학기술계획의 제정, 개혁을 통한 과학기술능력의 제고, 생태환경건설에 대한 과학기술지원, 특색산업발전, 첨단기술산업육성, 서부지역의 정보화 추진, 미니도시건설, 과학기술보급사업, 개방과 협력의 확대, 정부 각 부처와 해당 연구기관 간의 체계적인 협력 등 내용들을 골자로 하고 있다.

8. "국무원의 경작지를 산림과 초지로 환원하는 시점사업을 진일보 잘 할 데 관한 실시의견(國務院關于進一步做好退耕還林還草試點工作的實施意見)"과 "국무원의 경작지를 산림과 초지로 환원하는 정책조치를 진일보 완벽 화할 데 관한 약간의 의견(國務院關于進一步完善退耕還林政策措置的若干意見)"

"국무원의 경작지를 산림과 초지로 환원하는 시점사업을 진일보 잘 할 데 관한 실시의견(國務院關于進一步做好退耕還林還草試點工作的實施意見)"은 2000년 9월 25일, 국무원이 장강(長江-양쯔강) 상류 및 황하(黃河) 중상류에서 경작지를 산림과 초지로 환원하는(退耕還林還草)사업을 시험적으로 실시할 데 관한 중요한 내용을 담고 있다. 본 "실시의견(實施意見)"에는 해당 사업과 관련하여 성 급 지방정부의 책임부담, 인민군중의 적극성유도, 묘종(苗種)공급보장, 관리강화, 검사 및 감독 등 내용들이 포함되어 있다.

"국무원의 경작지를 산림과 초지로 환원하는 정책조치를 진일보 완벽 화할 데 관한 약간의 의견(國務院關于進一步完善退耕還林政策措置的若干意見)"은 서부지역의 생태환경보호와 개선이 서부지역의 경제발전에 있어서 결정적인 역할을 한다는 점을 감안하여 "국무원의 경작지를 산림과 초지로 환원하는 시점사업을 진일보 잘 할 데 관한 실시의견(國務院關于進一步做好退耕還林還草試點工作的實施意見)"을 보다 구체화하기 위하여 2002년 4월 11일 발표된 것이다. 본 "의견(意見)"에는 "경작지를 산림과 초지로 환원하는(退耕還林還草)" 원칙, "경작지를 산림과 초지로 환원하는(退耕還林還草)"사업을 추진하기 위한 계획 확립, 농민양곡보조금지급, 묘목공급, 부대조치실시, 관리감독강화 등 구체적인 내용들이 포함되어 있다.

9. "서부대개발 중 건설항목의 환경보호관리를 강화할 데 관한 약간의 의견(關于西部大開發中加强建設項目環境保護管理的若干意見)"

"서부대개발 중 건설항목의 환경보호관리를 강화할 데 관한 약간의 의견(關于西部大開發中加强建設項目環境保護管理的若干意見)"은 국무원 직속기관인 국가환경보호총국(國家環境保護總局)[45]이 2001년 1월 8일에 발표한 것이다. 이는 서부대개발전략을 전면적으로 실행하고 서부지역의 생태환경을 보호 및 개선하며 서부지역의 자연지리여건이 복잡하고 생태환경파괴가 심각하며 희귀 동식물자원과 자연보호구역이 밀집되어 있는 현실을 감안하여 보호중점과 구체적 조치를 명확히 하여 부문 별로 관리감독을 강화하기 위하여 제정한 것이다.

10. "서부개발촉진법(西部開發促進法)"의 입법건의안

"서부개발촉진법(西部開發促進法)"과 관련된 입법논의는 서부대개발전략이 본격적으로 시작된 2000년부터 지금까지 활발하게 진행되어 오고 있다.[46] 또한 매년 전국인민대표대회(전인대)와 전국정치협상회의(정협)가 진행될 때마다 서부지역 출신의 전인대 대표 및 정협 대표들은 서부지역의 개발을 위한 법제의 중요성을 역설하고 여러 차례 "서부개발촉진법(西部開發促進法)"의 입법을 제안하였다. "서부개발촉진법(西部開發促進法)"의 입법에 관한 논의는 2000년 3월, 전인대 개최 당시 서산림(徐山林)을 비롯한 섬서성(陝西省) 출신의 전인대 대표들이 "중화인민공화국서부지구경제발전법(中華人民共和國西部地區經濟發展法)"의 입법을 처음으로 제안하면서 본격적으로 시작되었는바 이를 주장하는 이들은 공통으로 서부대개발전략이 미래지향적인 국가적 핵심과제임을 강조하고 서부지역에 안정적인 법치환경을 조성하여 국내외투자유치, 인프라구축, 자원배분, 중앙과 지

45) 국가환경보호총국(國家環境保護總局)은 현재 환경보호부(環境保護部)로 승격되었다.

46) 吳大華 · 徐杰, 「西部大開發的法律保障」, 民族出版社(北京), 2001年 第1版, 第96面; 徐國弟 · 陣玉蓮, 「西部大開發戰略的理論基礎和實施政策」, 中國物價出版社(北京), 2002年 第1版, 第265面; 中國(海南)改革發展硏究院(編), 「西部大開發與非國有經濟發展」, 中國經濟出版社,(北京) 2001年 第1版, 第337-347面; 周興維, 「戰略重心的西移」, 民族出版社(北京), 2001年 第1版, 第249-251面.

방의 이익분할, 인재흡인 등 분야에서 획기적인 전기를 마련함으로써 서부대개발전략을 성공시켜야 한다는 견해를 밝히고 있다. 그 후 "서부개발촉진법(西部開發促進法)"의 입법에 관한 문제가 관련 학계의 핵심쟁점으로 떠올라 많은 학자들이 입법필요성을 주장하고 있는 실정이다.[47] 이들은 "서부개발촉진법(西部開發促進法)"을 전인대 차원의 기본법 형태로 가급적 빨리 제정하여 아래와 같은 다섯 개 분야의 문제를 해결해야 한다고 주장하고 있다. 첫째, 서부대개발전략의 지위문제, 즉 서부대개발전략의 법적인 지위를 명확히 하고 21세기의 모든 사업에서 우선 순위에 두어 서부대개발전략의 추진을 가속화해야 한다는 것; 둘째, 서부대개발전략의 정책지원 및 실시문제, 즉 서부지역에 대한 산업·금융·재정·세제·투자·수출입 등 내용들을 법문화해야 한다는 것; 셋째, 서부지역 내에서의 개발순위와 정책조정문제, 즉 광활한 서부지역을 상대로 거시적인 경제개발전략을 추진함에 있어서 지역적 특징을 고려하여 서부지역 내에서도 우선 개발지역을 선정하고 지역에 따라 탄력 있는 정책들을 적용할 수 있도록 구체적으로 조율해야 한다는 것; 넷째, 서부대개발전략에 대한 국가의 재원투입문제, 즉 서부지역에 대한 중앙정부의 재정투입비례를 명확히 하고 국가의 재정법규로 서부지역에 대한 자금지원규모 및 형식을 정확히 규정할 데 관한 것; 다섯 째, 서부대개발전략과 생태환경보호문제, 즉 서부지역자원에 대한 합리적인 이용 및 개발과 생태환경보호를 결합하는 원칙, 경제, 생태 및 사회이익의 통일원칙 등을 법적으로 명시할 것 등이다.

11. "국가발전개혁위원회의 중경시 및 성도시에 전국종합개혁시험구의 설립을 비준할 데 관한 통지(國家發展和改革委員會關于批准重慶市和成都市設立全國統籌城鄉綜合配套改革試驗區的通知)" (發改經體 (2007) 1248號)

2007년 6월 9일, 국가발전개혁위원회는 산하의 경제체제개혁과 대외개방을 담당하는 경제체제종합개혁사(經濟體制綜合改革司)의 명의로 "국가발전개혁위원회의 중경시 및 성도시에 전국종합개혁시험구의 설립을 비준할 데 관한 통지(國家發展和改革委員會關于批准重慶市和成都市設立全國統籌城鄉綜合配套改革試驗區的通

47) 吳大華·徐杰, 前揭書, 第68-72面; 周興維, 前揭書, 第145面, 第249面; 塗裕春等, 「中國西部的對外開放」, 民族出版社(北京), 2001年第1版, 第227-253面; 蕭琼, "指向法治時代的西部大開發", 「人民日報 海外版」, 2000年9月27日 第8面.

知)"를 발표하고 중경직할시(重慶直轄市)와 사천성(四川省)성도(成都)에 전국종합개혁시험구를 설립하도록 비준하였다. 이번 조치의 의미는 중서부지역에 보다 성숙된 사회주의시장경제체제를 구축하고 경제성장동력을 형성하여 도시와 농촌의 지역격차를 해소하고 사회의 평등과 정의를 실현하며 자원보호와 지속적인 이용을 보장하고 사회주의 신 농촌건설을 위한 이론과 정책 및 경제체제개혁을 추진하며 경제발전과 조화사회의 구현을 위한 새로운 모델을 창출하여 중서부지역의 새로운 도약을 기하고자 하는 것이다.

이 전국종합개혁시험구는 사실상의 경제특구를 의미하는 것으로 이번에 특구로 지정된 곳은 중경(重慶)과 성도(成都)시 관할 또는 주변 지역 108개 시 및 진(鎭)이다. 이 지역은 대도시이면서도 농촌 인구가 많고 도시민과 농민의 수입격차가 4배로, 중국의 전형적인 사회 모순을 보여 주는 곳이어서 실험구로 선정됐다. 중경(重慶)은 인구 3100만 명 중 80%가 농촌 인구이고 성도(成都)는 1100만 명 중 600여만 명이 농민이다. 해당 시험구에서는 우선 농촌과 도시로 분리된 호적(호구: 戶口)을 하나로 통일하고 농민이 원하면 도시로 이주해 도시 주민이 될 수 있으며 정부가 제공하는 공공서비스와 복지 혜택도 똑같이 주어지고 취업에서도 도시민과 농민이 차별받지 아니한다. 지역의 발전계획이 도시와 농촌의 구분 없이 통일돼 최종적으로는 도시와 농촌 주민이 다 함께 잘사는 사회를 이룩한다는 게 중국 정부의 구상이다. 이를 위해 중앙정부는 해당 시험구에 세제와 재정, 호적 등 다양한 행정관리 자율권을 부여할 방침이다. 또 시험구가 내륙 중심에 위치해 중국 정부는 서부대개발의 시범 효과까지 기대하고 있다.

이번 조치는 중국에서 상해포동신구(上海浦東新區), 천진빈해신구(天津濱海新區)에 이어 또 하나의 새로운 경제특구의 설립을 의미하는 것으로 획기적인 의의를 가진다. 더욱이 그동안 꾸준한 중서부개발전략에도 불구하고 동부지역과 중서부지역의 경제발전격차가 좀처럼 좁혀지지 않는 현 상황에서 중국정부가 서부지역의 중경직할시(重慶直轄市)와 사천성(四川省)성도(成都)에 새로운 특구의 설립을 인가함으로써 중서부지역의 경제개발과 대외개방에 가속도가 붙을 것으로 전망되고 있다. 따라서 그동안 지지부진했던 외국인투자도 한 층 탄력을 받게 될 것으로 보인다.

Ⅲ. 법적과제

1. 전략과 법제의 관련성

현재 서부대개발전략과 이를 위한 투자법제가 상충(相衝)되고 있고 서로의 관련성이 결여되어 있다는 것이 첫 번째 과제로 꼽힌다.

서부대개발전략은 2000년부터 시작하여 이미 8년째 추진되고 있다. 하지만 이와 관련하여 중국 내 최고입법기관인 전인대(국회 격) 차원의 입법은 아직까지 마련되지 않고 있다.[48] 현재까지는 주로 국무원 및 관련부처가 제정하여 잠정 시행하고 있는 "통지(通知)" 혹은 "의견(意見)" 등 명칭을 단 행정법규만이 있을 뿐이고, 서부대개발전략의 내용이 투자법제의 형태로 충분히 반영되지 못하고 있는 실정이다. 따라서 서부대개발전략과 관련된 많은 프로젝트가 법에 의존하지 못하고 있어 전략의 장기적이고 지속적인 추진을 어렵게 하고 있다. 또한 국내외투자유치에 주력해야 할 현 시점에서 주로 외국인신규투자와 재투자는 물론, 내국인투자도 함께 추진되어야 할 것이나 현재의 서부대개발전략을 위한 투자법제와 관련한 행정법규를 살펴보면, 외국인투자에 관한 내용만 규정하고 있거나 혹은 외국인투자와 내국인투자에 대한 명확한 구분이 없이 모호하게 규정하고 있다. 특히 서부지역 지방정부의 투자 법제를 살펴보면 이러한 문제점이 더 뚜렷하게 나타나고 있다. 결과적으로 서부대개발전략의 의미와 내용이 투자법제에 충분히 반영되지 못할 경우 그것은 진정한 의미의 전략이라고 하기 힘들 것이다.

2. 투자정책리스크

현재 외국인투자자들이 중국 내에서 생산과 경영을 함에 있어 가장 큰 어려움으로 잦은 정책변화를 꼽고 있다. 예를 들면 중국은 외국인투자가 자국 국민경

---

48) 통상 경제개발계획의 경우 계획을 작성(formulation)하는데 있어서도 어려움이 있으며, 작성된 계획을 실행(implementation)에 옮기는데도 많은 제약점이 있다.(Schaum's Outline Series, *Development Economics*, McGraw Hill, New York, 1977, pp. 216-217)

제 및 사회발전에 기여하도록 하고 외국인투자방향을 지도하기 위해 국가경제기술의 발전상황에 근거하여 "외상투자산업지도목록(外商投資産業指導目錄)"을 정기적으로 작성하고 필요한 경우 이를 수정하여 국무원의 비준을 거쳐 공고하도록 하고 있는 바, 이 목록은 외국인투자항목의 심사비준을 지도하는 기준이 된다. 1995년 6월 20일에 국가발전개혁위원회와 상무부가 첫 번째 "외상투자산업지도목록(外商投資産業指導錄)"(1995년 판)을 발표한 후, 1997년 12월 29일에 두 번째 목록(1997년 판), 2002년 3월 11일에 세 번째 목록(2002년 판), 2004년 11월 30일 네 번째 목록(2004년 판)을 발표한 바 있으며, 현재 "외상투자산업지도목록(外商投資産業指導目錄)"(2007년 판)은 2007년 10월 31일에 발표한 것이다. 또한 2006년에는 상무부(商務部)가 해관총서(海關總署)와 국가환경보호총국(國家環境保護總局, 지금의 환경보호부)과 함께 공동으로 "가공무역금지류상품목록(加工貿易禁止類商品目錄)"을 발표하고 800여종의 제품에 대한 가공무역을 금지하였고 최근에는 금지범위를 더 늘릴 전망이다. 또한 내외자기업의 법인세를 통일한 "기업소득세법(企業所得稅法)"을 제정하여 외국인투자자에 대한 세 부담이 상대적으로 가중되었다. 따라서 최근의 급격한 정책변화 때문에 외국인투자자들이 투자정책리스크에 대한 우려가 높다. 물론 중서부지역에 한해서는 이와는 별도로 "중서부지구외상투자우세산업목록(中西部地區外商投資優勢産業目錄)"(2004.7.23 1차개정, 2008.12.23 2차개정)을 발표하여 중서부지역에 대한 투자지침으로 삼도록 하고 있다. 그러나 중서부지역의 경우 투자환경이 상대적으로 열악한데다 중국의 전체적인 투자정책의 기조를 따를 수밖에 없는 실정이므로 투자정책리스크가 훨씬 더 크다고 할 수 있다.

3. 전략의 통일성과 차별화

현재 서부대개발전략과 관련된 법제의 통일성과 서부지역 각 지역별 차별화가 부족하다는 것이 세 번째 과제로 꼽힌다. 우선 중앙정부의 서부대개발전략 관련 투자 법제를 살펴보면, 주로 국무원과 그 산하의 재정부(財政部) · 상무부(商務部) · 국토자원부(國土資源部) · 철도부(鐵道部) · 과학기술부(科學技術部) · 건설부(建設部) · 국가환경보호총국(國家環境保護總局-지금의 환경보호부) · 국가공상행정관리총국(國家工商行政管理總局) · 국가세무총국(國家稅務總局)등이 제정한 것으로 그 입법주체가 너무 분산되어 있고 또한 각 부서 별로 투자 법제를 마련하다보니 입법취지와 내용이 서로 중복되고 교차되는 등으로 인하여 서부대개발전략의 일관된 추진을 어렵게 하고 있다. 중앙정부의 투자법제에 근거하여 지역별 투자법제가 제정되므로 이러한 문제점은 서부지역 지방정부의 투자 법제를 마련하는데도 상당한 혼선을 가져올 우려가 있다.

또한 현재 서부 12개 지역의 지역별 투자 법제를 살펴보면 그 특징을 한마디로 "대동소이(大同小異)"로 표현할 수 있다. 즉 각 지역별 투자법제는 공통적으로 세제 · 토지 · 금융 · 외환 · 인재 · 행정서비스 · 노동 · 중개 등 분야로 나뉘어져 있으며 그 내용 또한 동일하거나 대체로 비슷하여 지역별 차별화가 부족하다.[49] 대체적으로 비슷한 현재의 지역별 투자법제는 해당 지역의 지역적 특징을 충분히 반영하지 못하고 있고 타 지역과의 차별화가 뚜렷하지 않아 투자매력을 저하시킬 우려가 있다. 그것은 바로 중앙정부의 통일적인 투자법제가 없어 이를 근거로 해야 할 자체의 특성을 가진 지역별 투자법제의 구축이 지연되고 있기 때문이다.

4. 전략을 위한 법의식

서부대개발전략을 추진함에 있어 법적 시스템을 바탕으로 하는 강한 법의식이 결여되어 있다는 것이 네 번째 과제이다.

우선 법의식의 의미와 관련하여 "법(法)"과 "의식(意識)" 등 두 가지 구성요소

49) 서부 12개 지역의 투자법제의 내용을 지역 별로 정리하면 다음과 같다.
① 陝西-稅收 · 土地 · 金融 · 仲介 · 人才 등 제도
② 甘肅-稅收 · 土地 · 入籍 · 經營自主權 등 제도
③ 青海-稅收 · 土地 · 行政收金 · 人才 · 外換 · 經營自主權 · 投資權益保障 등 제도
④ 寧夏-稅收 · 人才 · 土地 · 金融 · 保險 · 仲介 · 經營自主權 등 제도
⑤ 新疆-稅收 · 土地 · 人才 · 報償貿易 등 제도
⑥ 西藏-稅收 · 土地 · 投資權益保障 등 제도
⑦ 雲南-稅收 · 土地 · 行政收金 · 外換 · 行政서비스 · 仲介 · 人才 등 제도
⑧ 貴州-稅收 · 人才 · 土地 · 外換 · 행정서비스 등 제도
⑨ 四川-稅收 · 土地 · 外換 · 金融 · 勞動 등 제도
⑩ 重慶-稅收 · 外換 · 土地 · 勞動 등 제도
⑪ 廣西-稅收 · 行政收金 · 土地 · 人才 · 仲介 등 제도
⑫ 內蒙古-稅收 · 土地 · 金融 · 人才 · 行政收金 · 勞動 · 행정서비스 등 제도

로 나누어 다양하게 해석되고 있는바, 즉 "법(法)"이라 함은 현실에 존재하는 구체적인 법제와 법에 대한 추상적인 관념을 포함하며, "의식(意識)"이라 함은 특정의 구체적인 상황에 대해 인간이 법을 자각적으로 인식하는 것, 법(法)에 대해 인간이 갖고 있는 표상(表象) · 감각(感覺) · 의견(意見), 법(法)에 대해 인간이 갖고 있는 좋고 나쁨(好惡), 찬성여부(贊否), 존중(尊重), 경시(輕視)등의 태도(態度) 등을 뜻한다.[50] 앞서 살폈듯이 서부대개발전략과 관련된 중앙정부와 서부지역 지방정부의 투자법제는 공통적으로 아직까지는 완벽한 체계를 갖추지 못하고 있다. 예를 들면 입법차원이 낮고 입법주체가 분산되어 있으며 내국인투자와 외국인투자에 대한 명확한 구분이 없는 것이 그것이다. 또한 그 내용 면에서도 많이 부족한바, 특히 인재유치, 금융, 보험, 경영자주권 등 핵심 분야에 대한 내용이 많이 미흡하다. 이는 근본적으로 미흡한 법의식에서 비롯되었다고 볼 수 있다. 중국의 경우에도 고대의 한비자(韓非子, ? - B.C 233년)로부터 시작된 법사상(法思想)이 존재했었다.[51] 그러나 사회주의 체제하에서 오래 동안 사람에 의한 통치(즉 "人治")가 이어져 왔고 법제는 사회생활에서 상당부분 소외되었다. 개혁 · 개방이후 법에 의한 통치("法治")를 새롭게 지향하면서부터 중국의 법제는 다시 발전을 하였으며 국민들의 법의식 또한 상당히 신장되었다. 그러나 국민들의 전체적인 법의식 수준은 아직도 낮은 단계에 머물러 있다고 할 수 있다. 서부지역의 개발을 위한 투자법제가 체계적으로 구축되지 못하고 있는 현 상황도 이러한 미흡한 법의식 수준과 결코 무관하지 않은 것이다. 따라서 법치(法治)에 기반을 두고 전략을 추진할 수 있도록 하는 분위기가 필요한 시점이다.

---

50) [日] 六本佳平, 「法社會學」, 有斐閣, 昭和 61年 2月 初版, 第193-194面.

51) [日] 板野長八, "中國古代の法思想", 「前近代アジアの法と社會」, 仁井田陞博士追悼論文集 第1卷, 1967年 10月15日, 第71-84面.

제 3 절 서부지역투자와 외국인투자자의 대응책

Ⅰ. 서부지역투자의 포인트

투자는 특정된 경제주체가 자체의 자금이나 자원을 일정한 사업에 투입하여 경제적 이윤을 취하는 경제활동이며 국제투자는 투자자가 경제적 이윤을 목적으로 자체의 자금이나 자원을 해외에 투입하는 경제활동이다. 투자는 언제나 리스크를 동반하는 것이며 국제투자의 경우에는 본국이 아닌 해외에서 행해지는 관계로 통상 더 큰 리스크를 동반하게 된다. 중국 서부지역에 투자하는 경우에는 그 지역적 특성 때문에 통상 겪는 것보다도 훨씬 더 큰 어려움을 감안해야 한다. 중국 서부지역에 투자함에 있어서는 강한 지역적 특색, 투자항목선정, 현지화 등을 그 포인트로 파악해야 한다.

Ⅱ. 외국인투자자의 대응책

중국 서부지역에 투자하고자 하는 외국인투자자의 경우 이하 몇 가지 대응책을 강구해야 한다.

1. 서부지역 관련 투자법규와 정책규정들을 숙지해야 한다. 중국의 경우 중앙정부 차원의 투자관련 법규와 정책들이 있다할지라도 각 지역별로 그 구체적인 상황이 판이하게 다르므로 해당 지역과 관련된 투자법규와 정책규정들을 집중 파악하고 숙지하는 과정을 거치는 것이 아주 필요하다. 투자리스크가 큰 서부지역을 상대로 할 경우에는 특히 서부대개발전략과 관련된 내용을 중심으로 충분한 조사와 연구를 진행해야 한다. 구체적인 방식으로는 해당 지역 정부부서의 관리나 변호사 등 전문가들의 자문을 받고 필요한 자료들을 수집하여 면밀하게 검토하는 것 등이다.
2. 서부지역의 지역특색을 충분히 고려해야 한다. 투자의 경우 해당 지역의 현황과 관련 투자정책 및 법규에 대해 자세하게 파악해 두는 것이 무엇보

다도 중요하다. 특히 중국 서부지역은 영토가 광활하고 지역별로 주거환경, 언어, 생활풍습 등이 서로 다른 복잡한 특징을 갖고 있으므로 해당 지역에 대한 정확한 정보가 필수적이며 해당 지역의 특색을 감안한 투자대응책이 필요하다. 예를 들어 외국인투자자가 서부지역의 섬서성(陝西省)에 투자하고자 하는 경우에는 섬서성(陝西省)의 개요, 투자우세산업 및 투자유치정책 등을 집중 파악해야 한다.

1. 섬서성(陝西省) 개요

섬서성(陝西省)은 중국 내륙의 한복판에 위치해 있으며 수부(首府)는 서안(西安)이다.[52] 섬서성(陝西省)은 남북으로 1000㎞, 동서로 360㎞로써 총 면적은 20.56㎢이며 그 중 경작지 면적은 336ha, 초지 면적은 353ha이다. 섬서성(陝西省)의 GDP는 1841.24억 위안, 연평균 성장률은 9.1%, 일인당 GDP는 5015위안이다. 섬서성(陝西省)의 총 인구는 3658.6만 명으로 주체민족인 한족(漢族)이 99.4%를 차지한다(이상 2001년 통계). 섬서성(陝西省)은 특히 광물자원이 풍부한 지역으로써 전국에 이미 알려진 136종 중에서 91종이 매장되어 있으며 생물자원과 수자원도 풍부하다. 섬서성(陝西省)은 고대 "실크로드"의 출발점으로 중국 고대문명의 발상지이며 많은 역사문화유적들이 보존되어 있다. 따라서 섬서성(陝西省)은 많은 관광명소를 가지고 있는 것으로도 유명하다. 섬서성(陝西省)은 또한 서부지역의 중요한 농업생산지역이며 이미 양곡, 면화, 과일, 양털, 찻잎 등 10대 농업생산기지가 형성되었으며 향진기업(鄕鎭企業)도 전국평균속도로 발전하고 있다. 특히 군수산업, 기계, 전자, 방직 등 전통가공공업과 항공우주산업 등 과학기술분야에서 비교우위를 갖고 있다.

2. 섬서성(陝西省)의 투자우세산업

2008년 새롭게 발표된 "중서부지구외상투자우세산업목록(中西部地區外商投資優勢產業目錄)"에 의하면 섬서성(陝西省)의 투자우세산업은 다음과 같다. 즉 (1) 감자, 면화종자의 개발생산(중국 측 지배지분확보); (2) 퇴경환림환초(退耕還林還草), 천연림보호, 수원지보호 등 국가중점생태공정 후속산업개발; (3) 절수(節水)관개와 내한(耐旱)작물절수(節水)기술, 보호성 경작기술개발 및 응용; (4) 고급면(綿), 모(毛), 화학섬유의 방직, 편직 및 복장가공; (5) 비단제품 심(深)가공; (6) 동식물약재자원의 개발 생산(《외상투자산업지도목록》이 규정한 제한류와

52) 서안(西安)은 중국 내륙의 중심부인 황하 중류, 관중평원(關中平原) 중부에 위치해 있으며 섬서성(陝西省)의 정치·경제·문화의 중심이다. 총 면적은 9983㎢, 도시면적은 816㎢, 인구는 약 741.1만 명이다. 서안(西安)은 그리스의 아테네·이탈리아의 로마·이집트의 카이로와 함께 세계 4대 고도(古都)로 꼽힌다. 기원전11세기부터 기원 10세기경까지 중국 역사상 13개 왕조가 서안(西安)을 수도로 정권을 구축하여 찬란한 중화문명을 이룩하였다. 서안(西安)은 서부대개발전략의 최선두에 있는 중요한 도시로서 현재 중요한 역할을 담당하고 있다.

금지류 제외); (7) 천연가스 완제품 생산과 개발(《천연가스이용정책》이 규정한 제한류와 금지류 제외); (8) 석탄가공응용기술개발과 제품생산; (9) 특수품종(超白, 超薄, Low-E)우질 플로트유리기술개발 및 심(深)가공; (10) 일 생산량 4000톤 및 그 이상 시멘트가공원료의 신형건식시멘트생산; (11) 티탄금속 정밀 심(深)가공; (12) 용광로 가스에너지 회수 터빈(turbine)장치의 설계제조; (13) 바스트(VAST) 업무(중국 WTO협약 약정 이내); (14) 도로여객운수(중국 측 지배지분확보); (15) 의료기관(합자, 합작에 한함); (16) 도시 가스공급, 열 공급, 배수관 공급 망 구축 및 경영(대형도시, 중국 측 지배지분확보); (17) 관광명소 보호, 개발과 경영 및 부대시설 건설

3. 섬서성(陝西省)의 투자유치정책

섬서성(陝西省)의 경우 투자환경을 한층 개선하여 외국인투자를 적극 유치하기 위하여 국가의 해당 법률과 행정법규에 근거하고 자체의 구체적인 지역상황에 따라 아래와 같은 정책들을 두고 있다.

(1) 세금; 국내외투자자들이 섬서성(陝西省)에서 수출형 산업, 첨단기술산업, 농 · 임 · 목축업, 에너지 및 교통건설업 및 기타 사회공익 관련 분야의 기업을 운영할 경우와 섬서성(陝西省) 경내의 낙후지역에서 기업을 운영할 경우에는 지방소득세(地方所得稅), 도시부동산세(都市不動産稅) 및 차량선박사용세(車船使用牌照稅)등이 면제된다. 특히 서안(西安)시 구역 내에서 생산성기업을 운영할 경우에도 경영기간이 60%를 넘기 전까지는 해당 세금이 전액 면제된다. 면제기간이 만료된 후에도 납세의 어려움이 있을 경우에는 해당 상황을 참작하여 감면혜택을 줄 수 있다. 또한 기술혁신과 과학기술성과의 산업화를 촉진하기 위하여 기술이전 및 기술개발로 얻은 수입에 한해서는 영업세를 면제하기로 하는 구체적인 정책과 실시방법을 제정하였다. 섬서성(陝西省)은 과학기술분야에서 전국의 앞자리를 차지하고 있으나 과학기술의 산업이전정도가 상대적으로 낮기 때문에 이러한 파격적인 정책으로 보다 많은 과학기술분야의 연구프로젝트를 유치하고자 하는 것이다.

(2) 토지; 수출형 산업, 첨단기술산업, 농 · 임 · 목축업, 에너지, 교통건설 및 기타 사회공익 관련 분야의 기업을 경영할 경우에는 토지사용료가 면제된다. 생산성 기업의 경우에도 경영기간이 절반을 넘기 전까지는 해당 세금이 전액 면제되고 그 이후부터는 50%로 징수한다.

(3) 금융; 투자기업이 생산과 유통 중에서 대출이 필요한 단기경영자금은 계좌개설은행 혹은 기타 금융기관에서 우선적으로 해결해 준다.

(4) 중개서비스; 외국인투자기업이 경영을 시작한 후 실제투자액의 0.1~0.3%의 비례로 외자유치당사자와 중개인에게 장려금을 지급하는데 해당 투자액을 확인한 후 해당 회사에서 한꺼번에 지급한다.

(5) 인재; 섬서성(陝西省)을 근무지역으로 지망하는 고급인재들에 한해서는 "섬서성서안고급인재관리고(陝西省西安高級人才管理庫)"라는 컴퓨터프로그램에 등재하여 별도로 관리하며 인사이동절차를 신속하게 처리하도록 한다. 또한

본인이 요구할 경우 "섬서성외래인재사업임시거류증(陝西省外來人才工作暫住證)"을 발급해주고 월급 · 복지 · 보험 · 주택 · 승진 · 자녀교육 · 가족의 "농전비(農轉非)"[53] 등 면에서 섬서성(陝西省)의 전문기술자 및 공무원과 동등한 대우를 해준다. 특히 석사 이상 학력소지자는 해당 기업의 편제와 직함비례의 제한을 받지 않고 입사할 수 있다.

특별 전문가를 선발할 때에는 45세 이하 전문가의 비례를 기존의 50%내외에서 70%내외로 확대하고 50명의 국가 급 학술·기술직 전문가; 500명의 성(省)급 학술 · 기술직 전문가; 5000명의 지구(地區) 급 학술 · 기술직 전문가를 선발하는 "삼오인재공정(三五人才工程)"을 지속적으로 추진하며 젊은 인재의 발굴과 선발을 위해 연구비, 승진, 생활여건 등 면에서 각 종 우대정책을 적용한다.

3. 투자항목을 정확하게 선정해야 한다. 해당 지역에 대한 구체적인 정보가 있다 할지라도 투자항목선정이 정확하지 못할 경우 모든 것이 수포로 돌아가게 된다. 물론 중국 중앙정부와 서부지역 각 지역별로 외국인투자산업지도목록과 우세산업목록을 제시하고는 있으나 보다 정확하게 투자항목을 선정하기 위해서는 반드시 여러 차례의 현지실사를 진행하여 한다. 예를 들면 외국인투자자가 서부 모 지역에서 석탄가공응용기술을 이용하여 투자하고자 할 경우 해당 지역에서 투자장려항목으로 인정하고 있는지, 중국 국내 특히는 해당 지역에서의 기존 발전수준은 어느 정도인지, 자체의 기술이 현지공장에 비해 비교우위를 갖고 있는지, 동 업종에서 향후 상호보완관계가 형성되어 서로가 경제적 이윤을 얻을 수 있는지 등을 면밀히 검토해야 한다.
4. 달라진 외국인투자정책을 전제로 현지화전략을 추진해야 한다. 현재 중국의 외국인투자정책은 급격하게 변화하고 있는바 그 중심은 "외자유치형"에서 "공정경쟁형"으로, "친 기업형"에서 "노동자보호형"으로 전환되었다. 따라서 중국의 외국인투자정책 기조의 변화에 대한 이해를 전제로 현지경영전략을 추진해야 한다. 인젠 "저렴한 인건비"가 아닌 "현지화에 기초한 경쟁력 확보", 즉 현지 인재양성, 기술과 인재를 바탕으로 경쟁력을 높여

53) "농전비(農轉非)"는 농촌 호적을 도시의 비(非) 농민 호적으로 바꾸는 제도로서, 인구가 많은 중국에서는 인구의 유동을 통제하기 위해 이와 같은 제도를 실행하고 있으나 현재는 그 규제가 점차 완화되어 가고 있는 추세이며 경제가 발달한 동부의 일부지역에서는 통일적인 주민등록제도를 도입하여 도시와 농촌의 호적차별을 없애는 노력을 하고 있다.

가는 전략을 추진해야 한다. 또한 외국인투자자가 중국 서부지역에서 단순히 이윤추구를 목적으로 하는 외국기업이 아니라 현지 지역사회의 경제발전에 공헌하고 현지 지역민들에게 복지와 취업기회를 주는 현지기업으로서의 이미지를 구축하는 것이 장기적으로 바람직할 것이다. 외국인투자자는 현지 원자재 조달, 현지 기술개발과 인력채용, 사회공익사업참여 등을 통해 현지화의 수준을 높여 서부지역사회의 경제발전에 일조할 수 있도록 노력해야 한다. 생각하건대 중국 서부지역에 진출하여 성공하기 위해서는 현지화전략은 선택이 아니라 필수라고 할 수 있다.

5. 현지에서의 인맥관리를 꾸준히 해야 한다. 외국인투자자가 중국 서부지역에서 보다 정확하고 구체적인 투자정보를 확보하고 투자를 위한 유리한 여건을 조성하기 위해서는 현지 당 정 관리, 기술자 및 변호사 등과 폭넓은 교류를 통해 인맥을 구축하는 것이 중요하다. 특히 중국 서부지역에 대한 중앙과 지방정부의 투자정책이 수시로 조정되는 특성을 감안하여 제때에 해당 정책과 법규들을 체크하고 변호사들의 자문을 수시로 받아 대응책을 마련하여야 한다. 서부지역에서의 실질적 투자단계에서는 여러 가지 형태의 등기와 인 · 허가를 받아야 하는데 법인설립절차를 예로 들면 대체적으로 다음과 같다. 즉 (1) 항목건의서 비준; (2) 상호등록; (3) 회사설립비준(타당성연구보고서, 회사정관, 계약서등); (3) 조직기구코드등록; (4) 회사설립등기; (5) 공안국(公安局, 한국의 경찰서 격)신고; (6) 회사의 각 종 인장제작; (7) 외환등기; (8) 국세등기; (9) 은행구좌개설; (10) 지방세등기; (11) 통계 및 재정등기; (12) 투자자본금 납입; (13) 공상국 등기; (14) 세관등기; (15) 공장설립; (16) 환경 및 소방 등 각 종 허가 등이다. 외국인투자자의 경우에는 지인이나 변호사의 도움을 받아 이러한 등기와 인 · 허가절차를 꼼꼼하게 진행해야 한다. 중국 서부지역의 경우에는 지역적 특징이 강하여 동부지역에 비해 등기와 인 · 허가를 받는데 예상치 못한 어려움에 봉착할 가능성이 크므로 가급적이면 현지 사정에 밝은 중국 관리나 지인 혹은 변호사의 도움을 받는 것이 더욱 필요하다.

제3장 동북진흥전략과 투자법제

제1절 동북진흥전략의 개요

Ⅰ. 동북진흥전략의 개념과 특징

동북진흥전략(東北振興戰略)을 중국에서는 동북노공업기지진흥(東北老工業基地振興)전략이라고도 한다. 이는 중국에서 전통적인 중공업중심인 동북지방의 요녕성(遼寧省), 길림성(吉林省), 흑룡강성(黑龍江省) 등 3개 지역을 중국의 새로운 경제성장 축으로 개발하는 전략을 말한다.[54] 동북진흥전략은 다음과 같은 특징을 가지고 있다.

1. 공업기지의 재건

역사적으로 요녕성(遼寧省), 길림성(吉林省), 흑룡강성(黑龍江省)등 동북지역의 3개성은 중국의 전통적인 중공업기지로서 정치, 경제 및 군사적으로 핵심적인 역할을 감당하였다. 하지만 개혁·개방이후 주강삼각주, 장강삼각주 등 연해지역들을 중심으로 경제권을 육성하면서 동북지역은 중국의 경제개발에서 상당기간 소외되어 있었다. 게다가 그동안 중요한 역할을 감당해 온 많은 중공업기지들이 새로운 시장경제 시스템에 적응하지 못하고 설비가 노화되고 그 생산력이 저하되어 오늘날 오히려 경제발전의 발목을 잡는 국가적인 부담으로 되었다.

54) 동북진흥전략정책이 적용되는 지역으로는 사실상 동북3성지역과 인접한 내몽고 동부의 후룬벨(呼倫貝爾), 홍안(興安), 통료(通遼), 적봉(赤峰), 시린거러(錫林郭勒)등 일부 지역도 포함된다.

따라서 새로운 세기에 새로운 이념으로 기존의 공업기지를 새롭게 재건하고자 하는 것이 동북진흥전략의 실질적 의미이다.55)

2. 새로운 경제성장축

그동안 중국은 다년간의 경제개발을 거쳐 이미 광동성(廣東省)을 중심으로 하는 주강삼각주(珠江三角洲), 상해(上海)를 중심으로 하는 장강삼각주(長江三角洲), 베이징(北京) · 천진(天津)을 중심으로 하는 빈해경제개발구(濱海經濟開發區)등 3대 경제권을 형성하고 있다. 이들 지역은 시장경제가 발달하여 경제발전이 이미 본 궤도에 접어들었다고 볼 수 있다. 따라서 경제발전의 바탕을 갖고 있는 동북지역의 노후한 공업기지를 중국 4번째 경제성장축으로 키움으로서 동북경제를 재도약 시키려는 것이다.

3. 우월한 지리적 여건

동북지역은 지리적으로 북한, 한국, 일본, 러시아, 몽고 등 국가들과 인접해 있어 자원 · 시장 · 자본 · 기술 · 경영 노하우 등 분야에서 상호보완적 관계를 이루고 있으며, 공업, 농업, 교통 및 자연자원 등 분야에서 자체의 우세도 갖추고 있어 충분한 개발 필요성과 타당성을 갖고 있다.

Ⅱ. 동북진흥전략의 형성과정

1. 제16차 당 대표대회 보고(報告)

2002년11월 8일, 중국공산당 제16차 당 대표대회(16大)에서 강택민(江澤民)당시 중국공산당 총서기가 "소강사회를 전면적으로 건설하고 중국특색이 있는 사회주의 사업의 새로운 국면을 열자(全面建設小康社會, 開創中國特色社會主義事業新局面)"라는 주제의 보고(報告)를 발표하였다. 보고(報告)의 제4장인 "경제건설 및

55) 王勝今 · 朱顯平, "東北老工業基地振興與區域經濟協調發展", 「吉林大學社會科學學報」, 2004年 第1期, 第14-18面.

경제체제개혁(經濟建設和經濟體制改革)"의 (3)부분을 보면 "서부대개발을 적극 추진하고 지역경제의 조화로운 발전을 촉진하자(積極推進西部大開發, 促進區域經濟協調發展)" 제목 하에 "동북지역 등 전통공업기지의 조정과 개조를 가속화하고, 자원생산형도시(지하자원을 배경으로 발전한 도시)의 지속발전 산업을 지원한다."는 취지의 내용이 담겨있다. 이것이 바로 중국정부가 동북진흥전략에 대해 처음으로 공식 언급한 내용이다.

2. 온가보(溫家寶)총리의 동북지역 방문

2003년 6월, 온가보(溫家寶) 총리가 요녕성(遼寧省)을 시찰 시 "동북노후공업기지의 진흥과 서부대개발전략은 동서(東西)의 양축"이라는 발언을 하였는바, 이를 계기로 동북진흥전략은 주목을 받기 시작하였다. 2003년 8월 4일, 온가보(溫家寶)총리가 창춘(長春 · 길림성소재)에서 "국무원중앙정책결정회의(國務院中央政策決定會議)"를 주재하고 "대대적인 동북 3성 개발방침"을 선언하면서 처음으로 그 윤곽을 드러냈다. 즉 전통 중공업기지가 밀집되어 있는 중국 동북지역의 요녕성(遼寧省), 길림성(吉林省), 흑룡강성(黑龍江省) 등 3개 성을 서부대개발에 준하는 주요 전략개발지역으로 지정키로 결정한 것이다.

3. 동북진흥전략 공식 채택

2003년 9월, 중공중앙정치국회의에서 동북지역의 전통공업기지의 진흥에 관한 문제를 집중 토의한 후 2003년10월, 중공중앙 16기 제3회 전체회의에서 "중공중앙과 국무원의 동북지역 등 전통공업기지의 진흥전략에 대한 약간의 의견(中共中央國務院關于東北地區等老工業基地振興戰略的若干意見)"이 정식으로 채택되었다. 이 "의견(意見)"에는 동북지역 등 전통공업기지진흥의 전략적 의의, 지도이념과 원칙, 체제와 시스템혁신, 공업구조의 최적화, 현대농업의 발전, 제3차산업의 발전, 자원생산형도시의 발전, 기초시설건설, 대내외개방확대, 과학기술교육문화산업의 발전, 완벽한 정책조치의 제정, 조직지도의 강화 등 12개 분야의 내용이 포함되어 있다.

4. 관련추진기구의 발족

2003년12월, 국무원의 "국무원동북지역등전통공업기지진흥영도소조를 설립할 데 관한 결정(國務院關于成立東北地區等老工業基地領導小組的決定)"에 의하여 온가보(溫家寶)총리를 조장으로 황국(黃菊)부총리(작고)와 증배염(曾培炎)부총리를 부조장으로 하고 국무원 소속 26개 부서의 책임자를 구성원으로 하는 "국무원동북진흥그룹"을 발족하였다. 이 기구의 주요기능은 중공중앙과 국무원의 동북지역 등 전통공업기지에 대한 방침, 정책 및 지시를 관철하고, 진흥전략, 전문기획, 중요의제 및 관련법규 등을 심의하며, 중요한 정책건의들을 심의 연구하여 동북지역 등 전통공업기지의 경제사회의 전면발전에 일조하는 것이다. 또한 이와 함께 2004년 4월, 국무원에 종합팀, 정책체제팀, 공업팀, 관련산업팀으로 구성된 "국무원동북지역등전통공업기지진흥영도소조판공실(國務院關于成立東北地區等老工業基地領導小組辦公室)"을 발족하고 동북진흥전략이 서부대개발전략과 대등한 지역개발전략임을 확인하였다.

5. 동북지역 대외개방방침 발표

2005년 6월, 국무원판공청(國務院辦公廳)은 "동북전통공업기지의 대외개방을 진일보 가속화할 데 관한 실시의견(關于促進東北老工業基地進一步擴大對外開放的實施意見)"을 발표하여 대외개방이 동북전통공업기지의 진흥의 중요한 구성부분임을 강조하고 외국자본에 대한 대외개방 확대 방침을 확정하였다. 본 "의견(意見)"의 발표는 특히 지역개발과 관련된 투자법제의 측면에서 볼 때 중요한 의미를 가진다고 하겠다.

6. 제11차 5개년 규획의 규정

2006년 3월 14일, 제10기 전국인민대표대회 제4차 회의에서 비준된 "국민경제 및 사회발전 제11차 5개년 규획요강(國民經濟和社會發展第十一個五年規劃綱要)"에는 2006년부터 2010년까지의 중국의 국민경제 및 사회발전 각 분야에 관한 규획(規劃)이 담겨있는 바 그 중 제19장은 "지역개발의 총체적 전략을 실시하자(實施地

域開發總體戰略)"라는 테마로 되어 있으며 제2절 "동북지역 등 전통공업기지를 진흥시키자(振興東北地區等老工業基地)"에서 다시 동북진흥전략에 대해 언급하였다. 여기에는 산업구조조정과 국유기업개조, 현대농업의 발전, 첨단기술산업의 육성, 기초시설건설, 지역경제단일화, 변경무역발전, 수토유실과 사막화방지 등 다양한 내용이 요약되어 있다. 이 "규획요강(規劃綱要)"을 통해 동북진흥전략을 서부대개발전략, 중부궐기전략 등과 동등한 수준으로 격상시키고 시장경제체제를 바탕으로 하는 지역경제발전이라는 큰 틀에서 다룰 것임을 알 수 있다.

7. 2003년-2008년 정부사업보고56)

2003년 3월 5일, 제10기 전인대 제1차회의에서 주용기(朱鎔基) 당시 국무원 총리의 "정부사업보고(政府工作報告)"는 제2장 "올해 정부사업에 대한 건의(對今年政府工作的建議)" 제3번째 부분에서 "산업구조조정과 서부대개발을 적극 추진하자(積極推進産業結構調整和西部大開發)"라는 테마로 "동북지역 등 전통공업기지의 조정과 개조를 가속화하는 것을 지지한다."는 취지의 내용을 담고 있다.

2004년 3월 5일, 제10기 전인대 제2차회의에서 주용기(朱鎔基) 당시 국무원 총리의 "정부사업보고(政府工作報告)"는 제2장 "2004년의 주요임무(2004年主要任務)" 제3번째 부분에서 "지역경제발전을 통일적으로 계획하여 서부대개발과 동북지역 등 전통공업기지의 진흥을 추진하자(統籌區域經濟發展, 推進西部大開發和東北地區等老工業基地振興)"라는 테마로 "동북지역 등 전통공업기지의 진흥전략을 착실히 실시하여 올해 좋은 출발을 해야 한다."는 취지의 내용을 담고 있는바 2004년에 동북진흥전략이 공식 개시됨을 선언하였다.

2005년 3월 5일, 제10기 전인대 제3차회의에서 온가보(溫家寶)총리의 "정부사업보고(政府工作報告)"는 제3장 "경제의 안정적이고 비교적 빠른 발전을 계속 유지하자(繼續保持經濟平穩較快發展)" 제2번째 부분에서 "중앙의 동북지역 등 전통공업기지의 진흥에 관한 여러 가지 정책조치를 전면적으로 실행하자."는 취지의 내용을 담고 있다.

2006년 3월 5일, 제10기 전인대 제4차회의에서 온가보(溫家寶) 총리의 "정부

56) 中華人民共和國中央人民政府: http://www.gov.cn/test/2006-02/16/content_200719.htm, 검색일시: 2008년 9월 30일.

사업보고(政府工作報告)"는 제2장 "올해주요임무(今年主要任務)" 제4부분에서 "지역의 조화로운 발전을 계속 추동하자(繼續推動區域協調發展)"라는 테마로 "동북지역 등 전통공업기지의 진흥전략을 지속적으로 실시한다."는 취지의 내용을 담고 있다.

2007년 3월, 제10기 전인대 제4차회의에서 온가보(溫家寶) 총리가 한 "정부사업보고(政府工作報告)"에서도 동북진흥전략이 다시 강조되었다. "정부사업보고(政府工作報告)"의 제2장("2007년의 주요임무")은 지역개발을 언급한 제4번째 부분에서 "동북지역 등 전통공업기지의 진흥전략을 지속적으로 실시한다(持續實施東北地區等老工業基地振興戰略)"라는 제목으로 "대형양곡기지의 건설을 중점으로 강화하고 핵심 분야의 개혁과 구조조정 및 기술개조를 강화한다. 자본고갈 형 도시의 경제전환과 석탄채굴 침하지역에 대한 개조를 잘하고 자원개발보상체제와 쇠퇴산업지원체제를 시급히 구축해야 한다. 일부 도시와 국유기업의 집단개혁 시점사업을 잘 하고 대외개방을 확대하는 정책조치를 착실히 실행하여 개혁개방을 촉진하는 과정에서 동북진흥을 위한 새로운 길을 모색해야 한다."는 취지의 내용을 담고 있다.

2008년 3월, 제11기 전인대 제1차회의에서 온가보(溫家寶) 총리가 한 "정부사업보고(政府工作報告)"에서도 동북진흥전략에 대해 다시 언급하고 있다. "정부사업보고(政府工作報告)"의 제2장("2008년 주요임무") 지역개발을 언급한 제3부분에서 "동북지역진흥계획안을 조직 및 실시하며 첨단장비제조업, 현대농업 및 자원고갈 형 경제의 전환을 적극 추진한다."는 취지의 내용을 담고 있다.

Ⅲ. 동북진흥전략의 추진기구

2003년 12월, 국무원의 "국무원동북지역등전통공업기지진흥영도소조를 설립할 데 관한 결정(國務院關于成立東北地區等老工業基地領導小組的決定)"에 의하여 온가보(溫家寶)총리를 조장으로 황국(黃菊)부총리(작고)와 증배염(曾培炎)부총리를 부조장으로 하고 국무원 소속 26개부서의 책임자를 구성원으로 하는 "국무원동북진흥그룹"을 발족하였다. 이 기구의 주요기능은 중공중앙과 국무원의 동북지역 등 전통공업기지에 대한 방침, 정책 및 지시를 관철하고 진흥전략, 전문기획,

중요의제 및 관련법규 등을 심의하며, 중요한 정책건의들을 심의 연구하여 동북지역 등 전통공업기지의 경제사회의 전면발전에 일조하는 것이다. 또한 이와 함께 2004년 4월, 국무원에 종합팀, 정책체제팀, 공업팀, 관련산업팀으로 구성된 "국무원동북지역등전통공업기지진흥영도소조판공실(國務院關于成立東北地區等老工業基地領導小組辦公室)"을 발족함으로서 동북진흥전략이 서부대개발전략과 대등한 지역개발전략임을 확인하였다.

제2절 동북진흥전략을 위한 투자법제

Ⅰ. 투자법제의 개요

동북진흥전략과 관련된 투자법제는 2003년 10월, 중공중앙 16기 제3회 전체회의에서 채택된 "중공중앙과 국무원의 동북지역 등 전통공업기지의 진흥전략에 대한 약간의 의견(中共中央國務院關于東北地區等老工業基地振興戰略的若干意見)", 2005년 6월, 국무원판공청(國務院辦公廳)이 발표한 "동북전통공업기지의 대외개방을 가속화할 데 관한 실시의견(關于促進東北老工業基地進一步擴大對外開放的實施意見)" 그리고 2007년 8월, "동북지구진흥규획(東北地區振興規劃)" 등을 들 수 있는바 여기에는 대외개방을 통한 동북진흥전략이 집중 반영되어 있다.

Ⅱ. 투자법제의 내용

1. "중공중앙과 국무원의 동북지역 등 전통공업기지의 진흥전략에 대한 약간의 의견(中共中央國務院關于東北地區等老工業基地振興戰略的若干意見)" (2003년 10월 5일)

본 "의견(意見)"의 제9부분은 "대내외개방을 진일보 확대하자(進一步擴大對外對內開放)"라는 테마로 개방영역을 진일보 확대하고 투자환경을 최적화하는 것이 동북진흥의 중요한 루트라고 강조하고 있다. 그 내용을 주로 이하 세 가지로 요약할 수 있다.

(1) 개방영역 확대, 즉 동북지역의 금융, 보험, 무역 및 여행 등 서비스 분야의 대외개방을 확대하고 외자이용의 질과 수준을 제고하여 전통공업기지의 구조조정에 참여시키며 국제적 산업을 유치해야 한다는 것이다.

(2) 국유기업 개조, 즉 외국인투자자가 인수합병, 주식참여 등 다양한 형식으로 동북지역 국유기업의 구조조정과 불량자산처리에 참여하도록 하는 것이다.

(3) 지역우세 극대화, 즉 동북지역은 러시아, 한국, 북한, 일본 등 주변국가와 인접해 있는 지역적 우세를 십분 발휘하여 기존 동북지역의 항구 조건과 우세를 극대화하여 대련(大連)을 동북아해운중심으로 육성하며, 외자유치와 동시에 국내의 여러 형태의 기업이 주변 국가에 대한 해외투자와 경영도 적극 장려한다는 것이다.

2. "동북전통공업기지의 대외개방을 진일보 가속화할 데 관한 실시의견(關于促進東北老工業基地進一步擴大對外開放的實施意見)"(2005년 6월 30일)

본 "실시의견(實施意見)"은 실질적으로 동북진흥전략을 위한 투자법제의 핵심을 이루는 법규이다. 이 법규는 동북진흥전략과 관련된 투자법제의 내용을 보다 구체화시킨 것으로 이하 5개 부분으로 나누어 살펴볼 수 있다.

(1) 외국인투자자가 국유기업의 구조조정에 참여하는 것을 장려하며 체제 및 시스템 혁신을 가속화한다.

현재 중국은 생산력이 떨어지는 국유재산에 대해 전략적 조정을 진행할 막중한 과제를 안고 있다. 따라서 외국인투자자가 인수합병 혹은 주식참여의 형식으로 국유기업의 구조조정에 동참하도록 하고, 외국인투자자가 적법하게 일부 불량채권과 주식을 사들여 국유재산의 효과적인 활용을 모색하게 한다는 것을 골자로 하고 있다. 또한 이를 위해 외국인투자자에 보다 좋은 투자환경을 조성하되 기존의 국유기업으로부터 외자기업으로 새롭게 탈바꿈한 기업에 대해서는 노사관계, 감원 및 사회보장 등 분야에서 국민대우의 원칙을 적용하여 국가의 해당 법규와 정책에 따라 집행하고, 해당 규정에 따라 적절한 자산평가 및 거래를 하도록 촉진한다.

(2) 정책적인 인도를 통해 핵심영역과 기업의 기술진보를 촉진한다.

외국인투자자가 현대농업, 첨단기술산업과 연구개발센터에 투자하도록 유도하여 핵심 영역과 기업에 대한 기술개조를 가속화하여 자체의 혁신능력과 산업수준을 제고한다. 이를 위해서 핵심영역과 기업에 대한 정책성 대출 등 금융우대정책을 적용하고 "중서부지구외상투자우세산업목록(中西部地區外商投資優勢産業目錄)"에 명시된 세금우대정책이 동북지역에도 적용되도록 한다. 특히 외국인투자자가 동북지역의 자원고갈 형 도시의 정밀산업과 후발산업에 투자하도록 유도함으로써 자원고갈 형 도시가 자체의 자원, 인재, 생산력의 우세를 빌어 경제구조를 전환하도록 한다.

(3) 개방영역을 확대하고 서비스산업의 발전수준을 제고한다.

대외개방의 새로운 형세와 전통공업기지의 우세산업발전 및 도시기능전환과 취업촉진의 수요에 적응하기 위해 외자를 이용하여 전통 서비스산업을 발전시키는 동시에 현대 서비스산업의 발전을 중심으로 서비스무역에 대한 대외개방을 추진한다. 따라서 가스 및 열 공급, 상하수도배관건설 등에 대한 외국인투자를 확대하고 은행, 증권, 보험 등 금융업에 대한 대외개방의 폭을 확대한다. 또한 외국인투자자가 교통운수업과 물류산업에 투자하도록 장려한다.

(4) 지역우세를 발휘하여 지역경제의 합작과 건강한 발전을 촉진한다.

동북지역은 한국, 북한, 일본, 러시아 등 국가들과 인접해 있는 특수한 지역적 특성을 가지고 있다. 따라서 이러한 지역적 우세를 경제발전에 최대한 활용하여야 한다.

우선 주변 국가들과 에너지, 원재료 및 광산자원 개발 등 분야의 합작을 강화하고 변경무역을 통해 동북지역을 국제무역, 투자, 과학기술, 여행 등 분야의 합작무대로 육성하는 것이다. 또한 이와 동시에 합자, 합작 및 인수합병 등을 통한 주변국가에 대한 해외투자도 활발하게 진행할 수 있도록 다양한 우대정책을 적용한다. 특히 대련(大連)을 동북아해운중심으로 육성하기 위하여 항만건설과 개방의 폭을 넓히고 여러 가지 우대정책을 적용한다.

(5) 양호한 발전환경을 조성하여 대외개방의 촉진을 보장한다.

우선 중국에 제공되는 해외차관이 동북지역의 기초시설건설과 환경보호, 교육, 공공의료서비스 등 분야에 사용될 수 있도록 하고 정부의 기능을 전환하여 서비스의식과 수준을 부단히 제고하여 외국인투자자의 투자와 경영에 양호한 투자환경을 조성하며 도로, 철도, 항만, 교량 및 변경도시와 농촌의 농장시설에 대한 자금투입을 확대하여 변경무역에 좋은 발전환경을 만들어야 한다. 또한 외국인투자자가 직업교육기관을 설립하도록 장려하고 해외우수인재들을 동북지역에 유치함으로써 국제범위에서의 인재교류와 합작 및 중외합작교육을 통해 동북지역의 교육수준을 제고한다.

3. "동북지구진흥규획(東北地區振興規劃)"(2007년 8월 20일)

2007년 8월 20일, "국가발전개혁위원회(國家發展和改革委員會)"와 "국무원동북지역등전통공업기지진흥영도소조판공실(國務院關于成立東北地區等老工業基地領導小組辦公室)"은 "동북지구진흥규획(東北地區振興規劃)"을 발표하고 국무원의 공식 비준을 받았다.

본 "규획(規劃)"에 의하면 동북진흥전략의 목표는 향후 10년-15년의 노력을 거쳐 동북지역을 완벽한 시스템을 갖추고 산업구조가 합리하며 도농 및 지역간 발전이 조화롭고 자원 형(資源 型) 도시의 순조로운 발전이 보장되고 전체적인 경제발전수준이 높은 중요한 경제성장축으로 건설하는 것이다. 따라서 향후 동북지역에 국제경쟁력을 갖춘 장비제조업기지, 신형 원재료 및 에너지보장기지, 국가중점양곡생산기지, 국가기술연구개발기지, 국가생태환경보호기지 등을 육성함으로서 동북지역의 전면적인 진흥을 도모하고자 하는 것이다. 이를 위해 본 "규획(規劃)"은 산업구조조정, 현대농업, 서비스업, 지역격차해소, 교육 및 인재, 사회보장, 생태환경, 대외개방 및 외자유치, 정책조치 및 실행방안 등을 골자로 하는 구체적인 청사진을 제시하고 있다.

여기서 외국인투자자들이 주목해야 할 부분은 "외국인투자의 질과 수준을 제고해야 한다."는 내용이 별도로 포함되었다는 점이다. 특히 외국자본이 국유기업구조조정에 참여하는 것을 적극 권장하는 동시에 외국인투자를 첨단기술산업, 장비제조업, 농업, 서비스업, 기초시설건설 및 생태환경보호 등으로 유도하고 에너지소모가 많고 자원을 낭비하며 오염을 유발하는 업종은 외국인투자를 제한하거나 금지한다.

Ⅲ. 법적 과제

상술한 내용으로부터 동북진흥전략의 투자정책방향을 국유기업의 경영체제 현대화, 산업구조조정, 민간경제의 활성화, 대외개방제고 및 서비스산업의 발전 등으로 요약할 수 있는바 이에 따라 동북진흥전략을 위한 법적 과제를 다음과 같이 정의할 수 있다.

1. 국유기업개혁시스템

동북지역은 중화인민공화국이 건국된 후, 사회주의계획경제체제하에서 공업화를 가장 먼저 시작한 지역으로서 사회주의 건설 초창기에는 사실 상 중국의 경제중심지역할을 하였으나 점차 쇠퇴하기 시작하였다.[57] 즉 공업화를 주도한 중화학산업은 오늘날 그 설비가 노화되어 시장경쟁력이 저하되었으며, 경제적 활력이 떨어지고 그동안 충분한 투자가 이루어지지 않아 기술혁신력도 부족한 실정이다. 게다가 국유기업의 상당수는 오랜 기간 동안 자산의 불법유출로 장부상 자산과 실제자산 사이의 괴리가 있는 경우가 많은 것으로 알려져 국내 민간 및 외국인 자본 유치에 상당한 애로요인으로 작용하고 있다. 게다가 동북지역의 대형 국유기업은 병원, 학교, 유치원 등 사회적 기능을 추가로 부담하고 있는 곳이 많다. 이러한 사회적 기능을 정부로 이전하지 않는 한, 국유기업은 사회주의시장경제체제하에서 경쟁력을 발휘하기가 어렵다. 많은 불량채권도 과거 사회주의 계획경제 시대의 구조적 문제에서 기인한 것들이 많고, 퇴직자의 연금문제도 국유기업이 감당하기 어렵기 때문에 정부차원의 사회보장체제 정비가 시급히 요구되고 있다. 따라서 국유기업의 낡은 경영체제를 쇄신할 수 있도록 하는 현대적인 기업경영체제, 국유기업의 자산을 정확하고 투명하게 평가할 수 있는 자산평가제도, 민간자본과 외국자본이 국유기업의 인수합병(M&A)에 참여할 수 있도록 하는 법제, 국유기업의 사회적 부담을 해소할 수 있는 사회보장체제 등을 포함한 포괄적인 국유기업개혁을 위한 법적 시스템을 갖추어야 하며 이렇게 해야만 동북지역의 중공업을 견인할 수 있는 주도산업을 재건할 수 있다.

2. 민간경제의 육성책

동북지역에 대해 일부에서는 "사회주의 계획경제 최후의 보루"라고도 한다. 그만큼 동북지역에서 국유기업의 비중이 높음을 의미한다. 이러한 원인으로 하여 동북지역은 국유기업 주도의 사회주의계획경제체제의 낡은 틀에서 완전히 벗어나지 못하고 있고 당연히 이 지역에서의 민간경제의 육성이 지연되고 있으

57) 邴正 · 鐘賢婁, "振興東北老工業基地與東北社會發展模式轉變", 「吉林大學社會科學學報」, 2004年 第2期, 第69面.

며 경제성장이 탄력을 받지 못하고 투자가 활발히 이루어지지 않고 있다. 따라서 민간경제의 발전은 동북지역의 경제구조를 전환하는데 중요한 의의가 있다.[58] 즉 민간경제가 살아나고 서비스산업이 발전해야 만이 국유기업의 구조조정에 수반되는 실업문제로 인한 사회적 문제를 최소화할 수 있다. 민간경제의 발전을 위해서는 필요한 규제완화, 물류, 정보통신 등 생산과 관련된 서비스산업의 지원, 외국인투자유치 등을 통한 다양한 육성책을 마련해야 한다.

3. 산업구조 조정책

과거 천연자원을 풍부하게 보유했던 동북지역은 그동안의 자원소비형 경제발전으로 인해 현재 고갈의 위기에 직면해 있다. 따라서 자원에 의지하여 발전해 온 도시(예를 들면 대경-大慶 등)들의 경우, 도시의 산업구조조정이 불가피하게 되었다. 따라서 이러한 자원고갈형 도시에 대한 국내 및 외국인자본을 유치하여 새로운 정밀산업과 대체산업으로 경제구조를 전환해야 한다. 동북지역 자원고갈형 도시에 대한 산업구조조정은 지방정부의 노력만으로는 추진하기 어려운 과제이다. 따라서 중앙정부 차원에서 별도의 프로젝트를 만들어 추진해야 한다. 최근 몇 년간의 노력으로 동북지역의 산업구조가 조정되어 기업의 생산성이 제고되는 등 적극적인 변화들이 보이고 있으나 아직도 해결해야 할 과제들이 많다. 이러한 과제들을 해결하기 위해서는 사회주의 시장경제체제에 부합되도록 산업구조조정의 폭을 넓히고 새로운 경제모델을 부단히 도입해야 한다.

3. 변경무역과 대외개방을 위한 우대정책

중국에서 동북지역은 한국, 북한, 일본, 몽고, 러시아 등 국가들과 인접해 있는 특수한 지역적 특성을 가지고 있으며 이는 동북지역의 발전을 촉진할 수 있는 아주 유리한 여건이다.[59] 그러나 아쉽게도 이러한 지역적 우세를 경제발전에 최대한 활용하지 못하고 있으며 동북지역의 경제는 국내 타 지역이나 외국에 대한 개방도가 낮아 대외무역, 외자도입, 노동자의 역외이동 등은 중국에서

58) 王勝今 · 朱顯平, 前揭論文, 第23面.

59) 林木西 · 楊哲英, "東北老工業基地振興與東北亞經濟合作", 「經濟理論與經濟管理」, 2005年 第3期, 第68面.

도 하위권에 머물러있다. 따라서 국내 민간자본 및 외국인자본을 적극 유치하기 위해서는 그 어느 때보다도 대대적인 개방정책이 요구되고 있다. 한국과 일본은 발달한 자본주의 국가로서 개발도상국인 중국과 상호 보완할 수 있는 가능성이 있으며 북한, 몽고 및 러시아는 경제적으로는 중국에 비해 뒤쳐져있으나 자원이 풍부하여 합작과 교류를 할 수 있는 공간이 크다. 따라서 우선 주변국가들과 에너지, 원재료 및 광산자원 개발 등 분야의 합작을 위주로 한 변경무역, 합자, 합작 및 인수합병을 통한 주변국가에 대한 해외투자 등이 활발하게 진행될 수 있도록 해야 한다. 이를 위해서는 변경무역과 해외투자를 장려하는 중앙정부 차원의 다양한 우대정책을 마련하여 동북지역을 국제무역, 투자, 과학기술, 여행 등 분야의 합작무대로 육성하여야 한다.

4. 금융정책

중국에서는 그동안 중국공상은행, 교통은행, 중국은행, 중국건설은행, 중국농업은행 등 국유상업은행들이 지역경제의 발전에서 핵심적인 역할을 감당해왔다. 그러나 이러한 국유상업은행들의 역할은 제한적일 수밖에 없다. 그것은 은행은 영리를 목적으로 하는 기업이므로 경제가 낙후된 지역보다는 경제가 발달된 지역을, 수익이 낮은 지역보다는 수익이 높은 지역을 선호하므로 동북지역의 경우 경제의 낙후성 때문에 국유상업은행들이 지역경제에 미치는 영향이 타지역에 비해 낮을 수밖에 없다.[60] 경제가 발달한 지역의 경우 거의 모두 금융업이 발달되었는바 미국의 월가, 중국의 홍콩, 상해 및 심천 등이 그 예이다. 또한 경제가 발달한 지역의 경우 모두 자체의 민간은행을 갖고 있는데 심천(深圳)의 심천발전은행(深圳發展銀行), 상해의 포동발전은행(浦東發展銀行), 해남성(海南省)의 해남발전은행(海南發展銀行), 복건성(福建省)의 복건흥업은행(福建興業銀行) 등이 그것이다. 때문에 동북진흥전략을 제대로 실시하여 동북지역의 경제를 발전시키기 위해서는 지방의 민간은행을 설립하고 증권거래소를 설치하는 등 민간금융업을 발전시켜 보다 많은 융자루트를 개척해야 한다.

60) 姚偉龍 · 陳闖 · 薛岩晗, "振興東北老工業基地對策硏究", 「稅務與經濟」, 2007年 第2期, 第108面.

제 3 절 동북지역투자와 외국인투자자의 대응책

Ⅰ. 동북지역투자의 포인트

앞서 요해했듯이 동북진흥전략의 투자정책방향은 국유기업의 경영체제 현대화, 산업구조조정, 현대농업발전, 민간경제의 활성화, 대외개방제고 및 외국인투자유치, 서비스산업의 발전, 생태환경보호 등이며 중국이 동북진흥전략을 채택한 가장 중요한 목적은 동북지역의 공업기지를 재건하고 동북지역을 중국의 새로운 경제성장 축으로 만들려는 것이다. 따라서 동북지역에 투자하고자 하는 외국인투자자의 경우 국유기업의 인수합병(M&A), 첨단기술산업, 선진장비제조업, 현대농업, 서비스업, 기초시설건설 및 생태환경보호 등 분야를 투자대상으로 고려해야 한다.

Ⅱ. 외국인투자자의 대응책

상술한 투자 포인트에 의해 중국 동북지역에 투자하고자 하는 외국인투자자의 경우 이하 몇 가지 분야에서 대응책을 마련해야 한다.

1. 동북진흥전략 관련 투자법규와 정책규정들을 숙지해야 한다. 앞서 언급했듯이 중국의 경우 중앙정부 차원의 투자관련 법규와 정책들이 있다할지라도 각 지역별로 그 구체적인 상황이 판이하게 다르므로 해당 지역과 관련한 투자법규와 정책규정들을 집중 파악하고 숙지하는 과정을 거치는 것이 아주 필요하다. 중국에서 동북지역은 요녕성(遼寧省), 길림성(吉林省), 흑룡강성(黑龍江省) 등 3개 지역을 포함하는바 중서부지역에 비해 관련 법규와 정책 파악이 다소 용이할 수 있다. 그러나 이 세 지역의 구체적인 상황도 서로 다르므로 이에 대한 충분한 대비가 있어야 한다.

2. 국유기업의 인수합병(M&A)에 주목해야 한다. 현재 동북진흥전략을 추진하는 과정에서 국유기업의 낡은 경영체제를 쇄신할 수 있도록 하는 현대적인 기

업경영체제, 국유기업의 자산을 정확하고 투명하게 평가할 수 있는 자산평가제도, 민간자본과 외국자본이 국유기업의 인수합병(M&A)에 참여할 수 있도록 하는 법제, 국유기업의 사회적 부담을 해소할 수 있는 사회보장체제 등을 포함한 포괄적인 국유기업개혁을 위한 법적 시스템을 갖추어야 하는 것이 중요한 법적 과제로 나서고 있다.

중국에는 현재 기업의 인수합병(M&A)을 규제하는 관련법으로 "부당경쟁방지법(反不正當競爭法)"(1993.9.2)과 "반독점법(反壟斷法)"(2007.8.30)이 있다. 중국에서 기업의 인수합병(M&A)이 성행하는 이유도 사실은 중국이 WTO가입에 따른 약속을 이행하면서 시장경쟁이 날로 치열해지고 국가소유의 국유기업의 매각이 본격화되었기 때문이다. 동북지역에서 국유기업을 인수합병(M&A)을 하게 될 경우 복잡한 절차를 거치게 되므로 이에 대한 충분한 준비가 필요하다.

중국 국유기업 인수합병(M&A)절차:

(1) 직접접촉 및 공고(公告); 매수인이 시장조사를 거쳐 동북지역의 정부가 기업을 팔 의향이 있는지 수소문하는 직접적인 방식이 있긴 하나 이러한 방식으로 국유기업을 인수합병(M&A)에 성공하는 비율은 극히 낮을 것이며 특정된 기술교역소(예: 丹東技術交易所)나 재산권거래소(예: 沈陽産權交易所)를 통해 기업이 매각 의사가 있음을 공고하면 그에 응하는 방식(의향서교부)이 가장 적합할 것이다.

(2) 비밀협정체결; 매도인의 경우에는 여러 곳에서 기업매수의향서를 받게 되고 심지어 협상 시에도 부단히 받게 된다. 만약 적합한 파트너가 생기면 우선 협상대상으로 선정할 수 있다. 여기서는 법률적으로 특별한 절차가 마련되어 있는 것은 아니고 업계의 관례 상 비밀 준수의 의무를 위한 배타성을 가진 비밀협정을 체결하게 된다(예를 들면 2개월 동안 기업을 다른 곳에 매각하지 않는 다 등의 내용을 담음). 상해를 중심으로 하는 장강삼각주 지역에서는 이러한 비밀협정이 잘 지켜지는 편이나 동북지역에서는 잘 지켜지지 않으므로 사전 대비책이 필요하다.

(3) 계약내용협의서(Term Sheet) 체결; 계약내용협의서(Term Sheet)라 함은 일반적으로 양해각서(MOU)를 체결하고 본 계약 합의문을 작성하기 전에 계약에 필요한 다양한 세부조건(금융조건이나 기술이전조건, 자금조달계획, 융자제안 등)을 협의하기 위해 작성하는 구속력이 있는 약정서를 말하며 "경영이행약서"라고도 한다. 계약내용협의서는 양측 당사자가 원하는 주요 세부조항이 모두 포함되는 중요한 협의서인만큼 외국인투자자의 경우 계약내용협의서의 체결을 우선 요구할 필요가 있다.

(4) 실사; 실사에 대해 중국에서는 심신조사(審愼調查)라고도 하며 실사는 1차와 2차로 나누어지는 것이 보통이다. 실사를 하는 목적은 동북지역의 국유기업의 가치를 정확하게 평가하기 위함이다. 실사에는 통상 법무팀, 경영팀, 회계팀으로 꾸려지며 철강 혹은 화학 등 전문 분야의 지식이 필요할 경우에는 전문컨설팅회사나 자산평가기관이 별도로 전문가그룹을 형성하여 참여한다.

(5) 가격 산정; 1차와 2차 실사를 거쳐 법무팀은 주로 정책적인 변화, 기업의 소송 건 유무, 우발채무의 존재여부 등을 조사하게 되며 회사의 구조적인 문제를 감안하여 재평가하는 경우가 보통이다. 회계팀은 채권채무와 영수증 구비여부를 확인하는데 주력하며 경영팀은 해당 분야의 시장잠재력, 산업추세, 발전가능성 여부 등을 따져 회사자산을 평가하여 가격을 산정한다. 그리고 가격산정에 있어 양측이 합의한 제3의 평가기관에 의뢰하여 그 평가결과에 따르는 경우는 드물며 통상 양측이 각각 선임한 평가기관에 의뢰하여 조금이라도 자신에게 더 유리하도록 애쓰는 것이 보통이다. 또한 가격을 산정하더라도 실제로 그 가격에 거래되는 경우는 드물다. 게다가 국유기업의 경우에는 정부의 입김이 상당 부분 작용하게 되므로 국유기업의 자산평가과정이 훨씬 더 복잡한 양상을 띠게 되므로 이에 대비해야 한다.

(6) 계약체결; 우선 계약체결 전에 계약서 초안을 작성하게 되는데 나중에 계약 위반 시 양측의 책임을 명확히 하기 위하여 양측의 책임을 자세히 적게 된다. 구체적인 초안을 작성하는 과정에 양측이 여러 차례 수정하여 오고가는 경우가 대부분이다. 그다음 본 계약을 확정하는데 확정된 본 계약은 특정된 장소에서 협정 식을 가지고 싸인 한다.

(7) 정부비준; 본 계약이 체결되었다 할지라도 정부의 비준을 받지 못하면 법적 효력이 없으므로 모든 서류를 빠짐없이 잘 준비하여 꼼꼼히 체크한 후 제출해야 한다. 법적으로 명시된 비준기간은 45일이나 중국의 특성 상 "관시(關係)"가 좋고 나쁨에 따라 10일 혹은 15일이 걸리는 경우가 있는가 하면 2개월이 걸리는 경우도 있다.

(8) 공상행정등기; 정부의 비준을 받은 후에는 실질적인 영업을 위한 등기절차를 거치게 되는데 이 부분은 변호사에게 의뢰하여 진행하도록 해야 한다.

(9) 과도기 경영; 국유기업을 공식 접수하는 과정에서의 리스크를 방지하기 위하여 통상 1개월 혹은 6개월간의 과도기를 두고 양측이 공동 경영하게 된다. 국유기업의 경우 회사구조가 복잡하므로 상당기간 과도기 공동 경영을 하는 것이 더욱 필요하다.

3. 동북지역의 변경무역환경을 적극 활용해야 한다. 중국에서 동북지역은 한국, 북한, 일본, 몽고, 러시아 등 국가들과 인접해 있는 특수한 지역적 특성을 가지고 있으며 이는 동북지역의 발전을 촉진할 수 있는 아주 유리한 여건이며 현재 주변 국가와의 변경무역을 통한 다양한 발전방식을 모색하고 있다. 중국 동북지역의 주변국 중 한국과 일본은 발달한 자본주의 국가로서 개발도상국인 중국과 상호 보완할 수 있는 가능성이 있으며 북한, 몽고 및 러시아는 경제적으로는 중국에 뒤쳐져있으나 자원이 풍부하여 합작과 교류를 할 수 있는 공간이 크다. 따라서 중국정부는 우선 주변 국가들과 에너지, 원재료 및 광산자원 개발 등 분야의 합작을 위주로 한 변경무역을 활발하게 추진하는 동시에 이를 계기로 동북지역에 합자, 합작 혹은 독자 형태의 다양한 외국인투자를 유치하

고자 한다. 외국인투자자들은 동북지역의 이러한 지역적 우세와 변경무역환경을 적극 활용하여 적합한 투자항목을 선정할 필요가 있다.

4. 동북지역 서비스 산업의 발전가능성에 대비해야 한다. 동북지역은 "사회주의 계획경제 최후의 보루"로 일컬어질 만큼 국유기업의 비중이 높다. 이러한 원인으로 하여 동북지역은 국유기업 주도의 사회주의 계획경제체제의 낡은 틀에서 완전히 벗어나지 못하고 있고 당연히 이 지역에서 민간경제의 육성이 지연되고 있으며 경제성장이 탄력을 받지 못하고 투자가 활발히 이루어지지 않고 있다. 따라서 민간경제의 발전은 동북지역의 경제구조를 전환하는데 중요한 의의가 있다. 즉 민간경제가 살아나고 서비스산업이 발전해야 만이 국유기업의 구조조정에 수반되는 실업문제로 인한 사회적 문제를 최소화시킬 수 있다. 현재 중앙정부와 동북지역 지방정부는 민간경제의 진흥을 위해 필요한 규제완화, 물류, 정보통신 등 생산과 관련된 서비스산업의 지원, 외국인투자유치 등을 통한 다양한 육성책을 마련 중에 있다. 따라서 외국인투자자들은 이러한 정책적 변화에 주목하고 동북지역에서의 서비스 산업의 발전가능성에 대비한 투자가능성을 타진할 필요가 있다.

제4장 중부궐기전략과 투자법제

제1절 중부궐기전략의 개요

Ⅰ. 중부궐기전략의 개념과 특징

중부궐기("中部蹶起")전략이라 함은 중국 중부지역에 위치해 있는 호북성(湖北省) · 호남성(湖南省) · 하남성(河南省) · 산서성(山西省) · 강서성(江西省) · 안휘성(安徽省) · 무한시(武漢市, 호북성의 성도) 등 중부지역의 6개 성(省)과 1개 시(市)의 공업화와 도시화를 위한 개발전략을 말한다. 중부지역은 역사적으로 중국의 정치 · 경제 · 문화의 중심이었으며 중화문명의 발상지이기도 했다. 그러나 그동안 동부지역 중심의 경제발전에서 상대적으로 소외되어 저개발 낙후지역으로 분류되어 있었다. 최근 중부지역은 경제발전의 성장 축을 중서부지역으로 이동하려는 중앙정부의 지역개발전략 즉 중부궐기전략에 힘입어 새로운 성장거점으로 부상하고 있는 것이다.[61] 중부궐기전략은 다음과 같은 특징을 가지고 있다.

(1) 농업의 현대화; 중부지역은 중국에서 전통적인 곡창지역이다. 따라서 중부지역에 경작지가 많은 우월한 지리적 우세를 살려 현대적인 농업과 농산물생산기지를 건설하여 중부지역을 중국의 양곡생산중심지역으로 육성하고자 하는 것이 중부궐기전략의 하나의 중요한 내용이 되고 있다.

(2) 공업의 현대화; 중부지역은 전통적으로 공업이 발달하여 상당한 발전기초

61) 2007년 4월 26일, 제2차 중국 중부지역투자무역박람회가 하남성(河南省)의 정주(鄭州)에서 국내외 지도자들이 대거 참석한 가운데 "중부궐기를 촉진하고 조화사회를 건설하자(促進中部蹶起, 構建和諧社會)"라는 주제로 화려하게 개막하여 중부궐기전략의 새로운 시작을 알렸다.

를 확보하고 있는 지역이다. 따라서 중부지역의 기초시설건설을 다그치고 경쟁력을 갖춘 제조업과 첨단산업을 발전시켜 에너지원재료기지, 현대설비제조업 및 첨단산업기지로 육성함으로써 공업의 현대화를 실현하고 도시화의 수준을 제고하고자 하는 것이다.

(3) 교통 및 물류중심의 구축; 현재 중부궐기전략이 추진되고 있는 지역들은 지역적으로 중국의 동서남북을 관통하는 우월한 지리적 여건을 갖추고 있다. 따라서 중부지역을 교통운수의 중추로 육성하여 종합교통운수체계와 현대물류체계를 구축함으로써 중부지역경제의 전면적이고 지속가능한 발전을 도모하고 전면적인 "소강사회(小康社會, 풍족하고 여유 있는 사회)"의 발전을 도모하고자 하는 것이다.

Ⅱ. 중부궐기전략의 형성과정

1. 정부사업보고(2001년-2008년)

2001년 3월 5일, 제9기 전인대 제4차회의에서 주용기(朱鎔基) 당시 국무원 총리의 "정부사업보고(政府工作報告)" 는 제5장에서 "서부대개발을 실시하고 지역의 조화로운 발전을 촉진하자(實施西部大開發, 促進地區協調發展)"는 제목 하에 서부대개발전략에 대해 중점 강조하면서도 중부지역의 발전에 관한 내용도 언급하고 있는 바 "중부지역은 지역우세와 종합자원우세를 발휘하여 경제발전보조를 가속화해야 한다."는 취지의 내용을 담고 있다.

2002년 3월 5일, 제9기 전인대 제5차회의에서 주용기(朱鎔基) 당시 국무원 총리의 "정부사업보고(政府工作報告)"는 제3장에서 "경제구조조정과 경제체제개혁을 적극 추진하자(積極推進經濟結構調整和經濟體制改革)"이라는 테마로 "중부지역은 지역우세와 종합자원우세를 발휘하여 새로운 경제성장점을 육성해야 한다."는 취지의 내용을 담고 있다.

2003년 3월 5일, 제10기 전인대 제1차회의에서 주용기(朱鎔基) 당시 국무원 총리의 "정부사업보고(政府工作報告)" 는 제2장에서 "올해 정부사업에 대한 건의(對今年政府工作的建議)" 제3번째 부분에서 "산업구조조정과 서부대개발을 적극 추진하자(積極推進産業結構調整和西部大開發)"이라는 테마로 "동부, 중부 및 서부지역 간의 경제교류와 합작을 강화하여 우세를 서로 보완하고 공동발전을 도모해야 한다."는 취지의 내용을 담고 있다.

2004년 3월, 제10기 전인대 제2차회의에서 온가보(溫家寶) 총리가 "정부사업보고(政府工作報告)"에서 처음으로 중부궐기전략에 대해 언급하였다. "정부사업보고(政府工作報告)"의 제2장("2004년 주요임무")은 지역개발을 언급한 제3번째 부분에서 "중부지역의 발전을 다그치는 것은 지역경제의 조화로운 발전을 도모하는 중요한 부분이다. 국가는 중부지역이 자체의 지역적 우세와 경제우세를 빌어 개혁개방과 발전의 폭을 넓히고 현대농업과 농산물기지를 구축하며 기초시설건설을 다그치고 경쟁력을 갖춘 제조업과 첨단산업을 발전시켜 공업화와 도시화의 수준을 제고하는 것을 지지한다."는 취지의 내용을 담고 있다. 이 내용은 당시 중부지역 내에서는 물론 국내외적으로도 큰 반향을 일으켰다.

2005년 3월, 제10기 전인대 제3차회의에서 온가보(溫家寶) 총리가 "정부사업보고(政府工作報告)"에서 다시 중부궐기전략에 대해 언급하였다. "정부사업보고(政府工作報告)"의 제3장("경제의 안정적이고 빠른 발전을 지속적으로 유지")은 지역개발을 언급한 제4번째 부분에서 "중부지역의 궐기를 촉진하는 기획과 조치를 조속히 연구 및 제정하고 중부지역의 지역우세와 경제의 종합우세를 십분 발휘하여 현대농업 특히는 양곡생산기지의 건설을 강화하며 종합교통운수체계와 에너지 및 중요 원재료기지 건설을 강화하고 경쟁력을 갖춘 제조업과 첨단산업을 발전시켜 중부지역의 대 시장을 개척하고 대 유통을 발전시키자."는 취지의 내용을 담고 있다.

2006년 3월 5일, 제10기 전인대 제4차회의에서 온가보(溫家寶)총리의 "정부사업보고(政府工作報告)"는 제2장 "올해주요임무(今年主要任務)"의 지역개발을 언급한 제4절 "지역의 조화로운 발전을 계속 추동하자(繼續推動區域協調發展)" 세 번째 부분에서 "중부지역의 지역, 자원, 산업 및 인재 우세를 십분 발휘하여 양곡생산기지의 건설을 강화하고, 에너지 및 중요 원재료기지 건설을 강화하며, 종합교통운수체계, 현대물류체계 및 현대시장체계의 건설을 강화한다. 전통공업기지의 진흥과 자원고갈 형 도시의 전환을 지원하며 현대설비제조업 및 첨단산업기지를 건설한다. 중심도시의 복사(輻射)능력을 증대시켜 주변지역의 발전을 도모한다."는 취지의 내용을 담고 있다.

2007년 3월, 제10기 전인대 제4차회의에서 온가보(溫家寶) 총리가 한 "정부사업보고(政府工作報告)"에서도 중부궐기전략이 다시 강조되었다. "정부사업보고(政府工作報告)"의 제2장("2007년의 주요임무")은 지역개발을 언급한 제4절에서 "중부지역의 궐기를 적극 촉진하자(積極促進中部地區蹶起)"라는 제목으로 2006년 정부사업보고와 꼭 같은 내용을 담고 있다.

2008년 3월, 제11기 전인대 제1차회의에서 온가보(溫家寶) 총리가 한 "정부사업보고(政府工作報告)"에서도 중부궐기전략에 대해 다시 언급하고 있다. "정부사업보고(政府工作報告)"의 제2장("2008년 주요임무") 지역개발을 언급한 제3부분에서 "중부궐기계획안을 조직 및 실시하며 관련 정책을 구체화하고 제고해야 한다."는 취지의 내용을 담고 있다.

2. 2004년 중앙경제사업회의

2004년 12월 3일-5일, 중공중앙(中共中央)과 국무원(國務院)이 북경에서 소집한 "중앙경제사업회의(中央經濟工作會議)"에서 새해의 경제임무를 하달하면서 또 다시 "중부지역의 궐기를 촉진하자(促進中部地區蹶起)"라는 내용을 언급하였다. 이는 중부궐기전략이 2004년부터 본격적으로 그 윤곽을 드러낸 것이라고 할 수 있다.

3. 2006년 중공중앙 정치국 회의

2006년 3월 27일, 중앙중앙(中共中央)은 호금도(胡錦濤)총서기의 주재 하에 정치국회의를 개최하고 중부궐기사업을 촉진하고 연구할 데 관하여 본격적으로 논의하였다.

회의에서는 "중부궐기사업을 촉진하는 것은 당중앙과 국무원이 동부연해지역의 우선발전전략, 서부개발전략 및 동북진흥전략에 이은 또 하나의 중대한 국가적 결책이며 지역의 조화로운 발전을 도모하기 위한 중요한 임무이기도 하다"고 전제하고 "중부지역은 중국 전체의 경제사회발전에서 중요한 위치에 있으며 국가경제발전에 장기간 중요한 공헌을 하였고 중부지역의 경제가 건전하게 발전하는 것은 국가의 총체적인 경제발전전략과 맞물리는 것이다. 따라서 중부궐기사업을 촉진하여 중부지역을 중국의 양곡생산기지, 에너지원재료기지,

현대설비제조업 및 첨단산업기지 및 교통운수의 중추로 육성하여 중부지역경제의 전면적이고 지속가능한 발전을 도모하고 전면적인 "소강사회(小康社會, 풍족하고 여유 있는 사회)"를 건설하는데 중요한 의의가 있다"고 하였다. 또한 "중부궐기는 장기적인 전략임무로써 각 급 지방정부는 이에 최선을 다해야 한다." 고 강조하였다.

Ⅲ. 중부궐기전략의 추진기구

그동안 중부궐기전략의 효과적인 실시를 보장하기 위하여 국가발전개혁위원회(國家發展與改革委員會)산하에 추진 기구를 조속히 설립해야 한다는 주장이 꾸준히 제기되었다.62)

2007년 4월 12일, 중앙기구편제위원회판공실(中央機構編制委員會辦公室)이 발표한 "발전개혁위기구편제 조정에 관한 회답(關于調整發展改革委機構編制的批復)"에 의거하여 국가발전개혁위원회지구경제사(國家發展與改革委員會地區經濟司)산하에 드디어 "국가중부지구궐기촉진공작판공실(國家促進中部蹶起工作辦公室)"을 설치하였다.

"국가중부지구궐기촉진공작판공실(國家促進中部蹶起工作辦公室)"의 역할은 주로 중부궐기전략을 효과적인 실시를 위한 중부지역 발전전략, 규획(規劃)및 정책조치들을 연구하며 중부지역 궐기를 위한 여러 가지 구체적인 사업을 조정하고 실시하는 것이다.

---

62) 馬建中等, "關與加强湖北發展, 促進中部蹶起的對策建議", 「湖北社會科學」, 2005年 第2期, 第49面.

제2절 중부궐기전략을 위한 투자법제

Ⅰ. 투자법제의 개요

중부궐기전략을 위한 투자법제로는 "국민경제 및 사회발전 제10차 5개년 계획요강(國民經濟和社會發展第十個五年計劃綱要)"과 "국민경제 및 사회발전 제11차 5개년 규획요강(國民經濟和社會發展第十一個五年規劃綱要)"; "중서부지구외상투자우세산업목록(中西部地區外商投資優勢産業目錄)"; "당16대 보고(報告)"; "중부6개성에서 동북지역 등 전통공업기지진흥과 서부대개발 관련정책을 참조하여 실시할 데 관한 통지(關于中部六省比照實施振興東北地區等老工業基地和西部大開發有關政策範圍的通知)"; "중공중앙과 국무원의 중부지구궐기를 촉진할 데 관한 약간의 의견(中共中央、國務院關于促進中部地區蹶起的若干意見)"등이 있다.

Ⅱ. 투자법제의 내용

1. "국민경제 및 사회발전 제10차 5개년 계획요강(國民經濟和社會發展第十個五年計劃綱要)"과 "국민경제 및 사회발전 제11차 5개년 규획요강(國民經濟和社會發展第十一個五年規劃綱要)"

2001년 3월 15일, 제9기 전국인민대표대회 제4차 회의에서 비준된 "국민경제 및 사회발전 제10차 5개년 계획요강(國民經濟和社會發展第十個五年計劃綱要)"에는 2001년부터 2005년까지의 중국의 국민경제와 사회발전 각 분야에 관한 계획이 담겨있는바[63] 그 중 제8장이 "서부대개발전략 실시와 지역 간 균형발전의 촉진"이라는 테마로 되어 있으며, 여기에는 서부대개발전략을 실시하여 중서부지역의 경제발전을 가속화하고 지역의 경제구조를 합리하게 조정하여 지역경제의

---

63) 本書編寫組(編), 「'國民經濟和社會發展第十個五年計劃綱要' 學習讀本」, 中共中央党校出版社(北京), 2001年 第1版, 第83-94面.

균형발전을 촉진함을 목적으로 하는 서부대개발의 본격추진, 중부지역 발전의 가속화, 동부지역 발전수준의 제고, 특색 있는 지역경제의 형성 등 네 개 분야의 내용이 담겨 있다. "계획요강(計劃要綱)"에 중부지역의 발전을 가속화 할 데 관한 내용이 포함되어 있는데 이는 중국 정부가 서부대개발전략을 본격 추진할 당시에 이미 중부지역의 개발을 예상하여 연구하고 있었음을 알 수 있다.

2006년 3월 14일, 제10기 전국인민대표대회 제4차 회의에서 비준된 "국민경제 및 사회발전 제11차 5개년 규획요강(國民經濟和社會發展第十一個五年規劃綱要)"에는 2006년부터 2010년까지의 중국의 국민경제 및 사회발전 각 분야의 관한 규획(規劃)이 담겨있는바 그 중 제19장은 "지역개발의 총체적 전략을 실시하자(實施地域開發總體戰略)"라는 테마로 되어 있으며 제3절 "중부지역의 궐기를 촉진시키자(促進中部地區蹶起)"에서 다시 중부궐기전략에 대해 언급하였다. 여기에는 산업수준의 제고, 공업화와 도시화의 촉진, 현대농업의 발전, 석탄 및 원재료기지의 육성, 첨단기술산업의 육성, 종합운송체계의 구축 등 다양한 내용이 요약되어 있다. 이 "규획요강(規劃綱要)"을 통해 중부궐기전략을 서부대개발전략, 동북진흥전략 등과 동등한 수준으로 격상시키고 시장경제체제를 바탕으로 하는 지역경제발전이라는 큰 틀에서 다룰 것임을 알 수 있다.

2. "중서부지구외상투자우세산업목록(中西部地區外商投資優勢産業目錄)"

"중서부지구외상투자우세산업목록(中西部地區外商投資優勢産業目錄)"은 당시의 국무원 국가개발계획위원회(國家發展計劃委員會)(지금의 국가발전개혁위원회-國家發展和改革委員會), 국가경제무역위원회(國家經濟貿易委員會), 대외경제무역합작부(對外經濟貿易合作部)(지금의 상부무-商務部) 등 국무원 소속 세 개 부처가 국무원의 비준을 거쳐 2000년 6월 16일에 공동으로 발표한 것이다. 이 "목록(目錄)"에는 중서부 20개 성 · 자치구 · 직할시의 농업 및 목축산품가공, 관광, 식수조림, 광물자원개발, 교통시설구축 및 신형전자부품의 개발과 제조 등 총 255개 분야의 내용이 명시되어 있으며 이들 255개 분야에 투자할 경우 각종 우대정책을 실시한다고 밝히고 있다. 또한 2004년 7월, 국가발전개혁위원회(國家發展和改革委員會)와 상부무(商務部)는 "중서부지구외상투자우세산업목록(中西部地區外商投資優勢産業目錄)"(2004.7.23발표, 2004.9.1발효)에 대한 1차 수정본을 발표하였으며, 2008년

12월에는 2차 수정본(2008.12.23발표, 2009.1.1발효)을 발표하였다.(부록-2참조)

3. 당16대 보고(報告)

2002년 11월 8일, 중국공산당 제16차 당 대표대회(16大)에서 강택민(江澤民)당시 중국공산당 총서기가 "소강사회를 전면적으로 건설하고 중국 특색이 있는 사회주의 사업의 새로운 국면을 열자(全面建設小康社會, 開創中國特色社會主義事業新局面)"라는 주제의 보고(報告)를 발표하였다. 보고(報告)의 제4장인 "경제건설 및 경제체제개혁(經濟建設和經濟體制改革)"의 (3)부분을 보면 "서부대개발을 적극 추진하고 지역경제의 조화로운 발전을 촉진하자(積極推進西部大開發, 促進區域經濟協調發展)"라는 제목 하에 "중부지역은 구조조정을 강력하게 추진하여 농업의 산업화를 추진하고 전통산업을 개조하며 새로운 경제성장점(經濟成長點)을 육성하여 공업화와 도시화의 길을 다그쳐야 한다. .... 동부, 중부, 서부지역의 경제교류와 합작을 강화하여 우세를 서로 보완하고 공동 발전하며 특색 있는 경제구(經濟區)과 경제대(經濟帶)를 형성해야 한다."는 내용을 담고 있다.

4. "중부6개성에서 동북지역 등 전통공업기지진흥과 서부대개발 관련 정책을 참조하여 실시할 데 관한 통지(關于中部六省比照實施振興東北地區等老工業基地和西部大開發有關政策範圍的通知)"

국무원판공청(國務院辦公廳)이 최근에 발표한 이 "통지(通知)"의 내용에 따르면 국무원 관련부서는 빠른 시일 내에 중부6개성에서 동북지역 등 전통공업기지진흥과 서부대개발 관련정책을 참조하여 실시할 데 관한 구체적 내용과 실시방법을 연구 및 제정할 것을 주문하고 국가발전개혁위원회(國家發展與改革委員會)가 조율하도록 요구하고 있다. 또한 중북지역의 6개 지방은 이에 상응한 지방정책 조치를 철저히 실행하되 아직 정책범위에 포함되지 않은 지역을 시급히 파악하여 정책적인 지원을 하도록 하였다. 따라서 국가발전개혁위원회(國家發展與改革委員會), 상무부(商務部) 및 농업부(農業部)가 연합으로 우대정책의 구체적인 내용과 실시방법을 연구 및 제정하게 된다. 이 "통지(通知)"를 통해 알 수 있는바 중국 정부의 "중부궐기(中部蹶起)"전략과 관련된 해당 정책은 서부대개발전략과 동북진흥전략을 참고하여 제정될 것이 확실하다. 중부지역에도 전통공업기지와 국가 급 빈곤지역이 있으므로 중부지역의 전통공업기지에는 동북진흥전략의 해당 우대정책을, 국가 급 빈곤지역에는 서부대개발전략의 해당 우대정책을 적용할 필요가 있다.

그러나 이 "통지(通知)"는 아직은 단지 우대정책을 향유할 수 있는 지역을 확정하는 간단한 문서에 불과하다. 즉 6개 성 중 구체적으로 어느 지역이 국가의 우대정책을 향유할 수 있는가 하는 데 대한 내용이다. 또한 구체적인 우대정책이 모두 동북진흥전략과 서부대개발전략과 동일한 것은 아니며 일부 차이가 있다.

5. "중공중앙과 국무원의 중부지구궐기를 촉진할 데 관한 약간의 의견(中共中央、國務院關于促進中部地區蹶起的若干意見)"(中發〔2006〕10號)

중공중앙과 국무원은 2006년 4월 15일에 "중공중앙과 국무원의 중부지구궐기를 촉진할 데 관한 약간의 의견(中共中央、國務院關于促進中部地區蹶起的若干意見)"(中發〔2006〕10號)을 발표하였는바 이는 중부궐기전략과 관련된 핵심규정이다. 본 규정에는 중부궐기전략의 총체적 요구와 원칙, 사회주의 신 농촌건설 촉진, 공업구조조정의 촉진, 교통물류우세의 발휘, 도시지역과 농촌지역의 공동발전, 대외개방의 확대, 사회제반사업의 강화, 지속가능한 발전의 실현, 지도력 강화 등 9개 분야의 내용이 포함되어 있다. 이로부터 중부 6개 성(省)도 서부지역, 동북지역과 동등하게 자체의 지역개발을 위한 명문화된 규정을 갖게 되었으며 중부지역의 지역개발전략이 한 층 탄력을 받게 되었다.

Ⅲ. 법적과제

중부지역은 최근 연간 그 경제발전에서 동부지역과의 격차가 점차 확대되고 있으며 서부지역에 비해서도 뒤떨어지고 있었다. 중부지역이 뚜렷한 지리적 우세, 자원우세, 인력우세 등을 갖고 있음에도 불구하고 그동안 발전에서 소외되었던 것은 자체의 산업구조가 불합리한 등 발전제약요인이 있었지만 특히 주목해야 할 부분은 동부, 서부 및 동북지역에 비해서도 장기적으로 "정책공백" 상태에 처해 있었기 때문이라는 것이 현재 학계와 실무에서의 지배적인 시각이다.[64] 따라서 중앙과 지방정부가 중부궐기전략을 추진하기 위해 최근 연간 여러 가지 정책과 조치들을 내놓고는 있지만 아직까지는 포괄적인 내용에 그치고 있으며 구체적인 법적 과제에 대한 언급은 아직 찾아보기 어렵다. 그렇다면 중부궐기전략을 추진하기 위한 법적 과제들에는 어떠한 내용들이 포함되어야 하는지 다음과 같이 정리해 보기로 한다.

(1) 농업현대화정책; 중국 중부지역은 전통적으로 중국의 곡창지역으로서 농업(農業) · 농촌(農村) · 농민(農民)(이하 "삼농(三農)"로 약칭함)문제의 해결은 중부지역에서 각별한 의미를 갖고 있다. 중부지역에 경작지가 많은 우월한 지리적 우세를 살려 현대적인 농업과 농산물생산기지를 건설하여 중부지역을 중국의 양곡생산중심지역으로 육성하고자 하는 것이 중부궐기전략의 하나의 중요한 특징이다. 이미 중국정부는 사회주의 신 농촌건설전략을 수립하여 "삼농(三農)"문제의 해결에 본격 착수한 상황이다. 때문에 이를 계기로 중부지역의 특수성을 감안하여 중부지역의 "삼농(三農)"문제를 해결하고 농업현대화를 실현하기 위한 중앙 및 지방정부 차원의 별도의 세부정책이 마련되어야 한다.

(2) 공업현대화를 위한 투자유인책; 중부지역은 전통적으로 공업이 발달하여 상당한 발전기초를 확보하고 있는 지역이다. 따라서 중부지역의 기초시설 건설을 다그치고 경쟁력을 갖춘 제조업과 첨단산업을 발전시켜 에너지원 재료기지, 현대설비제조업 및 첨단산업기지를 육성함으로써 공업의 현대화를 실현하고 도시화의 수준을 제고해야 하는바 이를 위해서는 국내외 투자자들을 유치하기 위한 구체적인 투자리스트목록과 투자유인책을 마련해야 한다. 중부지역에서 공업 분야에 투자하는 것은 타 지역에 비해 상당한 투자리스크가 동반될 것으로 예상되므로 이를 해소하기 위한 제도적 장치도 아울러 마련되어야 한다.

(3) 현대물류체계의 구축을 위한 지원책; 현재 중부궐기전략이 추진되고 있는 지역들은 지역적으로 중국의 동서남북을 관통하는 우월한 지리적 여건을 갖추고 있다. 따라서 중부지역을 교통운수의 중추로 육성하여 종합교통운수체계와 현대물류체계를 구축함으로써 중부지역경제의 전면적이고 지속가능한 발전을 도모하고 전면적인 "소강사회(小康社會, 풍족하고 여유 있는 사회)"

---

64)劉光岭 · 盧寧, "中部經濟蹶起的路徑依賴與路徑選擇",「經濟學動態」2007年 第1期, 第57-58面; 楊雲彦 · 秦尊文, "促進中部蹶起的政策體系",「湖北社會科學」, 2005年 第11期, 第50面.

의 발전을 도모해야 한다. 따라서 현대적인 물류체계를 구축하기 위한 다양한 지원책이 마련되어야 한다. 해당 지원책에는 정부지원금이외에도 국내민간자본과 외국인자본을 유치하기 위한 투자정책이 포함되어야 한다.

(4) 금융정책; 금융은 현대적 의미의 경제에서 핵심이라고 할 수 있다. 최근 중국의 일부 학자들은 중부지역을 발전시킴에 있어 관건은 자원을 자금으로 전환하는 것이라고 보고 그 구체적인 내용은 바로 중부은행을 설립하여 국내외민간자본을 흡수하여 첨단기술을 발전시켜야 하며, 중부투자펀드를 조성하여 전통산업에 대한 개조를 진행하며, 기술혁신을 위한 창업투자를 발전시키며, 향진은행을 설립하여 소액금융대출을 늘려 농촌금융업을 발전시켜야 한다고 주장하고 있다.[65] 특히 호북성(湖北省) 무한(武漢)시는 중부지역에서도 금융업이 상대적으로 발달한 지역이고 그 역사가 오래되었으므로 이 지역에 중부개발은행, 증권거래소, 주식 제 민간은행 등을 설립하여 중부지역의 금융허브로 만들어야 한다는 주장은 오래전에 제기된 바 있다.[66]

---

65) 중국의 저명한 경제학자 려이녕(厲以寧)이 최근 하남성(河南省) 정주(鄭洲)에서 개최된 제2차 중국중부지역투자무역박람회 "만상서진고봉논단2007년(萬商西進高峰論壇2007年)"에서 한 연설내용임.

66) 楊雲彦 · 秦尊文, 前揭論文, 第53面.

제 3 절 중부지역투자와 외국인투자자의 대응책

Ⅰ. 중부지역투자의 포인트

중부굴기전략에서의 핵심육성 분야로는 양곡생산기지, 에너지원재료기지, 현대설비제조업 및 첨단산업기지, 교통 및 물류중심구축 및 중부금융허브육성 등이다. 따라서 외국인투자자들은 이러한 분야에 대해 집중 연구하고 투자를 추진할 필요가 있다.

Ⅱ. 외국인투자자의 대응책

중부지역투자의 포인트에 의하여 외국인투자자는 아래와 같은 몇 가지 분야에서 대응책을 강구해야 한다.

1. 중부굴기전략 관련 투자법규와 정책규정들을 숙지해야 한다. 앞서 언급했듯이 중국의 경우 중앙정부 차원의 투자관련 법규와 정책들이 있다할지라도 각 지역별로 그 구체적인 상황이 판이하게 다르므로 해당 지역과 관련한 투자법규와 정책규정들을 집중 파악하고 숙지하는 과정을 거치는 것이 아주 필요하다. 중국에서 중부지역은 호북성(湖北省) · 호남성(湖南省) · 하남성(河南省) · 산서성(山西省) · 강서성(江西省) · 안휘성(安徽省)등 6개 성(省)을 포함하며 이들 지역의 공업화와 도시화를 위한 개발전략이 바로 중부굴기전략이다. 지역의 공업화와 도시화를 위해서는 법규와 정책이 필수적으로 구비되어야 함은 물론이다. 그러나 아직까지는 중부굴기전략 관련 중앙정부의 법규와 정책들이 미흡하므로 주로 해당 지역별 지방법규와 정책들을 파악하는데 주력해야 한다.
2. 중부지역의 교통 및 물류중심의 구축에 참여할 필요가 있다. 현재 중부굴기전략이 추진되고 있는 지역들은 지역적으로 중국의 동서남북을 관통하는 우월한 지리적 여건을 갖추고 있다. 따라서 중부지역을 교통운수의 중

추로 육성하여 종합교통운수체계와 현대물류체계를 구축함으로써 중부지역경제의 전면적이고 지속가능한 발전을 도모하고 전면적인 "소강사회(小康社會, 풍족하고 여유 있는 사회)"의 발전을 도모하고자 하는 것이 중부궐기전략의 중요한 과제이다. 중부지역의 교통과 물류여건을 개선하기 위해서는 외국자본의 유치가 불가피하게 되므로 중부지역에서 교통과 물류 관련 투자항목을 고려해 볼 수 있다.

3. 중부지역의 금융산업육성에 주목해야 한다. 최근 중부지역을 발전시킴에 있어 자원을 자금으로 전환함으로서 중부은행을 설립하여 국내외민간자본을 흡수하여 첨단기술을 발전시키고, 중부투자펀드를 조성하여 전통산업에 대한 개조를 진행하며, 기술혁신을 위한 창업투자를 발전시키며, 향진은행을 설립하여 소액금융대출을 늘려 농촌금융업을 발전시켜야 한다는 주장이 제기되고 있는 것은 앞서 언급한바와 같다. 특히 중부지역에서 금융업이 상대적으로 발달한 호북성(湖北省) 무한(武漢)시에 중부개발은행, 증권거래소, 주식 제 민간은행 등을 설립하여 중부지역의 금융허브로 만들어야 한다는 주장이 꾸준히 제기되고 있는바 외국인투자자들은 이에 주목할 필요가 있다. 중국의 금융시장은 WTO가입에 따른 약속에 따라 현재 급속도로 개방되고 있다. 일전에 외자은행에 중국 위안화(RMB) 업무를 허용한 조치도 그 일환이라고 할 수 있다. 따라서 외국인투자자가 중부지역의 금융시장에 진출하기 위한 여러 가지 대응책이 마련되어야 하는바 예를 들면 다음과 같다.

(1) 중국 금융관련 법규와 정책을 숙지해야 한다. 예를 들면 2006년 11월 8일, 중국 국무원(國務院)은 "중화인민공화국외자은행관리조례(中華人民共和國外資銀行管理條例)"를 발표하였는바 이를 통해 중국이 WTO가입에 따른 약속을 이행하기 위하여 외자은행에 위안화(RMB) 업무를 개시하도록 허용하고 지역과 고객에 대한 제한규정을 없앴다. 이에 따라 외국 계 은행들은 향후 중국에서 독립된 법인을 설립하여 은행 업무를 개시할 수 있게 되었다. 본 조례(條例) 제10조의 해당 규정에 따르면 외국 계 은행들이 중국에서 독립된 법인을 설립하기 위해서는 다음과 같은 요건을 갖추어야 한다. 즉 ①외국의 상업은행이어야 한다. ②중국 내에 이미 대표처 혹은 사무소를 개설하여 2년이 경과하여야 한다. ③법인설립을 신청하기 1년 전까지의 총 자산이 100억불 보다 적어서는 아니 된다. ④은행의 자본 충족율이 국가 혹은 지역의 금융당국 및 국무원은행감독기관의 규정에 부합되어야 한다.

이 외에도 2006년 12월 17일, 중국은행감독위원회(中國銀行監督委員會)가 “중화인민공화국외자은행관리조례실시세칙(中華人民共和國外資銀行管理條例實施細則)”을 발표하였다.

(2) 중부지역 금융업 실태를 자세하게 파악해야 한다. 현재 중부지역에서 금융업이 상대적으로 발달한 지역은 호북성(湖北省) 무한(武漢)시를 꼽고 있다. 따라서 무한(武漢)시의 금융업에 투자하고자 하는 경우에는 무한(武漢)시의 금융업 실태를 현지실사를 통해 면밀하게 검토하고 연구할 필요가 있다.

(3) 현지의 정부관리, 은행전문가 및 변호사들의 도움을 받는 것이 절실하다. 중부지역은 내륙에 위치한 관계로 동부지역에 비해 금융업의 투명도가 낮다. 따라서 현지에서 금융업에 종사하기 위해서는 보다 정확한 정보를 얻는 것이 필수적이다. 따라서 현지 사정에 밝은 정부관리, 은행전문가 및 변호사들로부터 금융업과 관련된 다양한 조언을 구하는 것이 리스크를 방지할 수 있는 중요한 방법이 될 수 있다.

4. 기타 분야에서의 투자항목도 충분히 검토해야 한다. 중부궐기전략에서의 핵심육성 분야로는 교통 및 물류중심, 중부금융허브 이외에도 양곡생산기지, 에너지원재료기지, 현대설비제조업 및 첨단산업기지 등이 포함된다. 따라서 이러한 분야에서의 투자가능성을 타진하기 위한 다양한 노력도 있어야 한다.

제5장 사회주의 신 농촌건설전략과 투자법제

제1절 사회주의 신 농촌건설전략의 개요

Ⅰ. 사회주의 신 농촌건설전략의 개념과 특징

사회주의 신 농촌건설(社會主義新農村建設)전략이라 함은 중국에서 지역격차와 도농격차 등 심각한 사회 불균형을 해소하고 국토의 균형발전과 경제의 지속성장을 도모하기 위하여 농업(農業) · 농촌(農村) · 농민(農民)등 "삼농(三農)"문제의 근본적인 해결을 핵심으로 하는 농촌지역의 정치 · 경제 · 문화 · 과학기술 · 교육 · 보건 · 사회보장 · 생태환경 · 주민생활 등 여러 분야에 관련되는 농촌재건운동(農村再建運動)이며, 새로운 세기에 중국에서 추진되는 또 하나의 지역개발전략이며 체계적인 국가공정이다.

사회주의 신 농촌 건설전략의 특징은 다음과 같이 정리할 수 있다.

(1) "삼농(三農)"문제의 근본적인 해결책

농업(農業) · 농촌(農村) · 농민(農民)등 "삼농(三農)"문제는 그동안 지역격차와 도농격차 등 심각한 사회 불균형을 유발한 근본원인이기도 하였다. 따라서 "삼농(三農)"문제를 그대로 방치할 경우, 국토의 균형발전은 물론, 내수진작(內需振作)을 통한 국민경제의 지속적인 성장이 어렵게 될 것이므로 이 시점에서 본격적으로 중국 식 새마을운동을 개시하게 된 것이다.67)

---

67) 胡錦濤, "全面貫徹落實科學發展觀推動經濟社會又快又好發展", 「求是」 2006年 第1期, 第3-4面.

(2) 포괄적인 농촌재건운동

사회주의 신 농촌건설전략은 농업(農業) · 농촌(農村) · 농민(農民)등 "삼농(三農)" 문제의 근본적인 해결을 핵심으로 하는 농촌지역의 정치 · 경제 · 문화 · 과학기술 · 교육 · 보건 · 사회보장 · 생태환경 · 주민생활 등 여러 분야에 관련되는 농촌재건운동(農村再建運動)이다.

(3) 새로운 지역개발

그동안 중국은 사회 불균형문제를 해결하기 위해 선후하여 서부대개발전략(2000年), 동부진흥전략(2003年), 중부궐기전략(2004년)등 다양한 지역개발전략들을 순차적으로 추진해 왔다. 사회주의 신 농촌건설은 중국 식 새마을운동으로써 예전에 비해 보다 포괄적인 의미의 지역개발이며, 기존 지역개발의 연장부분이라고 볼 수 있다.

Ⅱ. 사회주의 신 농촌건설전략의 형성과정

1. 정부사업보고(2001년-2008년)

농업과 농촌경제의 발전은 역사적으로 중국정부의 핵심사업으로 간주되어 왔으며 역대의 정부사업보고에서도 언제나 농업과 농촌경제발문제가 포함되어 있었다. 그러나 농업(農業) · 농촌(農村) · 농민(農民)등 "삼농(三農)"문제로 그 개념을 전략적으로 정리한 것은 2001년부터라고 할 수 있다.

2001년 3월 5일, 제9기 전인대 제4차회의에서 주용기(朱鎔基) 당시 국무원 총리의 "정부사업보고(政府工作報告)"는 제3장에서 "농업의 기초지위를 강화하며 농민수입의 증대를 위해 노력하자(加强農業基礎地位, 努力增加農民收入)"라는 제목으로 "농업(農業) · 농촌(農村) · 농민(農民)등 "삼농(三農)"문제는 개혁개방과 현대화건설의 전체 국면과 관계되는 중대한 문제로써 농업과 농촌경제구조조정을 강화하고 농촌의 여러 가지 개혁을 적극 추진하며 농업과 농촌기초시설건설을 강화하고 농촌빈곤부축사업을 강화해야 한다."는 취지의 내용을 담고 있다.

2002년 3월 5일, 제9기 전인대 제5차회의에서 주용기(朱鎔基) 당시 국무원 총리의 "정부사업보고(政府工作報告)"는 제2장에서 "농업과 농촌경제의 전면적 발전을 촉진하고 농민수입의 증대를 위해 노력하자(促進農業和農村經濟全面發展, 努力增加農民收入)"라는 제목으로 "농업생산력을 제고하고 농민들의 구매력을 제고하는 것이 경제사업의 주요임무이며 국민경제발전과 사회 안정의 전체 국면과 관련된다."는 취지의 내용을 담고 있다.

2003년 3월 5일, 제10기 전인대 제1차회의에서 주용기(朱鎔基) 당시 국무원 총리의 "정부사업보고(政府工作報告)"는 제2장에서 "올해 정부사업에 대한 건의(對今年政府工作的建議)" 제2절에서 "농업과 농촌경제의 전면적 발전을 촉진하자(促進農業和農村經濟全面發展)"이라는 제목으로 "농업과 농촌경제발전 그리고 농민수입증대를 여전히 경제의 핵심사업으로 하고 도시와 농촌 간 경제사회발전을 통일적으로 계획하며 "삼농(三農)사업을 착실히 해나가야 한다."는 취지의 내용을 담고 있다.

2004년 3월, 제10기 전인대 제2차 회의에서 온가보(溫家寶) 총리가 한 "정부사업보고(政府工作報告)"는 제2장("2004년주요임무(2004年主要任務)") 제3절에서 "농업의 기초지위를 공고히 하고 강화하며 농민수입증대와 농업증산을 실현하자(鞏固和加强農業基礎地位, 實現農民增收和農業增産)"라는 제목으로 양곡생산제고, 농촌경제구조조정, 농촌세제개혁, 양곡유통체계개혁, 농업과 농촌투자확대, 농업기술진보 등 내용을 담고 있다.

2005년 3월, 제10기 전인대 제3차회의에서 온가보(溫家寶) 총리가 한 "정부사업보고(政府工作報告)" 제3장("경제의 안정적이고 빠른 발전을 지속적으로 유지하자(繼續保持經濟平穩較快發展)")제2절에서도 "삼농(三農)사업을 한층 강화하자(進一步加强三農工作)"라는 제목으로 "농업(農業) · 농촌(農村) · 농민(農民)등 "삼농(三農)"문제는 여전히 정부의 모든 사업 중에서 가장 중요한 사업이므로 농업에 대한 지원책을 체계화하고 농촌경제의 구조를 지속적으로 추진하며 농토수리시설과 농촌기초시설건설을 강화하고 농업과학기술의 혁신과 보급을 추진하며 여러 가지 방법으로 농촌유휴노동력을 도시로 이전해야 한다."는 취지의 내용을 담고 있다. 또한 제4장 "경제체제개혁과 대외개방을 강력하게 추진하자(大力推進經濟體制改革和對外開放)" 제1절에서도 농촌세제개혁을 핵심으로 하는 농촌개혁을 지속적으로 추진해야 한다는 내용을 담고 있다.

2006년 3월 5일, 제10기 전인대 제4차회의에서 온가보(溫家寶)총리의 "정부사업보고(政府工作報告)"는 제2장("올해주요임무(今年主要任務)") 제2절에서 "착실하게 사회주의 신 농촌건설을 추진하자(扎實推進社會主義新農村建設)"라는 제목으로 "사회주의 신 농촌건설은 "소강사회(小康社會, 풍족하고 여유 있는 사회)"의 전면적 건설과 현대화사업의 전체국면과 관계되는 중대한 문제로써 현대농업을 우선 발전시키고 농촌기초시설건설을 강화하며 농촌종합개혁을 전면적으로 추진해야 한다."는 취지의 내용을 담고 있다. 이는 2005년 10월 제16기 5중 전회에서 건의한 사회주의 신 농촌건설전략을 다시 명문화하여 공식 제안했다는 점에서 큰 의미를 갖는다.

2007년 3월, 제10기 전인대 제4차회의에서 온가보(溫家寶) 총리가 한 "정부사업보고(政府工作報告)"에서도 사회주의 신 농촌건설전략이 다시 강조되었다. 즉 "정부사업보고(政府工作報告)"의 제3장("경제의 양호하고 빠른 발전을 촉진하자(促進經濟又好又快發展)" 제4절에서 "현대농업을 발전시키고 사회주의 신 농촌건설을 추진하자(發展現代農業和促進社會主義新農村建設)"라는 제목으로 많은 편폭을 들여 사회주의 신 농촌건설에 대한 내용을 언급하고 있다. 즉 농업(農業) · 농촌(農村) · 농민(農民)등 "삼농(三農)"문제는 소강(小康)사회의 전면적 건설과 현대화사업의 전체국면과 관계되는 중대한 문제로써 현대농업의 발전을 가속화하고 사회주의 신 농촌건설을 착실하게 추진해야 한다고 밝히고 있다.

2008년 3월, 제11기 전인대 제1차회의에서 온가보(溫家寶) 총리가 한 "정부사업보고(政府工作報告)"에서도 사회주의 신 농촌건설전략에 다시 강조되었다. 즉 "정부사업보고(政府工作報告)"의 제2장("2000년 주요임무") 제2절에서 "농업기초건설을 강화하고 농업발전과 농민수입증대를 촉진하자(加强農業基礎建設, 促進農業發展和農民增收)"라는 제목으로 양곡생산증대, 농업기초시설신축, 농민수입증대 등을 골자로 많은 편폭을 할애하여 사회주의 신 농촌건설전략을 역설하고 있다.

2. 2005년 중공중앙의 건의문건

2005년 10월, 중국은 공산당 제16기 중앙위원회 5차 전체회의(16期 5中全會)에서 "국민경제 및 사회발전 제11차 5개년규획을 제정할 데 관한 중공중앙의 건의(中共中央關于制定國民經濟和社會發展第十一個五年規劃的建議)", 이하 "건의(建議)"로 약칭)를 채택하여 향후 5년간 경제 및 사회발전의 분투목표를 확정하였는바, 특히는 "사회주의 신 농촌건설(社會主義新農村建設)"을 위한 역사적인 과업을 제시함으로써 중국 식 새마을운동이 개시됨을 대내외에 공식 선언하였다.68) 이는 중국에서 "가정연합생산 도급책임제(家庭聯産承包責任制)"와 "농촌세제개혁(農村稅收改革)"이후 농업(農業) · 농촌(農村) · 농민(農民)등 "삼농(三農)"문제를 해결하기 위한 또 하나의 중요한 역사적 사건이라고 할 수 있다.

3. 2008년 중공중앙의 중대결정

2008년 10월 12일, 중국공산당 제17기 중앙위원회 3차 전체회의(17期 3中全會)에서 2020년까지 농촌의 일인당 소득을 현재의 두 배로 끌어 올리고 농촌의 집체소유의 토지사용권양도를 허용하는 것을 골자로 한 "중공중앙의 농촌개혁발전을 추진할 데 관한 약간의 중대문제의 결정(中共中央關于推進農村改革發展若干重大問題的決定)"을 통과시켰는바 본 "결정(決定)"에는 농촌개혁발전의 중대 의의, 농촌개혁발전의 목표와 원칙, 농촌제도건설 강화, 현대농업의 발전, 농촌공공사업의 발전, 농촌 당 사업의 발전 등 내용이 포함되어 있다. 이는 농업(農業) · 농촌(農村) · 농민(農民)등 "삼농(三農)"문제를 해결하기 위한 가장 최근의 중대결정으로서 본 "결정(決定)"의 발표는 중국의 사회주의 신 농촌건설전략이 새로운 단계에 진입했음을 보여준다.

Ⅲ. 사회주의 신 농촌건설전략의 추진기구

사회주의 신 농촌건설전략과 관련한 중앙정부 차원의 공식추진기구는 아직 없으며 국무원의 통일적인 지도 하에 국무원 소속 각 부서가 각 자의 행정기능에 따라 사회주의 신 농촌건설 관련 사업을 추진하고 있다. 국무원 각 부서 중에서도 주로 국가발전개혁위원회(國家發展和改革委員會), 상무부(商務部) 및 농업부(農業部)가 중요한 역할을 담당하고 있다. 단 각 급 지방정부에서는 이미 "사회주의신 농촌건설판공실(社會主義新農村建設辦公室)"을 설치하여 운영하고 있다.

---

68) 「人民日報」 2005年 10月 25日, 第1面.
중국의 "사회주의 신 농촌건설(社會主義新農村建設)"과 관련하여, 1950년대에 이와 유사한 제안이 있었고, 개혁개방이후인 1984년 중앙 1호 문건, 1987년의 중앙 5호 문건, 1991년의 중앙 21호 문건 등에도 관련내용들이 포함되어 있어 새로운 화두는 아니나, 이번은 그 배경과 의미에 있어 예전과 전혀 달라 주목된다.

제2절 사회주의 신 농촌건설전략을 위한 투자법제

Ⅰ. 투자법제의 개요

중국정부는 농업(農業) · 농촌(農村) · 농민(農民)등 "삼농(三農)"문제의 근본적인 해결을 위해 최근 두 가지 역사적 의미가 있는 조치를 단행하였는바, 하나는 2000여년 넘게 내려오던 농업세(農業稅)를 전면 폐지한 것이고, 다른 하나는 바로 사회주의 신 농촌건설전략을 제안한 것이다.[69] 사회주의 신 농촌건설전략은 중국 농촌의 정치 · 경제 · 문화 · 과학기술 · 교육 · 보건 · 사회보장 · 생태환경 · 주민생활 등 여러 분야에 관련되는 농촌재건운동이며, "삼농(三農)"문제의 근본적인 해결을 통해 사회 불균형을 해소하고 국토의 균형발전과 경제의 지속적인 성장을 도모하기 위하여 추진하는 체계적인 국가공정이다.

사회주의 신 농촌건설전략과 관련된 전국인민대표대회(전인대, 全人大)차원의 법안은 아직 발표되어 있지 않으며 사회주의 신 농촌건설전략을 위한 전문적인 투자법제도 아직 마련되어 있지 않다. 단 2005년 10월, 중국은 공산당 제16기 중앙위원회 5차 전체회의(16期 5中全會)에서 "국민경제 및 사회발전 제11차 5개년규획을 제정할 데 관한 중공중앙의 건의(中共中央關于制定國民經濟和社會發展第十一個五年規劃的建議)"를 채택하였는바, 여기에는 주로 도농공동발전, 농업선진화, 농민수입증대, 농촌기초시설확충, 농촌사회사업촉진, 농촌개혁심화, 농촌민주정치확립, 사회역량결집 등 8개 분야의 사회주의 신 농촌건설전략과 관련된 내용이 포함되어 있다.[70] 또한 2008년 10월 중국은 공산당 제17기 중앙위원회 3차 전체회의(17期 3中全會)에서 2020년까지 농촌의 일인당 소득을 현재의 두 배로 끌어 올리고 농촌의 집체소유의 토지사용권양도를 허용하는 것을 골자로

---

69) 徐勇, "國家整合與社會主義新農村建設", 「社會主義硏究」, 2006年 第1期, 第3面.

70) 馬凱, "爲順利實施'十一五'規劃開好局起好步", 「宏觀經濟管理」, 2006年 第1期, 第5面; 黃漢權, "'十一五'時期我國農業和農村經濟發展", 「宏觀經濟管理」, 2006年 第1期, 第21-22面; 顧益康, "統籌城鄕發展, 全面推進社會主義新農村建設", 「中國農村經濟」, 2006年 第1期, 第21-22面.

한 "중공중앙의 농촌개혁발전을 추진할 데 관한 약간의 중대문제의 결정(中共中央關于推進農村改革發展若干重大問題的決定)"을 통과시켰다.

Ⅱ. 투자법제의 내용

1. "국민경제 및 사회발전 제11차 5개년규획을 제정할 데 관한 중공중앙의 건의(中共中央關于制定國民經濟和社會發展第十一個五年規劃的建議)" (2005년 10월 11일)

본 "건의(建議)"에서 언급한 사회주의 신 농촌 건설과 관련한 내용을 다음과 같이 요약할 수 있다.

(1) 도농공동발전: 사회주의 신 농촌건설전략은 그 첫 번째 내용으로 도시와 농촌의 사회경제발전을 공동 추진한다는 내용을 제시하고 있다. 우선 중국인구의 대다수는 농촌에 거주하고 있다. 따라서 농촌경제의 발전과 농민생활의 향상을 떠나서는 중국의 경제발전을 논할 수 없는 것이다. 더욱이 중국정부가 새로운 슬로건으로 제기한 "조화로운 사회(和諧社會)"와 전면적 "소강사회(小康社會, 풍족하고 여유 있는 사회)"의 건설을 위해서는 농촌경제 및 사회발전이 반드시 선행되어야 한다. 따라서 사회주의 신 농촌건설전략은 장기적으로 추진해야 할 막중한 역사적 과제인 것이다. 또한 중국에서 경제사회발전의 현 상황을 감안할 때, 공업으로 농업을 육성하고, 경제가 발달한 동부지역 도시의 역량으로 낙후한 중서부지역 농촌을 지원할 수 있는 여건이 이미 마련되었으므로 국가예산편성과 각 종 정책수립에 있어 농업과 농촌을 최우선 순위에 두고 추진해야 한다.

(2) 농업선진화: 농촌의 경제발전을 도모하기 위해서는 농업의 선진화를 꾸준히 추진해야 한다. 농업의 선진화를 위한 구체적인 방안으로, 농업과학기술을 부단히 혁신하여 산업전환능력을 한층 제고하며, 농산물 · 농업생산물자 · 소비재의 원활한 유통을 위한 유통시스템을 구축하고, 경작지보호를 전제로 곡물생산량을 증대시키며, 농업구조조정을 통해 국제경쟁력을 가진 다양한 농산품생산체계를 구축하고, 농업 산업화를 통해 경쟁력을 갖춘 선진기업을 육성하여 농민들이 실질적인 혜택을 누리도록 해야 하며,

자원절약과 환경보호를 염두에 둔 순환농업을 발전시켜야 한다.

(3) 농민수입증대: "삼농(三農)"문제의 핵심은 역시 농민문제이다.[71] 농민들의 수입을 증대시키기 위해서는 향진기업(鄕鎭企業)[72]을 육성하여 수입원을 부단히 창조하고, 도시로 유입된 농민공(農民工)[73]들의 적법한 권익을 보호해주어야 하며, 농업보조금정책을 꾸준하게 실행하고 빈곤부축사업을 다양하고 지속적으로 추진해야 한다.

(4) 농촌기초시설확충: 농촌의 경제발전을 위해서는 반드시 물질적 기반이 마련되어야 하는 바, 그 구체적인 실행방안으로 농토수리시설과 관개시설을 부단히 확충하고, 각 종 병충해제거사업을 통해 경작지품질을 유지하며, 사막화방지와 생태환경마련에 힘을 기울이고, 급배수 · 전기 · 도로 · 통신 등 인프라를 구축하는데 주력해야 하며, 마을풍경과 농민주거공간을 아름답게 꾸미기 위한 다양한 노력들이 있어야 한다.

(5) 농촌사회사업촉진: 농촌의 사회사업을 촉진하여 신형(新型)의 농민을 육성하는 것은 사회주의 신 농촌건설전략에서 또 하나의 중요한 내용이다. 이를 위해서는 우선 농촌9년제 의무교육을 확실히 보급하고 농민자녀들의 교육비부담을 대폭 삭감하며, 농촌노동력을 위한 다양한 연수프로그램을 만들어 운영해야 하며, 농촌의료보건시설과 의료진을 확충하고, 농촌문화프로그램을 다채롭게 꾸미며, 농촌사회보장제도를 확실하게 구축하고, 건전한 농촌풍습을 유지 · 발전시켜야 한다.

(6) 농촌개혁심화: "삼농(三農)"문제와 관련하여서는 다양한 개혁이 포함된다. 즉 농업세(農業稅)의 폐지와 농촌행정기관의 구조조정을 필두로 하여 대출 · 융자 · 보험 · 담보 등을 포함하는 농촌금융개혁을 촉진하며, 토지사용권 · 임야사용권 · 곡물유통시스템 · 토지징발보상 등을 내용으로 하는 기타 개혁도 포괄적이고 깊이 있게 추진되어야 한다.

---

71) 陸學藝, "'三農'問題的核心是農民問題" 「社會科學硏究」, 2006年 第1期, 第1-4面.

72) 향진기업(鄕鎭企業)은 중국이 개혁개방정책에 따라 1978년부터 각 지역 특색에 맞게 육성하기 시작한 집체소유제의 소규모 농촌기업을 말한다. 한국의 읍 · 면에 해당하는 향(鄕) 혹은 진(鎭) 소속 주민들이 중소기업을 만들어 경영과 생산 및 판매를 자율적으로 결정하는 방식이며 한국의 농촌 새마을공장과 비슷하다.

73) 농민공(農民工)과 관련한 자세한 내용은(宋林飛, "'農民工'是新興工人群體", 「江西社會科學」, 2005年 第3期, 第18-21面) 참조.

(7) 농촌민주정치확립: 중국정부는 그동안 농촌지역의 민주정치구축을 위해 상당한 노력들을 기울여 왔으며, 이미 괄목할만한 성과들을 보이고 있다.[74] 농촌에서 민주정치가 정착하기 위해서는 농촌의 기층 당(黨) 조직들이 선봉모범역할을 충분히 발휘해야 할 것이고, 농민들의 민주권리를 확실히 보장하며, 법률 · 재무 등 분야의 농민지원센터도 만들어야 한다.

(8) 사회역량결집: 중국에서 새마을운동이 성공하기 위해서는 농촌과 농민의 역량에만 의존해서는 불가능한 일이며, 중앙 및 지방 각급 당 조직과 정부의 책임 있는 노력과 도시에서 사회 각계 · 각층의 광범위한 지지와 성원이 뒷받침되어야 한다. 특히는 경제가 발달한 동부지역 도시들이 중서부 내륙지역 농촌들을 지원하는 다양한 프로그램이 마련되어야 한다.

2. "중공중앙의 농촌개혁발전을 추진할 데 관한 약간의 중대문제의 결정(中共中央關于推進農村改革發展若干重大問題的決定)"(2008년 10월 12일)

본 "결정(決定)"이 규정한 농촌개혁발전에 관한 내용을 이하 몇 가지로 요약할 수 있다.

(1) 농촌개혁발전의 중대 의의: 농업(農業) · 농촌(農村) · 농민(農民)등 "삼농(三農)"문제는 당과 국가의 중점사업으로서 사회주의 혁명과 건설시기에 중요시했을 뿐만 아니라 1978년 개혁개방 이후 과감한 농촌개혁을 통해 농민들의 먹과 입는 문제를 해결하고 농촌의 면모를 근본적으로 변화시켰다. 그러나 새로운 국제형세 하에서 중국의 농촌은 여러 가지 문제점을 노출시켰으며 새로운 도전에 직면하고 있다. 즉 농촌의 경제시스템이 시장경제의 환경에 적응하지 못하고 도시에 비해 농촌의 소득격차가 심각하며 농촌의 기초시설 건설이 부족하고 농촌의 사회복지수준이 낮은 것 등이다. 이러한 문제를 해결하기 위해서는 현 시점에서 새로운 농촌개혁발전에 관한 결정이 필요하다.

(2) 농촌개혁발전의 목표와 원칙: 농업의 사회경제발전에서의 기초적인 위치

---

74) 중국은 이미 1998년 11월 4일 "중화인민공화국촌민위원회조직법(中華人民共和國村民委員會組織法)"을 제정하여 촌민위원회의 주임, 부주임, 위원을 촌민들의 직접선거에 의해 선출하도록 규정하도록 함으로써(제11조) 직선제를 공식 도입하였으며, 이러한 직선제는 현재 행정단위나 자치단체, 비공유기업(개인 혹은 집단소유기업)으로 점차 확산되고 있다.

를 확고히 하고, 농민들의 적법한 권리를 보호하며, 농촌의 사회생산력을 제고하고 도시와 농촌의 조화로운 발전을 도모하며 농촌에서의 당(黨)조직의 지도적인 역할을 강화하여 2020년까지 농촌의 일인당 소득을 현재의 두 배로 끌어 올리는 것이다.

(3) 농촌제도건설 강화: 농촌제도건설을 강화하는 데는 "가정도급경영(家庭承包經營)"을 기초로 한 농촌기본경영제도의 완벽화, 농촌토지관리제도의 규범화, 다각적인 농업지원과 농산품가격보호, 현대 농업금융제도의 구축, 도시와 농촌의 차별을 해소하기 위한 도농일체화제도 마련, 당(黨)지도 하의 농민자치권리의 확대 등 내용이 포함된다.

(4) 현대농업의 발전: 현대농업을 적극 발전시키기 위해서는 국가양곡안전의 확보, 농업구조의 전략적 조정, 농업기술혁신, 농촌인프라구축, 신형 농업서비스체계 구축, 친환경농업, 농업의 대외개방 등 분야의 노력이 필요하다.

(5) 농촌공공사업의 발전: 농촌의 공공사업을 발전시키는 데는 농촌문화생활의 다양화, 농촌교육의 질적인 제고, 농촌의료보건사업의 발전, 농촌복지 및 자선사업의 발전, 농촌자연재해의 예방, 농촌범죄의 최소화 등 내용이 포함된다.

(6) 농촌 당(黨)사업의 발전: 농촌 당(黨)사업을 발전시키는 데는 농촌에서의 당(黨)의 통일적인 지도와 역할, 농촌 기층 당(黨)조직의 건설과 당(黨)간부와 당원(黨員)육성, 농촌 당(黨)조직 내에서의 부패척결 등 내용이 포함된다.

Ⅲ. 신 농촌건설전략과 지역개발

중국은 개혁개방이후 경제의 고도성장과 더불어 지역격차, 도농격차, 도시내부에서의 빈부격차 등이 점차 새로운 문제점으로 부각되면서 국민경제발전은 물론, 국가의 정치적 안정까지 위협하는 등 심각한 양상을 보이고 있다.[75] 이를 해결하기 위하여 그동안 서부대개발전략, 동북진흥전략 및 중부궐기전략 등 다양한 지역개발전략들을 추진되어 왔음은 주지하는 사실이다.

75) 王炳林 · 徐艷華, "正確認識小康社會與和諧社會的關係", 「社會主義經濟理論與實踐」, 2006年 第1期, 146面.

필자의 관견으로는 사회주의 신 농촌건설전략의 경우, 중국정부가 그동안 추진해왔던 지역개발과 표면상으로는 일정한 차이가 있으나, 본질적으로는 좀 더 포괄적인 의미의 지역개발로써 그 성격을 같이 하며 기존 지역개발의 연장 부분이라고 생각한다. 그 이유는 기존의 지역개발전략들과 사회주의 신 농촌건설전략의 관련성에서 찾아볼 수 있겠다.

(1) 취지의 관련성; 그동안 중국정부가 추진해 온 서부대개발전략, 동북진흥전략 및 중부궐기전략 등 지역개발전략들의 경우, 해당지역의 전반을 그 개발범위로 하였으나 낙후한 농촌지역의 빈곤퇴치가 애초의 중요한 목적의 하나였다. 따라서 양자는 도시와 농촌의 유기적인 발전 즉 도시의 발전으로 농촌을 진흥시키며, 농촌의 발전으로 도시를 지원하여 공동발전을 도모한다는 점에서 그 취지를 같이 하고 있다.

(2) 대상의 관련성; 사회주의 신 농촌건설전략의 경우, 중국전체의 "삼농(三農)"문제를 대상으로 하는 것이나, 실질적으로는 낙후한 중부와 서부지역과 동북지역의 "삼농(三農)"문제를 중요한 포인트로 하고 있다.[76] 따라서 양자는 그 개발대상에 있어서도 밀접한 관련성을 보이고 있다.

(3) 내용의 관련성; 위에서 서술한 바와 같이 사회주의 신 농촌건설전략의 경우, 도시와 농촌의 공동발전, 농업선진화, 농민수입증대, 농촌기초시설확충, 농촌사회사업촉진, 농촌개혁심화, 농촌민주정치확립, 사회역량결집 등 8개 분야가 그 주된 내용이다. 서부대개발전략, 동북진흥전략 및 중부궐기전략 등 지역개발의 경우에도 농촌경제발전과 농민수입증대가 우선시되어야 함이 강조되고 있으며,[77] 지역개발전략의 구체적인 내용 중 여러 부분에 이러한 내용들이 포함되어 있다. 따라서 양자는 그 내용에 있어서도 밀접한 관련성을 보이고 있다.

따라서 이러한 관련성으로 인하여 결론적으로 사회주의 신 농촌건설전략은 기존의 지역개발전략들과 같이 중국 지역개발전략의 한 부분이며, 이를 계기로 여러 가지 지역개발전략들을 서로 연계시켜 포괄적으로 문제를 해결하기 위한 시도를 할 수 있다는데서 그 의미가 깊다.

---

76) 韓俊, "推進新農村建設需要把握的若干問題", 「宏觀經濟管理」, 2006年 第4期, 第10-11面.

77) 石磊 · 高帆, "地區開發差距－一個基于經濟構造轉變的實證研究", 「管理世界」, 2006年 第3期, 第43面.

Ⅳ. 법적 과제

통상 경제개발계획의 경우, 계획을 작성(formulation)하는데 있어서도 어려움이 있으나, 작성된 계획을 실행(implementation)에 옮기는데도 많은 제약점이 있다.[78] 중국이 새롭게 추진하고 있는 사회주의 신 농촌건설전략은 사실상 예전에 비해 훨씬 포괄적인 의미의 지역개발전략이며, 그동안 중국정부가 강력하게 추진해 온 지역개발전략의 연장 부분이다. 사회주의 신 농촌건설의 진행과정과 성과를 체계적이고 객관적으로 반영하며, 그 실시를 효과적으로 지도하기 위해서는 사회주의 신 농촌건설과 관련된 과학적인 감독과 평가시스템이 마련되어야 한다. 현재 중국사회의 전반적인 분위기를 반영한 조화로운 사회(和諧社會)건설 및 법제문제는 많이 거론되고 있는 상황이고,[79] 사회주의 신 농촌건설과 관련하여서는 많은 정책건의들이 나오고 있으나[80] 법제와 관련하여 체계적으로 다룬 연구는 아직 찾아보기 힘들다.[81] 예전의 사례들에서 볼 수 있듯이 사회주의 신 농촌건설이 기존의 지역개발전략들이 갖고 있던 폐단들을 극복하고 성공하기 위해서는 법제의 구축이 선행되어야 한다. 더욱이 사회주의 신 농촌건설과 관련한 법제의 현 상황을 감안하면 아주 시급한 과제임을 알 수 있다. 따라서 이 시점에서 사회주의 신 농촌건설과 관련된 법적 과제를 논의해 보는 것은 아주 중요한 의의가 있다고 하겠다.

1. 기본법의 입법과 특별부서의 신설

즉 현재 사회주의 신 농촌건설을 위한 기본법(基本法)이 제정되어 있지 않아

---

78) Schaum's Outline Series, Development Economics, McGraw Hill, New York, 1977, pp.216-217.

79) 張文顯, “構建社會主義和諧社會的法律機制”, 「中國法學」, 2006年 第1期, 第7-20面; 崔卓蘭 · 盧護鋒, “和諧社會與中國法律建設”, 「當代法學」, 2006年 第3期, 第7面.

80) 馬曉河, “統籌城鄉發展, 建設新農村及其政策建議”, 「改革」, 2006年 第1期, 第10-11面; 韓俊, 前揭論文, 第10-14面; 吳海峰, “建設社會主義新農村的十個結合”, 「中國農村經濟」, 2006年 第1期, 第23-27面.

81) 단 중국 식 새마을운동과 관련하여 기본적인 의미의 법 제정, 법 준수, 법 집행 등의 필요성을 담은 문장은 있다(于曉光, “構建社會主義新農村的法律思考”, 「社會科學戰線」, 2006年 第2期, 第242-245面).

기본법(基本法)을 제정해야 하는 것이 첫 번째 과제로 꼽힌다.

사회주의 신 농촌건설과 관련하여, 현재 중공중앙(中共中央)과 국무원(國務院)이 공동으로 발표한 행정법규(行政法規)형태로 "사회주의 신 농촌건설을 추진할 데 관한 약간의 의견(關于推進社會主義新農村建設的若干意見)"(2005.12.31, 이하 "의견(意見)"으로 약칭)이 있다. 그동안 서부대개발전략을 비롯하여 동북진흥전략과 중부궐기전략의 경우에도 중앙정부와 지방정부의 정책과 행정규범에 의하여 추진되어왔을 뿐 이를 위한 전인대(全人大)차원의 기본법(基本法)이 마련되어 있지 않았다. 서부대개발전략을 예로 들더라도 2000년부터 시작하여 추진되어 왔으나 이와 관련한 중국 내 최고입법기관인 전인대(국회 격)차원의 입법은 아직까지도 이루어지지 않고 있으며, 현재까지는 주로 국무원 및 관련부처가 제정하여 잠정 시행하고 있는 "통지(通知)", "의견(意見)"등 명칭을 단 행정법규만이 있을 뿐이다. 이러한 상황은 동북진흥전략과 중부궐기전략을 추진하는 과정에서도 꼭 같이 존재하고 있다. 국토의 균형발전과 경제의 지속적인 성장을 도모하기 위한 지역개발전략들을 추진하는 과정에서 이를 뒷받침하는 기본법(基本法)이 없다는 것은 아주 심각한 문제가 아닐 수 없으며, 이러한 현 상황은 역사적인 국가발전전략을 장기적이고 체계적으로 추진하는데 어려움을 가중시키고 있다. 따라서 사회주의 신 농촌건설전략을 위한 기본법(基本法)을 제정하고 특별부서를 신설할 필요가 있다.

국가의 미래가 달린 지역개발전략들을 "반짝 전략"에 그치지 말고 안정적이고 체계적으로 추진하기 위해서는 이를 위한 기본법(基本法)이 제정되어야 한다. 우선 국토의 자연조건을 종합적으로 이용하고 개발하며, 산업용지와 생활환경의 적정화를 기하고 국토의 경제적 · 사회적 · 문화적 발전을 이룩하여 국민의 복지향상을 도모하기 위해서는 "국토종합개발법(國土綜合開發法)"을 제정하여 국토건설종합계획을 법제화할 필요가 있다. 중국의 경우, 국토자원부(國土資源部)의 주관 하에 해마다 국토개발과 관련한 많은 정책들이 쏟아져 나오고 있으나 구체적인 상황에 따라 해당 정책이 수시로 변하는 문제점이 있어 법으로서의 안정성과 일관성을 기대할 수 없다. 따라서 그동안의 지역개발의 경험과 교훈을 살려 이 시점에서 국토종합개발과 관련한 기본법을 마련하는 것이 바람직하다. 또한 중국에서 "삼농(三農)"문제의 해결이 없이는 국토의 균형발전과 국민경제의 지속적인 성장이 어렵게 됨은 그동안의 경제발전과정에서 이미 얻어진 교훈이다. 따라서 사회주의 신 농촌건설의 역사적인 의의를 감안할 때 "농촌진흥법(農村振興法)"의 입법도 추진하여 해당 정책들을 법으로 격상시켜야 한다. 그리고 국무원 산하의 농업관장부서인 농업부(農業部)에 특별위원회(特別委員會)를 신설하여 사회주의 신 농촌건설의 효과적인 추진을 위한 실질적인 장치도 마련하여야 한다.

2. 지방정부의 자율성 확대

즉 사회주의 신 농촌건설전략을 추진하는 과정에서 지방정부의 권한이 제한되어 있고 지역별 차별화가 부족한 것이 두 번째 과제로 꼽힌다.

중국정부가 사회주의 신 농촌건설전략을 선언한 이후, 각 지역별로 상당히 고무된 분위기이며, 특히 농촌지역은 많은 기대에 부풀어 있다. 각 지역 지방정부는 현재 자체의 구체적인 상황에 따라 중앙정부의 전략을 관철하기 위한 정책준비에 분주하다. 하지만 사회주의 신 농촌건설과정에서 각 지방정부가 추진해야 할 내용과 해당 권한이 명확하지 못하며 지역별로 자체의 특색을 갖추지 못한 실정이다. 기존의 지역개발전략을 추진하는 과정에서도 지역개발전략을 위한 법제가 부족한 이외에도 지역별로 정책의 차별화가 부족한 것이 큰 문제로 되어 왔다. 서부대개발전략, 동북진흥전략, 중부굴기전략 등을 서로 비교해 보면, 서부, 동북, 중부등 지역만 차이가 있을 뿐 낙후된 지역을 개발하여 경제의 동반성장을 도모해야 한다는 정책의 취지나 대상, 내용은 거의 흡사하다고 할 수 있다. 이러한 상황은 해당 지역별 특징을 충분히 반영하지 못하고 있는 동시에 타 지역과의 차별화가 이루어지지 못했음을 보여준다. 지역별로 자체의 특별한 색깔을 갖추지 못한 것은 투자매력을 저하시키는 결정적인 원인이 되기도 한다. 따라서 지방정부의 자율성을 강화하고 정책의 차별화를 꾀할 수 있는 장치가 마련되어야 한다.

중국은 국토가 광활하며 서로 다른 국가를 연상시킬 정도로 정치 · 경제 · 문화 및 사회 각 측면에서 지역별로 많은 차이가 있다. 따라서 국가의 통일적인 정책기조를 유지하는 전제하에서 지역별로 차별화된 전략과 정책이 필요하다.[82] 따라서 사회주의 신 농촌건설을 추진함에 있어서도 지방정부의 기능을 강화하여 각

82) 馬曉河, 前揭論文, 第11面.

지역별로 특색 있는 정책들을 고안하여 사회주의 신 농촌건설이 자체지역 내에서 전국의 성공사례로 꼽힐 수 있도록 추동하는 시스템을 만들어가야 한다.

3. 국내외 투자유치정책

즉 사회주의 신 농촌건설전략을 추진함에 있어 농촌지역에 국내외투자를 유치하기 위한 장치가 없다는 것이 세 번째 과제로 꼽힌다.

현재 사회주의 신 농촌건설전략과 관련한 중공중앙 건의와 국무원의 의견에도 국내외투자유치에 대한 내용이 포함되어 있지 않다. 특히 낙후된 중서부내륙지역과 동북지역의 농촌경제가 발달하여 동부연해지역과 비견되는 경제실력과 자생력을 갖추기 위해서는 중앙정부의 정책적인 지원과 자체의 실력만으로는 부족하며, 다양한 형태의 국내외투자가 필수적이다. 이러한 측면에서 볼 때 그동안 중서부내륙지역과 동북지역의 농촌은 외국인투자유치실적이 미미한 수준이었으며 동부 연해지역에 비해 아직도 상당한 격차를 보이고 있다.(물론 최근 연간 일정한 성과를 보이고 있음) 중서부내륙지역과 동북지역의 농촌이 외국인투자유치가 그동안 상당히 저조했던 것은 여러 가지 원인이 있겠으나 안정적인 법제 환경이 보장되어 있지 않았다는데서 그 원인을 찾을 수 있다.[83)]

따라서 국내외투자유치를 통한 농촌경제발전은 아주 중요한 과제로 되고 있다. 사회주의 신 농촌건설전략의 구체적인 내용 중에서 도시의 역량으로 농촌의 발전을 이끄는 것을 목적으로 하는 도시와 농촌의 공동발전, 농업과학기술의 현대화를 지향하는 농업선진화, 향진기업(鄕鎭企業)의 육성을 통한 농민수입증대, 농업과 농촌의 물질적 기반을 다지기 위한 농촌기초시설확충 등 다양한 분야는 중앙과 지방정부의 공적 자금투입과 농촌자체의 역량만으로는 그 성공이 불가능하다. 따라서 국내외의 투자유치를 통해 자금루트를 다양화해야 만이 빠른 시일 내에 효과를 볼 수 있다. 하지만 국내외투자는 원한다고해서 쉽게 이루어지는 것이 결코 아니며, 투자유치를 위해서는 각고의 노력이 필요한 바, 투자유치를 위한 법제 환경을 마련하는 것이 그 중 가장 중요한 과업이 되는 것이다.

---

83) 법 보다는 정책을 우선시하는 중국의 관행은 외국인투자자들에게는 아주 생소하며, 특히는 투자심리를 위축시키는 불안요인으로 작용한다.

4. 농촌법제교육과 농민권리보장

현재 사회주의 신 농촌건설전략을 법제와 연계시키려는 중앙과 지방정부 및 사회 각 계 각 층의 의지가 부족한 현실이다. 법제와 관련한 문제는 기존의 지역개발전략들을 추진하는 과정에서도 꾸준히 대두되었던 문제이기도 하며, 아직까지도 지역개발전략을 위한 법제가 구축되지 못한 것은 전반적으로 미흡한 법의식과도 결코 무관하지 않는 것이다. 특히 사회주의 신 농촌건설전략을 추진하는 과정에서 농촌지역에 법 지식을 보급하고 농민들의 권리를 보장하기 위한 다양한 프로그램들을 운영하는 것은 아주 필요한 사업이다.

노벨경제학수상자인 인도의 아마티아센(Amartya Sen)은 자신의 경제학이론에서 "빈곤은 기본능력의 박탈과 기회의 상실을 의미하며, 이는 단순히 낮은 수입 때문이 아닌 교환권리(交換權利)의 악화(惡化)에서 비롯된다."고 하였다.[84] 중국 내 학자들은 농민들의 권리신장을 도모하기 위해서는 사회주의 신 농촌건설전략을 위한 정책시스템을 구축하고 지방정부의 행정능력을 부단히 제고하며 농민들의 참정권과 시장주체로서의 자주권 및 경제이익을 보장하는 정책적 건의가 필요하다는데 대체적으로 공감하고 있다.[85] 또한 경제가 낙후된 지역, 특히는 농촌지역에서 여러 가지 형태의 교육을 의무화해야 한다. 한 지역이 낙후한 것은 역사적 · 자연적 원인도 있겠으나 주로 교육이 뒤쳐져 있기 때문이다. 사회주의 신 농촌건설전략의 내용에는 농촌9년제 의무교육의 보급, 농민자녀들의 교육비부담 삭감, 우수노동력 양성을 위한 다양한 연수프로그램 운영 등을 골자로 하는 농촌사회사업촉진을 위한 내용이 포함되어 있다.[86] 여기에는 당연히 법제와 관련된 교육프로그램이 포함되어야 할 것이고, 도시의 사회 각 계 각 층이 농촌지역을 지원함에 있어서도 법제와 관련된 지원프로그램을 의무화해야 할 것이다. 예를 들면, 정부해당부서에서 법제공무원들의 농촌지역 법률봉

---

84) 아마티아센(Amartya Sen), 「빈곤과 기아」(중국어번역본), 商務印書館, 2001年版, 第6面.

85) 趙萬水, "農村居民生活水平的三條保障線－家庭 · 土地 · 政府", 「經濟體制改革」, 2006年 第1期, 第112-113面; 溫恩美 · 鄭晶, "賦權體系, 賦權農民與建設新農村的政策測度", 「改革」, 2006年 第5期, 第58-64面; 李曉陽 · 王釗, "'以工補農'的內涵規範及政策建議", 「改革」, 2006年 第2期, 第66-70面.

86) 劉鴻淵, "新農村建設的三個關鍵問題", 「經濟體制改革」, 2006年 第2期, 第104-108面.

사실적을 향후 그들의 승진이나 연봉을 적용하는 하나의 기준으로 삼는다든가, 대학교수와 변호사들의 농촌지역 법률봉사실적을 향후 그들의 직함이나 보너스를 적용하는 하나의 기준으로 삼는다든가 하는 것 등을 고려해 볼 수 있다. 이러한 프로그램들을 통해 농촌지역의 법제화수준을 제고하고 농민들의 법의식을 부단히 높여야 한다.

제 3 절 농촌지역투자와 외국인투자자의 대응책

Ⅰ. 농촌지역투자의 포인트

최근 연간 중국 농업분야에서의 외국인직접투자는 급속도로 증가했는바 2001년-2003년간을 예로 들면 농업분야에서 외국인직접투자항목은 약 3000여개, 계약금액은 약 57억 달러, 연 평균 약 19억 달러에 달했다. 현재 농업분야는 외국인직접투자의 새로운 투자항목으로 부상하고 있다. 이외에도 중국은 국제기구와 외국정부의 무상원조와 특혜성 융자를 잘 활용하여 낙후된 지역의 농업발전을 위해 많은 투자를 하였다. 또한 활발한 대외무역을 통해 국제적으로 농산물 수출대국으로서의 입지를 굳히고 있다. 중국 농촌지역에 투자하는 경우에는 선진농업기술의 도입, 유기농제품의 생산, 농촌기초시설확충, 생태환경보호와 개선 등을 투자대상으로 고려해야 한다.

Ⅱ. 외국인투자자의 대응책

외국인투자자가 중국 농촌지역에 투자하고자 하는 경우에는 이하 몇 가지 분야에서 대응책을 강구해야 한다.

1. 선진적인 농업기술을 도입해야 한다. 중국이 사회주의 신 농촌건설전략을 추진하는 가장 중요한 원인은 농업선진화를 통해 농민들의 수입을 증대시키고 도시와 농촌의 소득격차를 해소하기 위함이다. 따라서 외국인투자자의 경우 자국의 선진적인 농업기술과 기계들을 도입하여 중국 정부가 장려하는 농업기술시범구, 농산품수출가공구, 중외농업합작시험구, 농민창업구 등에 우선 투자하여 선진적인 농업기술로 투자효과를 노려야 한다.
2. 친 환경 유기농제품의 생산에 주력해야 한다. 요즘 세계는 중국산 농산물이 없으면 살 수 없을 지경이다. 그러나 중국산 농산물로 인한 여러 가지 사고와 서방언론들의 편파적이고 비우호적인 여론몰이로 하여 중국산 농

산물에 대한 안전 불감증이 증대되고 있다. 이러한 상황에서 외국인투자자들은 중국 내에서 친 환경 유기농 제품을 생산하는데 주력하여야 한다. 이럴 경우 한편으로는 중국산에 대한 세계인들의 부정적인 인식을 바로 잡을 수 있고 다른 한편으로는 국내외에서 자체의 브랜드 이미지도 제고하여 투자로 인한 효과를 기대해 볼 수 있으므로 그야말로 일석이조라고 할 수 있다.

3. 농촌기초시설 확충사업에 참여하여야 한다. 현재 중국 대다수 농촌의 기초시설은 아직도 많이 취약하다. 농촌의 기초시설을 확충하는 데는 중앙정부와 지방정부의 노력이나 재력만으로는 불가능하다. 때문에 농촌기초시설을 확충하는데 외국인투자자들의 참여를 적극 권장하고 있다. 이 분야에서 상당한 투자공간이 예상되므로 관련 투자항목을 구체적으로 고려할 필요가 있다.

4. 생태환경 개선과 보호 관련 사업에 투자할 필요가 있다. 급속한 공업화에 따른 경제발전과 무분별한 자원개발 등으로 인하여 중국의 생태환경은 이미 심각한 수준으로 악화되었으며 농촌지역의 생태환경도 그 예외는 아니다. 날로 심각해지고 있는 환경오염을 억제하고 생태환경을 진일보 개선하며 환경 친화적인 국가발전전략을 구체화하기 위하여 현재 중국은 환경 관련 다양한 법안들을 잇달아 발표하고 있다. 이는 향후 중국이 생태환경의 개선과 보호에 주력할 것임을 의미하는 것이다. 따라서 외국인투자자들은 자국의 생태환경을 보호하고 개선하는 과정에서의 노하우를 중국의 농촌지역에 접목하여 투자효과를 기대해 볼 수 있다.

제6장 중국 지역개발과 관련된 투자법제

주지하다시피 중국은 개혁 · 개방이후 20년 동안 줄곧 "성장 중심"의 발전모델을 추구해왔다. 따라서 중국경제는 그동안 고도성장을 거듭해왔으며 경제 강국으로 도약할 수 있는 초석을 마련한 것은 사실이다. 그러나 이로 인하여 지역격차, 도농격차, 계층 간 격차 등 심각한 사회 불균형도 초래하였다. 따라서 호금도(胡錦濤)를 중심으로 하는 제4세대 중국 지도부는 경제발전모델을 이미 "성장 중심"에서 "균형 및 분배중심"으로 전환하였다. 그동안 중국정부는 시장경제를 정착시키고 지역격차와 도농격차를 해소하여 국토의 균형발전과 경제의 지속적인 성장을 도모하기 위하여 2000년부터 선후하여 서부대개발전략, 동북진흥전략, 중부궐기전략 및 사회주의 신 농촌건설전략 등 다양한 지역개발전략들을 의욕적으로 추진해왔음은 앞서 서술한 바와 같다. 그러나 이러한 지역개발전략들은 아직은 그 시작단계에 머물러 있으며 전략을 실시하고 투자를 유치함에 있어 아직도 여러 가지 투자리스크를 안고 있다.

라그너 넉시(Ragner Nurkse)는 상호 연결된 두 개의 악순환을 주장하면서 자본의 부족은 저생산성을 유발하며, 이러한 저생산성과 그로 인한 낮은 구매력은 투자유인을 낮게 한다고 하였다.[87] 개발도상국의 경우 통상 자본축적이 빈약한 실정이기 때문에 경제발전을 유지함에 있어서 가장 큰 장애에 부딪치게 되는 것이 다름 아닌 자본부족이다. 따라서 빈약한 국내저축을 보완하여 공업화에 필요한 자본을 공급하기 위해서는 외국자본의 도입이 불가피 한 것으로 인식되고 있다. 오늘날 여러 선진국들의 초기발전과정에서도 외자의 역할이 컸음도 또한 사실이다.[88] 현재 개발도상국인 중국의 경우에도 "저개발(低開發, underdevelopment)"[89]된

87) R.Nurkse. *Problems of Capital Formation in Underdeveloped Countries* (Oxford: 1953), pp.5-6.

88) W.W. Rostow. *The Stages of Economic Growth*, Cambridge. 1961, p.49.

서부지역, 동북지역, 중부지역 및 농촌지역들을 개발하는 과정에서 바로 자본이 부족하고 저생산성과 지역의 낮은 구매력 때문에 투자유치에 어려움을 겪고 있는 것이다. 따라서 국내외자본의 유치를 위한 효과적인 대안을 모색해야 하는바, 우선 세계 여러 나라 특히 한국 및 기타 선진국들의 개발투자 및 투자법제의 선례를 살펴보는 것이 아주 중요하다. 그다음 선진국들의 경험을 바탕으로 하여 중국의 지역개발전략을 위한 투자 법제를 전망하고 지역개발전략들이 갖는 역사적 의미를 감안하여 새로운 구상을 도출해낼 수 있다.

89) 칠레 학자 프랑크(A. G. Frank)는 저개발(低開發, underdevelopment)과 관련하여 첫째, 개발이전의 미개발(未開發, un-development)과는 엄연히 다르다는 것; 둘째, 그것의 원인이 그들 주변내부에 있지 않다는 것; 셋째, 그것은 중심부로부터의 영향, 곧 중심부로부터 받아들이는 어떤 파급효과(波及效果)에 의해서는 결코 해소되지 않는다는 것 등의 개념을 갖는다고 보고 있다(A. G. Frank, *The Development of underdevelopment*, 1970).

제 1 절 지역개발관련법개요

I. 외국인투자관련 법제 환경의 변화

중국에서 외국인투자와 관련된 법제 환경은 개혁개방 이후 세 차례의 상징적인 변화과정을 거쳤다.

제1차는 1980년대 개혁개방 초창기로 이 시기에는 "중외합자경영기업법(中外合資經營企業法)" (1979.7.1제정, 1990.4.4 1차개정, 2001.3.15 2차 개정), "외자기업법(外資企業法)"(1986.4.12제정, 2000. 10.13 1차개정), "중외합작경영기업법(中外合作經營企業法)"(1988.4.13제정, 2000.10.13 1차개정) 등 중국 외국인투자법제의 근간을 이루는 "3자기업법(三資企業法)"을 제정함으로써 개혁개방과 시장경제의 도입을 위한 법제기초를 마련하였다.

제2차는 2001년 WTO가입 전후로 이 시기에는 "3자기업법(三資企業法)"을 여개정하여 WTO 국제규범과의 통일화를 모색하고, 서비스분야의 단계적 개방을 보장하는 관련 법규들을 정비하였으며, 분쟁해결방식의 다양화를 추구한 것이 그 특징인바 이 과정을 거쳐 중국의 외국인투자관련 법규는 보다 체계화되었다고 볼 수 있다.

제3차는 최근인 2007년 전후로 "물권법(物權法)", "기업소득세법(企業所得稅法)", "반독점법(反壟斷法)", "노동계약법(勞動合同法)", "환경규제관련법(環境規制關聯法)" (자원절약법 · 물오염방지법 · 순환경제촉진법), "외자은행관리조례(外資銀行管理條例)" 등 다양한 법안들을 제정하여 경제 강국으로 도약하기 위한 법제 환경을 마련한 것인 바 이는 중국의 외국인투자법제가 성숙단계에 진입했음을 의미한다.

현재 중국에서 지역개발을 직접적으로 규정한 법안은 없으며 지역개발과 간접적으로 관련된 법안으로는 상술한 "물권법(物權法)", "기업소득세법(企業所得稅法)", "반독점법(反壟斷法)", "노동계약법(勞動合同法)", "환경규제관련법(環境規制關聯法)"등 이외에 "민족구역자치법(民族區域自治法)"을 들 수 있다. 이하 이들 법안들에 대해 간략하게 소개하기로 한다.

Ⅱ. 지역개발관련 투자법제

1. 물권법

중국은 2007년 3월에 진행된 제10기 전국인민대표대회(전인대) 제5차회의를 계기로 중국 역사상 획기적인 의미를 갖는 두 가지 법안[90]을 통과시켰는바 그 중 하나가 바로 국·공유재산권과 사유재산권을 동등하게 보호함을 명문화한 "물권법(物權法)"(2007.3.16제정, 2007.10.1발효)이다. "물권법(物權法)"의 내용은 총19장, 247조로 크게 총칙, 소유권, 용익물권, 담보물권 및 점유로 구성되어 있다.[91] "물권법(物權法)"은 토지공유제를 견지하면서 국유재산을 지키고 사적소유와 조화하는 법질서를 구축하느라 8차 심의까지 거치는 굴곡적인 과정을 거쳐 겨우 통과되었다.

"물권법(物權法)"은 시장경제의 기초가 되는 개인의 사적소유권을 공식 보장하고 현재 중국 사회에서 재산귀속과 거래관계를 조정하는 근본적인 법안으로 중국 사회전반에 가장 심각한 영향을 미치는 법안으로 평가되고 있다.

"물권법(物權法)"에서 지역개발과 관련되어 있는 내용은 바로 농촌의 토지수용에 관한 규정이다. "물권법(物權法)"은 토지수용요건을 "공공이익의 수요"로 제한하고 토지수용 시 보상원칙과 내용을 명시하였다. 즉 "공공이익의 수요를 위해 법률이 규정한 권한과 절차에 따라 집체소유의 토지 그리고 단위, 개인의 건물과 기타 부동산을 징수할 수 있다. 집체소유의 토지를 징수할 때 법에 따라 토지보상비, 이주보조비, 지상 정착물 및 묘목보상비 등 비용을 충분히 지불

---

90) 다른 하나의 법안은 바로 외자기업과 중국 국내기업의 소득세를 통일한 "기업소득세법"이다.

91) 중국 "물권법"은 총19장, 247조로 규정되어 있는바, 제1편 총칙(제1장 기본원칙; 제2장 물권의 설정, 변경, 양도와 소멸; 제3장 물권의 보호), 제2편 소유권(제4장 일반규정; 제5장 국가소유권과 집체소유권, 개인소유권; 제6장 업주의 건축물소유권; 제7장 상린관계; 제8장 공유; 제9장 소유권 취득의 특별규정), 제3편 용익물권(제10장 일반규정; 제11장 토지수급경영권; 제12장 건설용지사용권; 제13장 주택기지사용권; 제14장 지역권), 제4편 담보물권(제15장 일반규정; 제16장 저당권; 제17장 질권; 제18장 유치권), 제5편 점유(제19장 점유), 부칙 등으로 구성되어 있다.

해야 하고 토지가 징수된 농민의 사회보장비용을 마련해야 하며 토지가 징수된 농민의 생활을 보장하고 토지가 징수된 농민의 적법한 권익을 보호해야 한다..... 어떤 단위와 개인도 토지수용보상비 등 비용을 횡령, 유용, 사적으로 분배, 억류, 지급지연하지 못한다." (제42조)

"물권법(物權法)"이 제정됨에 따라 토지수용 시 보상문제에 대해 효율적으로 대처할 수 있는 법적 기반이 마련되었으며 공권력을 동원한 강제철거가 어려워지고 막대한 보상금 부담으로 지방정부의 무분별한 개발정책 추진에 상당한 제동이 걸릴 것으로 전망된다. 단 지방정부의 토지수용권 남용과 보상금기준 및 범위의 불합리성, 수용절차의 비민주성, 보상금체불, 철거민 이주대책 미비 등이 아직도 문제점으로 남아있다.

"물권법(物權法)"의 상술한 규정이 중국이 현재 추진하고 있는 지역개발전략에 부정적인 영향을 미칠 수 있다는 우려 섞인 주장도 있으나 "물권법(物權法)"의 해당 규정은 토지정책의 투명화를 기했다는 점에서 장기적으로는 중국의 지역개발전략 특히는 신 농촌건설전략이 보다 효율적으로 추진될 수 있도록 보장할 것이다. 또한 예전에는 중국의 불투명한 토지수용정책과 외국인들의 중국법과 정책에 대한 미흡한 인식 때문에 외국인투자자들이 공장과 사무실 퇴거를 요구받는 사례들이 자주 발생했으나 향후에는 외국인투자자들의 중국 내에서의 재산귀속과 거래관계가 보다 투명해질 것이므로 그동안 겪었던 유사한 토지분쟁이 상당수 해소될 것으로 전망된다.

2. 기업소득세법

중국은 2007년 3월에 진행된 제10기 전국인민대표대회(전인대)제5차회의에서 "물권법(物權法)" 이외에 외자기업과 중국 국내기업의 기업소득세를 통일한 "기업소득세법(企業所得稅法)"(제10기 전인대 제5차회의, 2007.3.16제정, 2008.1.1발효)을 통과시켰다. "기업소득세법(企業所得稅法)"은 "국가가 이미 확정한 기타 장려류 기업은 국무원의 규정에 따라 조세감면혜택을 누릴 수 있다"고 규정하고 있다.(제57조 제3항) 여기서 국가가 이미 확정한 기타 장려류 기업이라 함은 주로 지역개발을 추진하는 지역에 설립된 투자장려류 분야의 기업을 말한다. "기업소득세법(企業所得稅法)"의 구체적인 실행을 보장하기 위하여 "기업소득세법(企業所得稅

法)"의 해당 규정에 근거하여 2007년 11월 28일, 국무원은 "기업소득세법실시조례(企業所得稅法實施條例)"를 제정하였다.

따라서 향후 "기업소득세법(企業所得稅法)", 국무원(國務院)의 동법 실시조례, 그리고 국무원(國務院) 소속 재정부(財政部)와 국가세무총국(國家稅務總局)의 해당 정책에 따라 향후 서부대개발전략이 실시되는 서부지역, 동북진흥전략이 실시되는 동북지역, 중부궐기전략이 실시되는 중부지역 및 신 농촌건설전략이 추진되는 광범한 농촌지역의 경우에는 지속적으로 세제혜택을 누릴 수 있으므로 국내외투자를 유치하는데 좋은 투자환경을 마련할 수 있게 되었다. 세제가 통일된 후에는 안정적인 정치 환경, 지속적인 경제발전, 광활한 소비시장, 저렴한 노동력 등이 투자유치를 결정하는 주요한 요인으로 부상하게 될 것이므로 이러한 측면에서 중서부지역은 동부 연해지역에 비해 오히려 우세를 가지고 있다고 할 수 있다. 특히 중서부지역은 하이테크, 환경보호, 에너지절약 및 인프라구축 등 분야의 산업을 유치하여 지역경제발전을 도모할 수 있는 계기를 마련할 수 있다. 물론 중국에서 중서부지역은 동부지역에 비해 아직도 인프라여건이 상대적으로 열악하고 시장경제의 발전수준이 그다지 높지 않으며 소비시장이 제한되어 있고 물류비용이 높은 등 제약을 갖고 있기는 하다. 그러나 지역개발전략이 추진되는 이들 지역들은 빠른 경제성장을 보이고 있고 상당한 시장잠재력을 갖추고 있을 뿐만 아니라 향후 세제혜택이 그대로 유지됨은 물론 중앙정부와 해당 지방정부가 기타 다양한 우대조치들을 강구하고 있는 실정이므로 외자기업들은 중서부지역에서 적극적으로 새로운 투자기회를 모색해 보는 것이 바람직하다.

3. 반독점법

중국정부는 2007년 8월, 공정하고 평등한 시장경제질서를 확립하고 외국기업이 인수합병(M&A)등을 통해 중국의 부분시장을 독식하는 것을 막고 중국의 핵심 산업을 보호하기 위하여 "반독점법(反壟斷法)"(제10기 전인대 상무위 제29차회의, 2007.8.30제정, 2008.1.1발효)도 제정하였다.

"반독점법(反壟斷法)"은 경영자가 독점협정을 맺는 행위, 경영자가 시장의 지배지위를 남용하는 행위, 경쟁효과를 배제 혹은 제한하는 경영자집중 행위 등을 독점행위로 규정하고,(제3조) 국무원(國務院)산하에 반독점위원회(反壟斷委員會)를 설치하여 공정하고 평등한 시장경제질서를 해치는 독점행위를 강력하게 규제하도록 하였다.(제9조) 또한 "반독점법(反壟斷法)"은 "국유경제가 지배적 지위를 점하고 있는 국민경제명맥과 국가안전과 관련되는 분야 및 법에 따라 전문적으로 경영하고 독점 판매해야 하는 분야는 국가가 경영자의 적법한 경영을 보호하고, 경영자의 경영행위 및 그 제품과 서비스의 가격에 대해 법에 따라 감독 조정하며 소비자의 이익을 수호하고 기술진보를 촉진하다"고 규정하였다.(제7조)

"반독점법(反壟斷法)"에서 주목해야 하는 부분은 외자기업들의 중국 내 인수합병(M&A)에 대한 규제 내용이다. 즉 "외국자본의 중국 내 기업 인수 합병 또는 기타 방식으로 경영자 집중에 참여하는 행위가 국가안전과 관련될 경우, 본법 규정에 근거하여 경영자 집중에 대해 심사하는 외에, 반드시 국가관련 규정에 따라 국가안전심사를 받아야 한다."(제31조)

"반독점법(反壟斷法)"은 지역개발에 대해 직접적으로 규정하지는 않고 있다. 그러나 우리가 "반독점법(反壟斷法)"에 관심을 가져야 하는 이유는 중국에 진출한 많은 다국적기업들이 인수합병(M&A)을 통해 중서부지역에 위치한 중국 국유기업을 인수하고 중서부지역에서 여러 가지 자원개발에 투자하고 있기 때문이다. 더욱이 중국 중서부지역에는 국민경제의 명맥 및 국가안전과 관련되는 산업과 독점판매 분야가 많다. 또한 동북지역의 국유기업에 대한 다국적기업의 인수합병(M&A)문제도 "반독점법(反壟斷法)"과 밀접한 관련을 가지고 있다.

따라서 기존에 중국 중서부지역에 진출한 외자기업 혹은 현재 진출을 모색하고 있는 외자기업들은 "반독점법(反壟斷法)"의 해당 규정을 숙지하고 기업의 투자, 생산 및 경영, 제품판매 등이 "반독점법(反壟斷法)"의 해당 규정에 위배되지 않는지를 면밀하게 살펴보아야 한다.

4. 노동계약법

"노동계약법(勞動合同法)"은 2007년 6월에 진행된 제10기 전국인민대표대회(전인대) 상무위원회 제28차회의에서 통과되었으며 2008년 1월 1일부터 시행된 것이다.

새롭게 제정된 "노동계약법(勞動合同法)"은 노동자의 권리를 대폭 강화한 것이 특징인바 그 내용을 이하 몇 가지로 요약할 수 있다.

(1) 서면노동계약 체결 의무화: 즉 고용 후 1개월-1년 내에 서면노동계약체결을 의무화하고 1년이 초과했을 시에는 "무기한 노동계약"을 체결한 것으로 간주한다. 또한 서면노동계약을 체결하지 아니하였을 경우에는 임금의 2배에 해당하는 보상금을 부과하도록 하고 있다. 서면노동계약에 기재해야 할 필수항목으로는 노동계약기한, 노동업무, 근무시간 및 휴식휴가, 노동보수, 노동보호 및 조건, 직업재해 방지 보호, 사회보험 등 내용들이다.

(2) 무기한 노동계약: 노동계약을 갱신할 경우 일정한 요건에 부합되면 무기한 노동계약의 체결을 의무화하고 있다. 즉 근속기간 10년 이상인 경우와 연속 2회 고정기한 계약 후 제3회 계약을 체결할 경우이다. 이 규정을 위반했을 경우에는 체결의무일자로부터 매월 2배의 임금을 지급해야 한다.

(3) 해고요건 강화: 즉 기업 측이 노동자를 해고하려면 시용기간 중에 채용조건에 부합되지 아니하는 경우, 노동자가 사내규칙을 위반했을 경우, 노동자가 업무에 부적격이라고 판단될 경우 등 법적 요건을 충족해야 해고가 가능하다. 또한 상술한 내용을 입증할 객관적인 자료제출도 의무화하고 있다. 또한 해고 조치 전 노조에 사전에 통지해야 하며 당사자가 의견을 제출할 수 있는 의견제출권도 부여하고 있다. 게다가 20인 이상 감원할 경우에는 30일 전 노조와 협의해야 하고 노동당국에 신고하여야 한다. 그리고 15년 이상 근무했거나 퇴직연령까지 5년 미만인 노동자는 해고하지 못하도록 한다. 계약을 해지할 경우(즉 계약 미갱신 시)에는 노동자에게 경제보상금(1년 계약기간에 1개월 임금에 해당하는 금액) 및 6개월 임금에 해당하는 의료보조비를 지급해야 한다.

(4) 단체협상 체결 및 공회(노조)권한 확대: 노조에 집단계약체결권을 부여하고 노조가 설립되지 아니하였을 경우에는 상급노조의 지도를 받도록 하고 있다. 또한 사용자의 집단계약 위반으로 분쟁이 발생했을 경우에는 노조의 중재신청과 고소제기권도 인정하고 있다.

"노동계약법(勞動合同法)"의 해당 규정에 따라 국무원은 2008년 9월에 "노동계약법실시조례(勞動合同法實施條例)"(2008년 9월 18일)를 발표하였다. 이 조례는 2008년 1월1일부터 시행에 들어 간 "노동계약법(勞動合同法)"상의 오해를 유발하고 여러 해석을 가능케 하는 일부 조항에 대해 보다 분명한 해석을 하고 있다. 예를 들면, “노동계약법(勞動合同法)”에는 무기한 노동계약의 체결요건인 “근속기간 만 10년 이상”이라는 조항이 있지만, 어떻게 연속근무 10년을 계산하는지에 대해서는 명확한 규정이 없었다. 조례는 이에 대해 “노동계약법(勞動合同法)” 실시 이전의 고용기간을 포함하여, 고용일로부터 계산되어야 한다고 명시하고 있다.[92)]

결론적으로 경제보상금, 복지후생비, 각종 보험금 부담 때문에 외자기업들의 경제적 부담이 가중되었을 뿐만 아니라 여러 가지 까다로운 채용 및 해고요건 때문에 외자기업들의 경영난이 가중되고 있고 심지어 많은 외자기업들이 도산하여 이미 철수했거나 철수를 준비하고 있는 실정이다.

중국의 노동정책이 친 기업에서 노동자보호 중심으로 전환된 것이 확실시 될 뿐만 아니라 “노동계약법(勞動合同法)”과 “노동계약법실시조례(勞動合同法實施條例)”는 지역개발전략이 추진되는 중서부지역, 동북지역 및 농촌지역에도 예외 없이 적용되므로 이러한 정책변화가 지역개발전략에 미치는 영향이 예상보다 클 수 있으므로 이 부분에 대한 다각적인 조사와 연구가 선행되어야 한다.

5. 환경규제법

급속한 공업화에 따른 경제발전과 무분별한 자원개발 등으로 인하여 중국의 생태환경은 이미 심각한 수준으로 악화되었다. 날로 심각해지고 있는 환경오염을 억제하고 생태환경을 진일보 개선하며 환경 친화적인 국가발전전략을 구체화하기 위하여 현재 “삼동시(三同時)”제도, 환경영향평가제도, 오염물배출총량제도 수출입 금지 또는 억제품목 명문화 등 다양한 조치들을 강구하고 있으며 관련 법안들이 잇달아 제정되고 있다.

우선, “삼동시(三同時)”제도는 환경오염 발생의 근원적 차단을 위해 프로젝트

---

92) 근속기간 만 10년인 경우에 해당되는 무기한 노동계약요건을 회피하기 위해 2007년 하반기에 중국 유명 IT장비제조기업인 “화웨이(華爲)”를 비롯, 많은 기업들이 퇴직금을 주고 퇴직처리와 동시에 노동계약을 재체결하는 방식으로 근속연수(工齡)를 제로(淸零)로 만들어 사회적으로 큰 물의가 빚어진 바 있다. “노동계약법실시조례(勞動合同法實施條例)”는 이를 원천적으로 방지하기 위해 근속 만10년은 노동자의 “고용일”부터 시작되며, “노동계약법(勞動合同法)” 시행 전의 고용기간이 모두 포함된다는 점을 분명히 하고 있다.

의 설계단계부터 환경오염을 억제하는 것으로서 환경보호시설을 해당 프로젝트와 동시에 설계, 동시에 실시, 동시에 생산에 투입하는 것을 의미한다. "삼동시(三同時)"제도는 1973년 중국 국무원이 발표한 "환경을 보호하고 개선할 데 관한 약간의 규정(關于保護和改善環境的若干規定)"(국무원 전국환경보호회의, 1973.8.5)에서 처음 언급된 후 1989년의 "중화인민공화국환경보호법(中華人民共和國環境保護法)"(제7기 전인대 상무위 제11차 회의, 1989.12.26 제정)을 비롯하여, 지금까지의 수많은 환경보호관련 법규에 규정되어 있다. 다음, "환경영향평가제도"는 2005년에 발표된 "기업 환경행위 평가사업을 추진할 데 관한 약간의 의견(關于加快推進企業環境行爲評價工作的若干意見)"(국가환경보총국, [2005] 125號, 2005.11.21)에 따라 기업에 환경영향평가를 실시하여 그 결과를 공개하는 제도를 말한다. 그다음, "오염물배출총량제도"는 "중화인민공화국물오염방지법(中華人民共和國水污染防治法)"(제6기 전인대 상무위 제5차회의 1984.5.11 제정, 제8기 전인대 상무위 제19차회의 1996.5.15개정)따른 기존 오염원에 대한 오염물배출총량을 억제하기 위한 제도이다. 마지막으로, "수출입 금지 또는 억제품목 명문화"라고 하는 것은 "고오염, 에너지다소비 일부 자원성 제품의 수출통제조치에 관한 통지(關于控制部分高耗能, 高污染, 資源性産品出口有關措施的通知)"(국가발전개혁위원회, 상무부, 해관총서 등 7개부서 연합, 2005.12.9)와 "수출제품 환급율 조정과 가공무역금지류제품목록을 추가할 데 관한 통지(關于調整商品出口退稅率和增補加工貿易禁止類商品目錄的通知)"(재정부, 국가발전개혁위원회, 상부부 등 5개 부서 연합, 2006.9.4)등 다양한 법 규정들을 통해 자원절약과 환경오염 억제를 위한 수출입 금지 또는 억제 품목을 명문화하고 있음을 말한다.

또한 2007년 10월 28일, 제10기 전인대 상무위 제30차 회의는 사회 각 분야에서의 자원절약을 촉진하고 자원의 이용 율을 제고하며 환경을 보호하고 개선하며 조화롭고 지속가능한 경제발전을 도모하기 위해 "자원절약법(節約資源法)"을 제정하여 발표하였다. 본 법은 자원에 대한 관리와 절약, 재활용 및 촉진제도 및 법적 책임 등을 골자로 하고 있다.

2008년 2월 28일, 제10기 전인대 상무위 제32차 회의는 수자원의 오염을 방지하고 환경을 보호하고 개선하며 식수안전을 보장하고 조화롭고 지속가능한 경제발전을 도모하기 위해 "물오염방지법(水污染防治法)"을 제정하여 발표하였다. 본 법은 물오염방지의 기준 및 감독관리, 물오염방지조치, 식수원보호, 물오염사고처리 및 법적 책임 등을 골자로 하고 있다.

2008년 8월 29일, 제11기 전인대 상무위 제4차 회의는 생산, 유통 및 소비과정에서의 자원의 재활용을 기하고 자원의 이용 율을 제고하며 환경을 보호하고 개선하며 조화롭고 지속가능한 경제발전을 도모하기 위해 "순환경제촉진법(循環經濟促進法)"을 제정하여 발표하였다. 본 법은 자원에 대한 관리와 절약, 재활용 및 촉진제도 및 법적 책임 등을 골자로 하고 있다.

중국에서 에너지 소모가 많고 환경오염을 유발하는 제조업, 자원채굴업, 단순임가공업 등 많은 산업들이 중서부지역과 동북지역에 집중되어 있다. 따라서 향후 중서부지역과 동북지역의 산업들은 중국 환경규제의 주요 대상이 될 전망이다. 따라서 그동안 에너지 소모가 많고 환경오염을 유발하는 업종으로 중국에 진출했던 외자기업들은 퇴출될 것이 확실하다. 때문에 중국 중서부지역과 동북지역 등 지역개발전략이 추진되는 지역에서 외국인투자를 지속적으로 선호한다고 하여 오염업종으로 이들 지역에 진출해도 될 것이라는 착각은 금물이다.

6. 민족구역자치법

주지하다시피 중국은 주체민족인 한족(漢族) 이외에 55개 소수민족(少數民族)을 거느린 대국이다. 중화인민공화국이 창건된 이후 그 동안 중국정부는 소수민족에 대해 줄곧 특별한 관심과 정책적 배려를 기울려왔다. 즉 소수민족이 집중되어 있는 지역을 자치지역(自治地域)으로 지정하고 해당 소수민족이 자체의 언어 · 문자 · 종교 · 민족습관 등을 유지 및 발전하도록 보장하고 평등 · 단결 · 상호협력의 이념을 구현하여 타 지역과는 차별화 된 각종 우대정책으로 경제발전을 도모하는 것인데 이것이 바로 민족구역자치제도(民族區域自治制度)이다. 민족구역자치제도(民族區域自治制度)를 보다 효과적으로 구현하고 소수민족의 적법한 자치권을 보호하기 위하여 오래전부터 "민족구역자치법(民族區域自治法)"(제6기 전인대 제2차회의, 1984.5.31제정, 제9기 전인대 상무위 제20차 회의 2001.2.28개정) 제정하여 실행하고 있다.(부록-3 참조)

중국 중서부지역에는 55개 소수민족의 대부분이 거주하고 있으며 중국 소수민족인구의 86%를 차지한다. 또한 티벳자치구(西藏自治區) · 광서장족자치구(廣西壯族自治區) · 녕하회족자치구(寧夏回族自治區) · 신강위구르자치구(新疆維吾爾自治

區)·내몽고자치구(內蒙古自治區) 등 중국 내의 5대 소수민족 자치구가 모두 중서부지역에 위치해 있는 점을 감안하면 중국의 지역개발은 실질적으로 중국에서 낙후된 소수민족 지역에 대한 개발이라고도 할 수 있다. 따라서 지역개발에 포함된 소수민족 자치지역들은 "민족구역자치법(民族區域自治法)"의 해당 법규에 따라 인재유치, 경제정책, 대외경제무역, 재정 및 세제 등 분야의 광범한 자치권(自治權)을 누린다.(제19조-45조) 따라서 중국에서 소수민족자치지역은 중서부지역에 위치한 관계로 지역개발의 혜택과 자치권(自治權)의 혜택을 동시에 향유하므로 외국인투자자가 이들 지역에 진출할 경우 타 지역에 비해 보다 많은 혜택이 보장된다.

제 2 절 외상투자산업지도목록

중국은 외국인투자가 자국 국민경제 및 사회발전에 기여하도록 하고 외국인 투자방향을 지도하기 위해 국가의 경제발전과 과학기술의 발전상황에 근거하여 "외상투자산업지도목록(外商投資産業指導目錄)"을 정기적으로 작성하고 필요한 경우 이를 수정하여 국무원의 비준을 거쳐 발표하도록 하고 있는 바, 이 목록은 외국인투자항목의 심사비준을 지도하는 기준이 된다. 1995년 6월 20일에 국가발전개혁위원회(國家發展和改革委員會)와 상무부(商務部)가 첫 번째 "외상투자산업지도목록(外商投資産業指導錄)"(1995년 판)을 발표한 후, 1997년 12월 29일에 두 번째 목록(1997년 판), 2002년 3월 11일에 세 번째 목록(2002년 판), 2004년 11월 30일 네 번째 목록(2004년 판)을 발표한바 있으며, 현재 "외상투자산업지도목록(外商投資産業指導目錄)"(2007년 판)은 2007년 10월 31일에 발표한 것이다. "외상투자산업지도목록(外商投資産業指導目錄)"은 크게 외국인투자 장려분야, 제한분야 및 금지분야로 나누어 규정되어 있다.[93)]

Ⅰ. 외국인투자 장려분야

"외상투자산업지도목록(外商投資産業指導目錄)"(2007년 판)이 규정하고 있는 외국인투자 장려분야에는 이하 12개 분야로 세분하여 방대한 양의 내용을 포함하고 있다.(부록－1 참조)

1. 농업 · 임업 · 목축업 · 어업
2. 채굴업
3. 제조업
4. 전력 · 석탄가스 및 물의 생산과 공급업
5. 교통운수 · 창고 및 통신업

---

93) "외상투자산업지도목록(外商投資産業指導目錄)" 한글번역본은 코참차이나-중국경제포탈 사이트: http://china.korcham.net/ 중국경제법령을 참조하여 다시 정리한 것이며 자세한 내용은 [부록-1] 참조바람.

6. 도 · 소매 유통업
7. 임대와 비즈니스 서비스업
8. 과학연구 · 기술서비스와 지질 탐사업
9. 수리(水利) · 환경과 공공시설 관리업
10. 교육
11. 위생 · 사회보장과 사회복지업
12. 문화 · 체육과 오락업

따라서 중국에 투자하고자 하는 외국인투자자는 자체의 투자항목이 우선 상술한 12영역의 외국인투자 장려분야에 속하는지 자세하게 확인해야 한다.

Ⅱ. 외국인투자 제한분야

외국인투자 제한분야는 반드시 중국 측이 대주주가 되어야 하며 기업형태를 중외합자 혹은 중외합작으로 제한하고 외국인독자를 불허하는 이하 15개 영역의 내용을 포함하고 있다.

1. 농업 · 임업 · 목축업 · 어업(3개 분야)
   (1) 농작물 신품종 선택 및 종자 개발과 생산(중국 측 대주주)
   (2) 진귀한 나무종자(樹種)와 원목 가공(합자와 합작에 국한)
   (3) 면화(목화씨) 가공
2. 채굴업(8개 분야)
   (1) 특종 희소 결핍한 석탄의 탐사, 채취(중국 측 대주주)
   (2) 중정석 탐사, 채취(합자와 합작에 국한)
   (3) 귀금속(금 · 은 · 백금 류) 탐사, 채취
   (4) 금강석 등 귀금속 및 비금속광석의 탐사와 채굴
   (5) 인(磷, phosphorus)의 채취와 선광작업
   (6) 보론 마그네시아 및 보론마그네시아(boron-magnesia) 철광 채굴
   (7) 천청석(天青石, Celestite) 채굴
   (8) 바다망간(Mn)결핵, 바닷모래 채취(중국 측 대주주)
3. 제조업(15개 분야)
   (1) 농부식품 가공업
      ① 콩, 유채씨 식용유지(油脂)가공(중국 측 대주주), 옥수수재가공
      ② 생물액체연료(연료에틸알코올, 생물디젤유)생산(중국 측 대주주)
   (2) 음료제조업
      ① 황주, 유명 브랜드 백주 생산(중국 측 대주주)

② 탄산음료 생산

(3) 담배제품업

① 잎담배(Threshing and Redryin)가공업

(4) 인쇄업과 복사업

① 출판물 인쇄(중국 측 대주주, 포장 장식용 인쇄 제외)

(5) 석유가공 및 코크스 생산

① 연간생산량 800만 톤 이하 정유(oil refining)공장의 건설과 경영

(6) 화학원료와 화학제품 제조업

① 가성소다(수산화나트륨), 탄산칼륨(수산화칼륨) 생산

② 감광재료 생산

③ 벤지딘 생산

④ 제독용이 화학제품 생산(에페드린, 유사에페드린, 에르고메드린, 에르고타민, 리세르가이드)

⑤ 플레온(freon) 혹은 수소 포함 플레온, 4불화 에틸렌, 불화알루미늄, 불화수소(HF) 생산

⑥ 부타디엔 고무(butadiene rubber), 유액(乳液)중합, 열가소성 에이스바이르(SB_R) 생산

⑦ 염화메탄화물(염화메탄 CH3Cl은 제외), 탄화칼슘으로 폴리염화비닐 생산

⑧ 황산 티타늄분말 생산, 평로 과망간산칼륨(KMnO4)생산

⑨ 보론마그네시아(boron-magnesia) 철광석의 가공

⑩ 바륨염 생산

(7) 의약제조업

① 클로로마이세틴, 페니실린-G, 린코마이신, 켄타마이신, 다히이드로스트렙마이신, 아미카신, 염산테도라싸이클린, 테라마이신, 아세틸나선마이신, 마이데카마이신, 로이코마이신, 에리트로마이신, 시푸로후로키사신, 놀후로키사신, 로메호루키사신 생산

② 아날긴, 파라세타몰, 비타민 B1, B2, C, E 등 다양한 비타민제제와 칼슘보충제의 생산

③ 국가 예방접종의 면역백신, (BCG, 소아마비, DPT, 홍역, B형 뇌막염, 유행성 뇌막염 백신 등) 생산

④ 마취약품 및 부분적 정신약품 원료약 생산(중국 측 대주주)

⑤ 혈액제품의 생산

⑥ 1회용 주사기, 수맥기, 수혈기 및 혈액 주머니의 생산

(8) 화학섬유 제조업

① 보통 칩을 사용하는 화섬방사

② 비즈코즈 레이온 생산

(9) 고무제품 업

① 구 타이어(레이디얼 타이어 제외) 재생 및 저 성능의 공업용 고무부품 생산

(10) 유색금속 제련 및 압연가공업

① 텅스텐(W), 몰리브덴(Mo), 주석(Sn, 주석화합물 제외), 안티몬(Sb, 산화안티몬과 유황안티몬포함) 등 희유금속 제련
② 전해알루미늄, 동, 연, 아연 등 유색금속 제련
③ 텅그희토금속의 제련과 분리(합자와 합작에 국한)

(11) 금속제품업
① 컨테이너 제조

(12) 통용설비 제조업
① 각종 보통급 (PO) 베어링 및 부품 소재(스틸 볼, maintenance frame), 반제품 제조
② 300톤 이하 Wheeled 방식, 캐터필터 장착용 기중기(크레인)) 제조(합자, 합작에 국한)

(13) 전용설비 제조업
① 중저(中低)급 B형 초음파 디스플레이
② 일반 폴리에스테르 장(長)섬유, 단(短)섬유 설비 제조
③ 320마력 이하 불도저, 30톤급 이하 액체압력 굴착기, 6톤급 이하 Wheeled 방식 적재기, 220마력 이하 그레이더 · 로드 롤러 · 포크리프트 · 135톤급 이하 비도로 덤프트럭 · 평면프레이즈기계설비 · 정원에서 사용기계와 기구 · 상품 콘크리트기계(펌프, 믹서차, 믹서식 펌프차) 제조(합자와 합작에 국한)

(14) 교통운수 설비제조업
① 일반선박(분단식의 선박 포함)수리, 설계와 제조(중국측 대주주)

(15) 통신설비, 컴퓨터 및 기타 전자설비제조업
① 위성 TV방송 지면접수시설 및 핵심 부품 생산
② 자동결제기 제조

4. 전력 · 석탄가스 및 물의 생산 공급업

(1) 티벳(西藏) · 신강(新疆) · 해남(海南) 등 소(小) 전력망 내에서 단기출력 30만kw 이하 석탄응축화력발전소, 단기 출력 10만kw 이하 석탄응축 및 추출 두개 이용 기계세트의 종합적 화력발전소 건설과 경영
(2) 송전망의 건설과 경영(중국 측 대주주)

5. 교통운수 · 창고보관 및 우정(郵政)업

(1) 철도화물 운송회사
(2) 철도여객 운송회사(중국 측 대주주)
(3) 도로여객 운송회사
(4) 국경출입 자동차 운송회사
(5) 수상 운송회사(중국 측 대주주)
(6) 촬영, 광산탐사, 공업 등 통용(通用)항공회사(중국 측 대주주)
(7) 정보통신 회사: 모바일서비스 등 컨텐츠 관련 정보통신 업무(외자비율 50% 초과 못함), 정보통신 기본업무 중 이동전화 및 문자서비스(외자비율 49% 초과 못함), 정보통신 기본업무 중 국내업무와 국제업무(외자비율 35% 초과 못함, 2007년 12월 11일까지 외자비례 49% 허용 조치 내림)

6. 도매 및 소매업

(1) 직판, 우편구매, 인터넷 판매, 프랜차이즈(특허경영), 위탁경영, 상업관리 등 상업회사

(2) 식량, 면화, 식물유, 설탕, 약품, 담배, 자동차, 원유, 농약, 비닐하우스, 화학비료의 도매, 소매, 배송(30개 분점 이상 설립, 다양한 공급루트로 다양한 브랜드상품을 판매하는 체인점의 경우 중국 측 대주주)

(3) 음향제품(영화 제외)의 유통(합작에 국한, 중국 측 대주주)

(4) 상품경매

(5) 선박대리(중국 측 대주주), 외국기선(합자와 합작에 국한)

(6) 정제유 도매 및 주유소(동일한 외국투자자 30개 분점 이상 설립, 판매가 많은 공급 상의 부동한 종류와 브랜드정제유의 주유소 체인점, 중국 측 대주주)의 건설과 경영

7. 금융업

(1) 은행, 금융임대회사, 재무회사, 신탁투자회사, 화폐 중개대리회사

(2) 보험회사(생명보험회사 외자비율 50% 초과 못함)

(3) 증권회사(A주식 위탁판매, B주식과 H주식 및 정부와 회사채권의 위탁판매와 교역 등에 국한, 외자비례 1/3 초과 못함), 증권투자기금관리 회사(외자비율 49% 초과 못함)

(4) 외환 중개대리회사

(5) 선물 회사(중국 측 대주주)

8. 부동산업

(1) 토지 개발(합자, 합작에 국한)

(2) 고급 호텔, 빌라, 고급 오피스, 국제전시장의 건설과 경영

(3) 부동산 2급시장 교역 및 부동산 중개대리회사

9. 임대와 비즈니스 서비스업

(1) 법률 자문

(2) 시장조사(합자와 합작에 국한)

(3) 신용조사와 등급평정 서비스 회사

10. 과학연구 · 기술서비스와 지질탐사업

(1) 측량회사 (중국 측이 주도적 지위)

(2) 수출입 상품검사 및 감정, 인증회사

(3) 촬영서비스 (공중촬영 등 특수 기술 촬영서비스 포함, 항공측량 촬영 포함하지 않음, 합자에 국한)

11. 수리(水利) · 환경과 공공시설 관리업

(1) 대도시의 가스, 열에너지와 배수관공급망의 건설과 경영(중국 측 대주주)

12. 교육

(1) 일반 고등학교(高中)교육기구(합자와 합작에 국한)

13. 위생, 사회보장과 사회복지업
   (1) 의료기관(합자, 합작에 국한)

14. 문화 · 체육과 오락업
   (1) 방송, TV프로그램 제작과 영화제작 프로젝트(합작에 국한)
   (2) 영화관의 건설과 경영(중국 측이 주도적 지위)
   (3) 대형 공원의 건설과 경영
   (4) 공연중개대리기구(중국 측이 주도적 지위)
   (5) 오락장소 경영 (합자와 합작에 국한)

15. 국가와 중국이 체결 또는 가입한 국제조약이 제한하는 기타 산업

"외상투자산업지도목록(外商投資産業指導目錄)"(2007년 판)이 규정하고 있는 외국인투자 제한분야는 외국인투자자의 진입이 상당한 제약을 받는 분야이며, 일부 지역의 경우 지역경제발전, 독점혐의, 환경오염 등 다른 여러 가지 이유를 들어 사실상 허가를 내주지 않는 경우도 있다. 때문에 외국인투자 장려분야보다는 외국인투자 제한분야에 대해 꼼꼼하게 체크하는 것이 바람직하며 투자처로 지정한 해당 지역에서 이 분야에 대해 구체적으로 어떤 정책을 적용하는지를 자세하게 확인해야 한다.

Ⅲ. 외국인투자 금지분야

외국인투자 금지분야는 말 그대로 현 단계에서 외국인투자자의 진입을 명시적으로 금지하고 이는 특정분야를 말한다. 외국인투자 금지분야는 크게 12개 영역이 포함된다.

1. 농업 · 임업 · 목축업 · 어업
   (1) 희귀하고 진귀한 우량품종의 양식과 재배 (종식(種植)업, 목축업, 수산업의 우량 유전자 포함)
   (2) 유전자 변형 식물종자, 가축과 짐승 양식, 수산 종자 동식물의 개발과 생산
   (3) 중국의 관할 해양지역 및 내륙 수역의 수산물 포로

2. 채굴업
   (1) 텅스텐(W), 몰리브덴(Mo), 주석(Sn)), 안티몬(Sb) 형석(螢石)의 탐사와 채굴
   (2) 희토금속의 탐사, 채굴과 선광(選鑛)
   (3) 방사(放射)성 관산의 탐사, 채굴과 선광(選鑛)

3. 제조업

(1) 음료 가공업

① 중국 전통공업의 녹차 및 특수차 가공(각 지역 특산차, 흑차 등)

(2) 의약제조업

① "야생약재자원보호조례"와 "중국희귀및멸종위기동식물목록"에 열거된 중약재 가공

② 전통 음용 한약재 제조기술의 응용 및 제조방법이 기밀인 한약제품의 제조

(3) 유색금속 제련 및 압연가공업

① 방사성 광산의 제련과 가공

(4) 전문 설비제조업

① 무기, 탄약 제조

(5) 전기기계 및 기자재 제조업

① 개구식(산성안개를 직접 배출하는 방식) 인산전지, 수은 버튼(button)식 산화은전지, PASTE식 아연-망간전지, 카드뮴-니켈 전지 제조

(6) 공업품 및 기타 제조업

① 상아 조각

② 호랑이뼈 가공

③ 탈태(脫胎) 칠기 생산

④ 법랑제품 생산

⑤ 화선지 및 먹 제조

⑥ 암 또는 기형, 돌연변이를 유발하는 제품과 내구성 유기오염물 제품생산

4. 전력 · 석탄가스 및 물의 생산과 공급업

(1) 티벳(西藏) · 신강(新疆) · 해남(海南)등 소규모 송전망이외 단기 용량 30만천W이하 석탄응축 화력발전소, 단기 용량 10만천W 이하 석탄응축 및 추출 겸용 발전소 건설과 운영

5. 교통운수 · 창고 및 우정(郵政)업

(1) 항공 교통 관제회사

(2) 우정(우편 행정) 회사

6. 임대 및 비즈니스 서비스업

(1) 사회 리서치

7. 과학연구 · 기술서비스 · 지질 탐사업

(1) 인체 줄기세포, 유전자 진단 및 의료기술 개발, 응용

(2) 토지 측량, 해양 측량, 항공촬영 측량, 행정지역 경계선 측량, 지도제작 중 지형그림 및 도표제작, 일반 지도제작 중 항공 및 항해 유도형 전자지도제작

8. 수리(水利) · 환경 및 공공설비 관리업

(1) 자연보호구, 국가 급 중요 습지의 건설, 경영

(2) 국가보호지역의 원산지인 중국 야생 동식물, 자원 개발

9. 교 육

(1) 기초교육(의무교육) 기구, 군사, 경찰, 정치 및 당 교육기관 등 특수영역의 교육기관

10. 문화 · 체육 및 오락업

(1) 신문사
(2) 도서, 신문, 정기 간행물의 출판, 총괄발행과 수입(importing)
(3) 음향제품과 전자출판물의 출판, 제작, 총괄발행과 수입
(4) 각급 방송국, TV사, 라디오TV 전송 네트워크(발사대, 중계소, 방송.TV네트워크 및 송신국 등 포함
(5) 방송, TV 프로그램 제작 및 운영 회사
(6) 영화 제작, 발행,
(7) 뉴스 홈페이지, 인터넷 방송 서비스, 인터넷 서비스 영업장소, 인터넷 문화 운영
(8) 비디오녹화 방송회사
(9) 골프장 건설, 경영
(10) 도박업(경마장 포함)
(11) 퇴폐 · 향락업소

11. 기타 분야

(1) 군사시설의 안전과 사용에 해를 끼치는 산업

12. 중국정부나 중국이 체결 또는 가입한 국제조약이 금지하는 기타 산업

"외상투자산업지도목록(外商投資産業指導錄)"은 1995년에 발표된 후 그동안 몇 차례의 개정을 거치면서 기존의 금지분야가 제한분야로, 기존의 제한분야가 장려분야로 점차 편입되면서 많은 변화를 가져왔다. 현재는 기업투자가 가능한 거의 모든 영역이 장려분야에 포함되어 있고 제한분야와 금지분야는 극히 일부에 지나지 않는다. 따라서 이미 상당수 영역이 장려분야에 포함되어 있으므로 현재의 제한분야와 금지분야가 다시 장려분야로 편입될 가능성은 희박해 보인다.

제 3 절 중서부지역 우세산업

2000년 6월 16일, 당시의 국가경제무역위원회(國家經濟貿易委員會), 국가발전계획위원회(國家發展計劃委員會, 지금의 국가발전개혁위원회), 대외무역경제합작부(對外貿易經濟合作部, 지금의 상무부)는 "중서부지구외상투자우세산업목록(中西部地區外商投資優勢産業目錄)"을 공동 발표하고 외국인이 동 목록상의 255개 분야에 투자할 경우 각종 우대정책을 실시한다고 밝혔다. 목록에는 중서부 20개 성 · 자치구 · 직할시의 외자중점유치 분야가 포함되어 있었으며 분야별로는 농산품가공, 관광, 식수조림, 광물자원개발, 교통시설구축 및 신형 전자부품개발 및 제조 등이 언급되어 있었다. 목록에 열거된 항목은 당시 "외상투자방향지도잠정규정(指導外商投資方向暫行規定)"(1995.6.20제정, 2002.4.1폐지)중 장려분야에 대한 우대를 동일하게 적용받을 수 있었으며 투자총액 내의 자체사용설비 수입 시에도 관세와 부가가치세를 면제받을 수 있었다. 이외에도 외국인투자유치를 위해 정부 각 부처가 동 목록을 토대로 각종 우대정책을 제정하기로 하였다.

국가발전개혁위원회(國家發展和改革委員會)와 상무부(商務部)는 2004년 7월에 "중서부지구외상투자우세산업목록(中西部地區外商投資優勢産業目錄)"에 대해 1차 수정본(2004.7.23발표, 2004.9.1발효)을 발표하였으며, 2008년 12월에는 2차 수정본(2008. 12.23발표, 2009.1.1발효)발표하여 국가의 경제발전과 국내외 경제 환경의 변화수요에 따라 기존 목록의 내용들을 상당 부분 수정 및 보완하였다.(부록-2참조) 새로운 목록의 내용에 따라 서부대개발전략, 동북진흥전략, 중부굴기전략 등 지역개발전략이 추진되고 있는 중서부지역의 우세산업을 지역별로 정리하면 다음과 같다.

Ⅰ. 서부대개발지역

"중서부지구외상투자우세산업목록(中西部地區外商投資優勢産業目錄)"에는 섬서성(陝西省), 감숙성(甘肅省), 녕하회족자치구(寧夏回族自治區), 청해성(青海省), 신강위구르자치구(新疆維吾爾自治區), 내몽고자치구(內蒙古自治區), 사천성(四川省), 중경직할시(重慶直轄市), 운남성(云南省), 귀주성(貴州省), 티벳자치구(西藏自治區), 광서장족자치구(廣西壯族自治區)등 12개 서부대개발지역이 모두 망라되어 있다. 지역별로 그 우세산업목록을 살펴보면 다음과 같다.

1. 섬서성: (17개 분야)
   (1) 감자, 면화종자의 개발생산(중국 측 지배지분확보)
   (2) 퇴경환림환초(退耕還林還草), 천연림보호, 수원지보호 등 국가중점생태공정 후속산업개발
   (3) 절수(節水)관개와 내한(耐旱)작물절수(節水)기술, 보호성 경작기술개발 및 응용
   (4) 고급 면(綿), 모(毛), 화학섬유의 방직, 편직 및 복장가공
   (5) 비단제품 심(深)가공
   (6) 동식물약재자원의 개발 생산(《외상투자산업지도목록》이 규정한 제한류와 금지류 제외)
   (7) 천연가스 완제품 생산과 개발(《천연가스이용정책》이 규정한 제한류와 금지류 제외)
   (8) 석탄가공응용기술개발과 제품생산
   (9) 특수품종(超白, 超薄, Low-E)우질 플로트유리기술개발 및 심(深)가공
   (10) 일 생산량 4000톤 및 그 이상 시멘트가공원료의 신형건식시멘트생산
   (11) 티탄금속 정밀 심(深)가공
   (12) 용광로 가스에너지 회수 터빈(turbine)장치의 설계제조
   (13) 바스트(VAST) 업무(중국 WTO협약 약정 이내)
   (14) 도로여객운수(중국 측 지배지분확보)
   (15) 의료기관(합자, 합작에 한함)
   (16) 도시 가스공급, 열 공급, 배수관 공급 망 구축 및 경영(대형도시, 중국 측 지배지분확보)
   (17) 관광명소 보호, 개발과 경영 및 부대시설 건설

2. 감숙성: (17개 분야)
   (1) 절수(節水)관개와 내한(耐旱)작물절수(節水)기술, 보호성 경작기술개발 및 응용
   (2) 과일, 채소, 화초 종자의 개발 생산(중국 측 지배지분확보)
   (3) 양질 포도주양조기지건설
   (4) 양질 맥주원료 재배 및 가공
   (5) 천연가스 완제품 생산과 개발(《천연가스이용정책》이 규정한 제한류와 금지류 제외)
   (6) 희토(稀土) 심(深)가공 및 응용제품 생산
   (7) 중약재 GAP 생산기지건설 및 심(深)가공(《외상투자산업지도목록》이 규정한 제한류와 금지류 제외)
   (8) 알루미늄, 동, 니켈 등 유색금속 정밀 심(深)가공(중국 측 지배지분확보)

(9) 석유 채취, 정제설비 제조
(10) 석유 천연가스 수송 파이프 가공
(11) NEMO펌프(단 볼트펌프), 물펌프, 정밀연마기 제조
(12) 엔시(N.C.) 공작기계 및 공구(工具) 제조
(13) 풍력, 태양에너지 발전 및 설비 제조업(합자, 합작에 한함)
(14) 바스트(VAST) 업무(중국 WTO협약 약정 이내)
(15) 도로여객운수(중국 측 지배지분확보)
(16) 도시 가스공급, 열 공급, 배수관 공급 망 구축 및 경영(대형도시, 중국 측 지배지분확보)
(17) 관광명소 보호, 개발과 경영 및 부대시설 건설

3. 녕하회족자치구: (16개 분야)

(1) 절수(節水)관개와 내한(耐旱)작물절수(節水)기술, 보호성 경작기술개발 및 응용
(2) 구기자, 포도 등 재배 및 심(深)가공
(3) 소수민족 필수품 및 회교도 음식 개발 및 가공
(4) 발효방식에 의한 화학원료약 및 중간체, 아미노산제품 개발 및 생산
(5) 카르보닐기(carbonyl基) 재료생산
(6) 석고와 도자기 점토 심(深)가공
(7) 일 생산량 4000톤 및 그 이상 시멘트가공원료의 신형건식시멘트생산
(8) 탄탈(Ta), 니오브(Nb) 등 금속 정밀 (深)가공(중국 측 지배지분확보)
(9) 고성능 자오선 타이어 생산
(10) 엔시(N.C.) 공작기계, 대형 정밀 베어링, 석탄채굴설비, 자동화계량기, 대형 정밀 주조물(鑄物)생산 가공
(11) 대형 석탄종합채굴설비와 폭발방지설비의 생산 가공
(12) 풍력에너지, 태양에너지 발전설비의 연구개발과 제조 생산(합자, 합작에 한함)
(13) 바스트(VAST) 업무(중국 WTO협약 약정 이내)
(14) 도로여객운수(중국 측 지배지분확보)
(15) 도시 가스공급, 열 공급, 배수관 공급 망 구축 및 경영(대형도시, 중국 측 지배지분확보)
(16) 관광명소 보호, 개발과 경영 및 부대시설 건설

4. 청해성: (15개 분야)

(1) 고원 동식물자원의 보호, 재배 및 가공이용(《외상투자산업지도목록》이 규정한 제한류와 금지류 제외)
(2) 퇴경환림환초(退耕還林還草), 천연림보호, 수자원 보호 등 국가중점생태공정 후속산업개발
(3) 절수(節水)관개와 내한(耐旱)작물절수(節水)기술, 보호성 경작기술개발 및 응용
(4) 유기 천연농축제품기지건설 및 제품 정밀 심(深)가공
(5) 소털제품 심(深)가공

(6) 천연가스 완제품 생산과 개발(《천연가스이용정책》이 규정한 제한류와 금지류 제외)
(7) 중약, 티벳 약(藏藥) 신품종, 신 조제 형 제품 생산(《외상투자산업지도목록》이 규정한 제한류와 금지류 제외)
(8) 특수품종(超白, 超薄, Low-E)우질 플로트유리기술개발 및 심(深)가공
(9) 일 생산량 4000톤 및 그 이상 시멘트가공원료의 신형건식시멘트생산
(10) 바스트(VAST) 업무(중국 WTO협약 약정 이내)
(11) 도로여객운수(중국 측 지배지분확보)
(12) 직업교육기관(합작에 한함)
(13) 의료기관(합자, 합작에 한함)
(14) 도시가스공급, 열 공급, 배수관공급망구축 및 경영(대형도시, 중국 측 지배지분확보)
(15) 관광명소 보호, 개발과 경영 및 부대시설 건설

5. 신강위구르자치구(신강생산건설병탄 포함): (25개 분야)

(1) 퇴경환림환초(退耕還林還草), 천연림보호 등 국가중점생태공정 후속산업개발
(2) 절수(節水)관개와 내한(耐旱)작물절수(節水)기술, 보호성 경작기술개발 및 응용
(3) 양질 토마토, 특색 꿀배, 포도, 참외, 붉은 대추, 구기자 재배 및 심(深)가공
(4) 양질 포도주양조기지건설
(5) 천연향료의 재배 및 가공
(6) 사탕무 당 가공 및 부산품 종합이용
(7) 아마 재배 및 제품 생산
(8) 고급 면직제품의 업그레이드(upgrade) 개조
(9) 비단제품 심(深)가공
(10) 질석, 운모, 석면, 마그네사이트(Magnesite)광, 석묵, 석회석, 홍주석, 석재등 비금속 광산의 종합이용(탐사, 개발 제외)
(11) 석탄가공응용기술개발과 제품생산(중국 측 지배지분확보)
(12) 염화 완성품 생산 및 개발(《외상투자산업지도목록》이 규정한 제한류와 금지류 제외)
(13) 천연 오일가스 자원 종합이용
(14) 방공(放空) 천연가스 회수 이용
(15) 위구르족 특색 약용식물 재배, 가공 및 제약 신 공예 개발(《외상투자산업지도목록》이 규정한 제한류와 금지류 제외)
(16) 풍력에너지, 태양에너지 발전설비의 연구개발과 제조 생산(합자, 합작에 한함)
(17) 소와 양 내장을 원료로 한 생물 제약품의 개발이용
(18) 민족 필수품, 공예미술품, 포장용기재료 및 일용유리제품 생산
(19) 특수품종(超白, 超薄, Low-E)우질 플로트유리기술개발 및 심(深)가공
(20) 일 생산량 4000톤 및 그 이상 시멘트가공원료의 신형건식시멘트생산
(21) 동, 연, 아연, 알루미늄 등 유색금속의 정밀 심(深)가공(합자, 합작에 한함)

(22) 바스트(VAST) 업무(중국 WTO협약 약정 이내)
(23) 도로여객운수(중국 측 지배지분확보)
(24) 도시 가스공급, 열 공급, 배수관 공급 망 구축 및 경영(대형도시, 중국 측 지배지분확보)
(25) 관광명소 보호, 개발과 경영 및 부대시설 건설

6. 내몽고자치구: (20개 분야)

(1) 퇴경환림환초(退耕還林還草), 퇴목환초(退牧還草), 천연림보호 등 국가중점생태
(2) 절수(節水)관개와 내한(耐旱)작물절수(節水)기술, 보호성 경작기술개발 및 응용
(3) 사탕무 사카린 심(深)가공 및 부산물 종합이용
(4) 동, 연, 아연, 알루미늄 정밀 심(深)가공(탐사, 채굴, 제련 제외)
(5) 비금속광물(홍주석, 벤토나이트, 정질석묵, 백운석, 진주암, 비석)종합이용 및 정밀가공(탐사, 채굴제외)
(6) 모방직, 편직물 첨단기술제품 개발
(7) 석탄가공응용기술개발과 제품생산(중국 측 지배지분확보)
(8) 희토(稀土) 심(深)가공 및 응용제품 생산
(9) 천연가스 완제품 개발과 이용(《천연가스이용정책》이 규정한 제한류와금지류 제외)
(10) 몽고약재 가공(《외상투자산업지도목록》이 규정한 제한류와 금지류 제외)
(11) 소와 양 내장을 원료로 한 생물 제약품의 개발이용(《외상투자산업지도목록》이 규정한 제한류와 금지류 제외)
(12) 소수민족 필수품, 공예미술품, 포장용기재료 및 일용 유리제품 생산
(13) 특수품종(超白, 超薄, Low-E)우질 플로트유리기술개발 및 심(深)가공
(14) 일 생산량 4000톤 및 그 이상 시멘트가공원료의 신형건식시멘트생산
(15) 세중탄(洗中炭), 코크스로 가스 여열발전(余熱發電) 및 열 공급 등 종합이용
(16) 바스트(VAST) 업무(중국 WTO협약 약정 이내)
(17) 도로여객운수(중국 측 지배지분확보)
(18) 도시 가스공급, 열 공급, 배수관 공급 망 구축 및 경영(대형도시, 중국 측 지배지분확보)
(19) 빙설, 삼림, 초원생태여행자원 개발, 건설과 경영
(20) 관광명소 보호, 개발과 경영 및 부대시설 건설공정 후속산업개발

7. 사천성: (21개 분야)

(1) 채소, 과일 등 종자(묘목)(유전자식물종자제회)의 개발, 생산(중국 측 지배지분확보)
(2) 씨돼지, 육용 우, 육용 양, 가금 사양과 심(深)가공
(3) 퇴경환림환초(退耕還林還草), 천연림보호 등 국가중점생태공정 후속산업개발
(4) 절수(節水)관개와 내한(耐旱)작물절수(節水)기술, 보호성 경작기술개발 및 응용
(5) 희토(稀土) 심(深)가공 및 응용제품 생산
(6) 바나딘 티타늄 자석철광 신기술 신제품 개발(중국 측 지배지분확보)

(7) 천연가스 완제품 생산과 개발(《천연가스이용정책》이 규정한 제한류와 금지류 제외)
(8) 비단제품 심(深)가공
(9) 고성능 무기불소 화학제품 생산 (《외상투자산업지도목록》이 규정한 제한류와 금지류 제외)
(10) 동식물약재자원의 개발 생산(《외상투자산업지도목록》이 규정한 제한류와 금지류 제외)
(11) 특수품종(超白, 超薄, Low-E)우질 플로트유리기술개발 및 심(深)가공
(12) 일 생산량 4000톤 및 그 이상 시멘트가공원료의 신형건식시멘트생산
(13) 고성능 자오선 타이어 생산
(14) 자동차 부품 제조(자동차기어박스, 자동차엔진크랭크축, 연결봉, 실린더블록, 실린더헤드, 엔진전사분사시스템, 자동차감속기, 클러치, 타이밍 체인, 자동차 전조등, 자동차계기)
(15) 기중기, 굴착기, 동력삽, 액체압력기계, 콘크리트기계, 아스팔트 피니셔, 지게차, 불도저, 그레이더 등 공정기계제조 (중국 측 지배지분확보)
(16) 디지털 의료설비 및 핵심부품 개발 및 생산
(17) 천연가스 압축기(석탄가스 압축기 포함) 제조
(18) 바스트(VAST) 업무(중국 WTO협약 약정 이내)
(19) 도로여객운수(중국 측 지배지분확보)
(20) 도시 가스공급, 열 공급, 배수관 공급 망 구축 및 경영(대형도시, 중국 측 지배지분확보)
(21) 관광명소 보호, 개발과 경영 및 부대시설 건설

8. 중경직할시: (20개 분야)
(1) 감귤, 씨돼지종자의 양식 및 심(深)가공
(2) 퇴경환림환초(退耕還林還草), 천연림보호 등 국가중점생태공정 후속산업개발
(3) 절수(節水)관개기술 개발 및 응용
(4) 고급 면(綿), 모(毛), 모시풀(苎麻), 사(絲), 죽(竹)섬유, 화학섬유의 방직, 편직 및 복장가공
(5) 천연가스 완제품 생산과 개발(《천연가스이용정책》이 규정한 제한류와 금지류 제외)
(6) 폴리우레탄(polyurethane)및 원료, 신형공정 비닐생산
(7) 생물 기(基)재료 제조, 생물 기(基)합성 고분자 재료, 천연생물 고분자 재료, 생물 기(基) 화합물 생산
(8) 중약재, 중약추출물, 중약의 가공과 생산(《외상투자산업지도목록》이 규정한 제한류와 금지류 제외)
(9) 특수품종(超白, 超薄, Low-E)우질 플로트유리기술개발 및 심(深)가공
(10) 일 생산량 4000톤 및 그 이상 시멘트가공원료의 신형건식시멘트생산
(11) 알루미늄 정밀 심(深)가공

(12) 오토바이 전체(외자비율 50%이하)및 부품제조
(13) 자동차 부품 제조(자동차기어박스, 자동차엔진크랭크축, 연결봉, 실린더블록, 실린더헤드, 엔진전사분사시스템, 자동차감속기, 클러치, 타이밍 체인, 자동차 전조등, 자동차계기)
(14) 신형 의료기구 제품 개발 및 생산
(15) 태양 에너지, 풍전(風電)등 신형발전설비 및 부품 제조(합자, 합작에 한함)
(16) 굵기 0.25마이크로미터 이하 대규모 디지털 집적회로 제조
(17) 바스트(VAST) 업무(중국 WTO협약 약정 이내)
(18) 도로여객운수(중국 측 지배지분확보)
(19) 도시 가스공급, 열 공급, 배수관 공급 망 구축 및 경영(대형도시, 중국 측 지배지분확보)
(20) 관광명소 보호, 개발과 경영 및 부대시설 건설

9. 운남성: (19개 분야)
(1) 양질 뽕, 누에제품개발
(2) 퇴경환림환초(退耕還林還草), 천연림보호 등 국가중점생태공정 후속산업개발
(3) 절수(節水)관개와 내한(耐旱)작물절수(節水)기술의 개발 및 응용
(4) 동, 연, 아연 등 유색금속 정밀 심(深)가공(탐사, 채굴, 제련 제외)(중국 측 지배지분확보)
(5) 특색 식용자원개발 및 응용
(6) 아마가공, 개발 및 부산물 종합이용
(7) 석탄가공응용기술개발과 제품생산(중국 측 지배지분확보)
(8) 비단제품 심(深)가공
(10) 인(燐) 정밀화공응용기술개발과 제품생산
(11) 포장장식 인쇄품 인쇄
(12) 특수품종(超白, 超薄, Low-E)우질 플로트유리기술개발 및 심(深)가공
(13) 일 생산량 4000톤 및 그 이상 시멘트가공원료의 신형건식시멘트생산
(14) 석탄가공 응용기술개발과 제품생산
(15) 경차용 디젤 발동기 및 부품 제조
(16) 바스트(VAST) 업무(중국 WTO협약 약정 이내)
(17) 도로여객운수(중국 측 지배지분확보)
(18) 도시 가스공급, 열 공급, 배수관 공급 망 구축 및 경영(대형도시, 중국 측 지배지분확보)
(19) 관광명소 보호, 개발과 경영 및 부대시설 건설

10. 귀주성: (19개 분야)
(1) 퇴경환림환초(退耕還林還草), 천연림보호 등 국가중점생태공정 후속산업개발
(2) 절수(節水)관개와 내한(耐旱)작물절수(節水)기술의 개발 및 응용
(3) 감자, 마우(魔芋, 구약나물) 등 제품의 심(深)가공

(4) 가축류 고기(쇠고기, 돼지고기, 양고기, 기타 가축), 고추, 쓴 메밀, 참마, 호두 등 심(深)가공
(5) 모시풀(苧麻)제품 심(深)가공
(6) 석탄가공응용기술개발과 제품생산(중국 측 지배지분확보)
(7) 티탄 제련(중국 측 지배지분확보)
(8) 비단제품 심(深)가공
(9) 인(燐), 유화제품 생산
(10) 동식물약재자원의 개발 생산(《외상투자산업지도목록》이 규정한 제한류와 금지류 제외)
(11) 특수품종(超白, 超薄, Low-E)우질 플로트유리기술개발 및 심(深)가공
(12) 일 생산량 4000톤 및 그 이상 시멘트가공원료의 신형건식시멘트생산
(13) 알루미늄 등 유색금속 정밀 심(深)가공
(14) 연마재, 연마기구 제품 생산
(15) 자동차 부품 제조(자동차기어박스, 자동차엔진크랭크축, 연결봉, 실린더블록, 실린더헤드, 엔진전사분사시스템, 자동차감속기, 클러치, 타이밍 체인, 자동차 전조등, 자동차계기)
(16) 바스트(VAST) 업무(중국 WTO협약 약정 이내)
(17) 도로여객운수(중국 측 지배지분확보)
(18) 도시 가스공급, 열 공급, 배수관 공급 망 구축 및 경영(대형도시, 중국 측 지배지분확보
(19) 관광명소 보호, 개발과 경영 및 부대시설 건설

11. 티벳자치구: (12개 분야)
(1) 퇴경환림환초(退耕還林還草), 천연림보호 등 국가중점생태공정 후속산업개발
(2) 절수(節水)관개와 내한(耐旱)작물절수(節水)기술의 개발 및 응용
(3) 염호(鹽湖)자원의 개발이용(중국 측 지배지분확보)
(4) 식용 천연 광천수 생산 (중국 측 지배지분확보)
(5) 소털제품 심(深)가공 및 티벳담요 생산
(6) 모방직제품의 가공제조
(7) 중약재, 중약추출물, 중약의 가공과 생산(《외상투자산업지도목록》이 규정한 제한류와 금지류 제외)
(8) 소수민족 필수품, 공예미술품, 포장용기재료 및 일용유리제품 생산
(9) 바스트(VAST) 업무(중국 WTO협약 약정 이내)
(10) 도로여객운수(중국 측 지배지분확보)
(11) 도시 가스공급, 열 공급, 배수관 공급 망 구축 및 경영(대형도시, 중국 측 지배지분확보)
(12) 관광명소 보호, 개발과 경영 및 부대시설 건설

12. 광서장족자치구: (17개 분야)
   (1) 퇴경환림환초(退耕還林還草)등 국가중점생태공정 후속산업개발
   (2) 동식물약재자원의 개발 생산(《외상투자산업지도목록》이 규정한 제한류와 금지류 제외)
   (3) 사카로즈 가공 및 부산품 종합이용
   (4) 송진 심(深)가공
   (5) 중정석(重晶石) 심(深)가공
   (6) 비단제품 심(深)가공
   (7) 소수민족 필수품, 민족 특색 공예품, 포장용기재료 생산
   (8) 고급 일용 도자기 생산
   (9) 특수품종(超白, 超薄, Low-E)우질 플로트유리기술개발 및 심(深)가공
   (10) 일 생산량 4000톤 및 그 이상 시멘트가공원료의 신형건식시멘트생산
   (11) 고성능 자오선 타이어 생산
   (12) 자동차 부품 제조(자동차기어박스, 자동차엔진크랭크축, 연결봉, 실린더블록, 실린더헤드, 엔진전사분사시스템, 자동차감속기, 클러치, 타이밍 체인, 자동차 전조등, 자동차계기)
   (13) 대형공정기계 핵심부품 기술개발과 제조
   (14) 바스트(VAST) 업무(중국 WTO협약 약정 이내)
   (15) 도로여객운수(중국 측 지배지분확보)
   (16) 도시 가스공급, 열 공급, 배수관 공급 망 구축 및 경영(대형도시, 중국 측 지배지분확보)
   (17) 관광명소 보호, 개발과 경영 및 부대시설 건설

Ⅱ. 동북진흥지역

2004년 판 "중서부지구외상투자우세산업목록(中西部地區外商投資優勢産業目錄)"에는 동북지역의 길림성(吉林省)과 흑룡강성(黑龍江省) 등 2개 지역만 포함되고 요녕성(遼寧省)은 별도의 투자우세산업목록으로 규정하였으나 2008년 판 "중서부지구외상투자우세산업목록(中西部地區外商投資優勢産業目錄)"은 요녕성(遼寧省)을 포함한 동북 세 개 지역을 모두 목록의 적용대상에 포함시켰다. 지역별로 그 우세산업을 살펴보면 다음과 같다.

1. 요녕성(20개 분야)
   (1) 채소, 과일 등 종자(묘목)(유전자식물종자제회)의 개발, 생산(중국 측 지배지분

확보)
(2) 육용 닭, 씨돼지, 육용 우 및 육용 양 사양 및 제품 심(深)가공
(3) 퇴경환림환초(退耕還林還草)등 국가중점생태공정 후속산업개발
(4) 유모 혈암, 마그네슘, 지르콘(zircon)가공 및 종합이용(중국 측 지배지분확보)
(5) 고급 면(綿), 모(毛), 마(麻), 사(絲)(작잠사), 화학섬유의 방직, 편직 및 복장가공
(6) 천연약, 원료약, 중약의 심(深)가공 및 파생물의 생산(《외상투자산업지도목록》이 규정한 제한류와 금지류 제외)
(7) 일 생산량 4000톤 및 그 이상 시멘트가공원료의 신형건식시멘트생산
(8) 대형장비와 기술(연 60만톤 이상)로 석탄을 원료로 메탄올(methanol)등 제품 생산
(9) 백만톤 규모 에틸렌(ethylene) 및 완성 심(深)가공제품 생산
(10) 고성능 자오선 타이어 생산
(11) 금속포장, 자동화입체창고 및 창고물류설비 제조
(12) 자동차 부품 제조(자동차기어박스, 자동차엔진크랭크축, 연결봉, 실린더블록, 실린더헤드, 엔진전사분사시스템, 자동차감속기, 클러치, 타이밍 체인, 자동차 전조등, 자동차계기)
(13) 선박용 디젤 보조엔진, 부속품 제조
(14) 디지털 의료설비 및 핵심 부품 개발 및 생산
(15) 고 정밀 동 판재 심(深)가공
(16) 철사 연결선, 초정밀 스틸와이어로프 제조
(17) 의료기관(합자, 합작에 한함)
(18) 도시집중열공급, 가스공급, 배수관공급망구축 및 경영(대형도시, 중국 측 지배지분확보)
(19) 관광명소 보호, 개발과 경영 및 부대시설 건설
(20) 국가 투자주무부서가 비준한 자원고갈형도시의 정밀 심(深)가공과 후속산업 등 항목

2. 길림성: (21개 분야)
(1) 절수(節水)관개와 내한(耐旱)작물절수(節水)기술, 보호성 경작기술개발 및 응용
(2) 육용 닭, 씨돼지, 육용 우 및 육용 양 사양 및 제품 심(深)가공
(3) 과일, 나물, 균류, 산개구리, 산누에, 꿀 등 장백산 특색 생태식품, 음료의 개발과 가공(잣나무 씨, 송이버섯 등 국가2급 보호식물 제외)
(4) 식용 천연 광천수 생산 (중국 측 지배지분확보)
(5) 규조토 자원개발 및 종합이용(탐사, 채굴 제외)
(6) 고급 면(綿), 모(毛), 마(麻), 화학섬유의 방직, 편직 및 복장가공
(7) 동식물약재자원 개발생산(《외상투자산업지도목록》이 규정한 제한류와 금지류 제외)
(8) 특수품종(超白, 超薄, Low-E)우질 플로트유리기술개발 및 심(深)가공
(9) 백만톤 규모 에틸렌(ethylene) 및 완성 심(深)가공제품 생산

(10) 고성능 자오선 타이어 생산
(11) 자동차 부품 제조(자동차기어박스, 자동차엔진크랭크축, 연결봉, 실린더블록, 실린더헤드, 엔진전사분사시스템, 자동차감속기, 클러치, 타이밍 체인, 자동차 전조등, 자동차계기)
(12) 풍력발전설비, 바이오매스 발전설비제조(합자, 합작에 한함)
(13) 바스트(VAST) 업무(중국 WTO협약 약정 이내)
(14) 도로여객운수(중국 측 지배지분확보)
(15) 자동차 금융서비스
(16) 도시가스공급, 열 공급, 배수관 공급 망 구축 및 경영(대형도시, 중국 측 지배지분확보)
(17) 직업교육기관(합자, 합작에 한함)
(18) 의료기관(합자, 합작에 한함)
(19) 빙설 여행자원 개발 및 스키장 건설과 경영
(20) 관광명소 보호, 개발과 경영 및 부대시설 건설
(21) 국가 투자주무부서가 비준한 자원고갈형도시의 정밀 심(深)가공과 후속산업 등 항목

3. 흑룡강성: (26개 분야)
(1) 채소, 과일 등 종자(묘목)(유전자식물종자제회)의 개발, 생산(중국 측 지배지분확보)
(2) 퇴경환림환초(退耕還林還草), 천연림보호 등 국가중점생태공정 후속산업개발
(3) 절수(節水)관개와 내한(耐旱)작물절수(節水)기술, 보호성 경작기술개발 및 응용
(4) 수리(水利)중추 공정, 수전(水田)관개공정, 한전(旱田)절수(節水) 관개지역 공정
(5) 식용 천연 광천수 생산 (중국 측 지배지분확보)
(6) 사탕무 사카린 심(深)가공 및 부산물 종합이용
(7) 고구마 심(深)가공
(8) 육용 닭, 씨돼지, 육용 우 및 육용 양 사양 및 제품 심(深)가공
(9) 석탄가공응용기술개발과 제품생산(중국 측 지배지분확보)
(10) 석묵제품 심(深)가공(보통공률과 고 공률 석묵전극 생산라인 제외)
(11) 천연약, 원료약, 중약의 심(深)가공 및 파생물의 생산(《외상투자산업지도목록》이 규정한 제한류와 금지류 제외)
(12) 특수품종(超白, 超薄, Low-E)우질 플로트유리기술개발 및 심(深)가공
(13) 일 생산량 4000톤 및 그 이상 시멘트가공원료의 신형건식시멘트생산
(14) 절삭 도구(刀具), 측정기, 인구(刃具)의 제조
(15) 고성능 자오선 타이어 생산
(16) 자동차 부품 제조(자동차기어박스, 자동차엔진크랭크축, 연결봉, 실린더블록, 실린더헤드, 엔진전사분사시스템, 자동차감속기, 클러치, 타이밍 체인, 자동차 전조등, 자동차계기)
(17) 의료설비 및 핵심 부품 개발 및 생산

(18) 배전망 지능관리통제시스템 설비 제조
(19) 바스트(VAST) 업무(중국 WTO협약 약정 이내)
(20) 도로여객운수(중국 측 지배지분확보)
(21) 직업교육기관(합작에 한함)
(22) 의료기관(합자, 합작에 한함)
(23) 도시가스공급, 열 공급, 배수관공급망구축 및 경영(대형도시, 중국 측 지배지분확보)
(24) 삼림, 빙설 여행자원 개발 및 스키장 건설과 경영
(25) 관광명소 보호, 개발과 경영 및 부대시설 건설
(26) 국가 투자주무부서가 비준한 자원고갈형도시의 정밀 심(深)가공과 후속산업 등 항목

Ⅲ. 중부권기지역

"중서부지구외상투자우세산업목록(中西部地區外商投資優勢産業目錄)"에 명시된 중부권기지역은 호북성(湖北省), 호남성(湖南省), 하남성(河南省), 산서성(山西省), 강서성(江西省), 안휘성(安徽省)등 중부권기지역이 모두 포함되어 있다. 지역별로 그 우세산업을 살펴보면 다음과 같다.

1. 산서성: (24개 분야)
(1) 목초(牧草)사료용 농작물 재배 및 심(深)가공
(2) 퇴경환림환초(退耕還林還草), 천연림보호 등 국가중점생태공정 후속산업개발
(3) 절수(節水)관개와 내한(耐旱)작물절수(節水)기술, 보호성 경작기술개발 및 응용
(4) 탄광지역 폐광 및 함몰지역 생태계통 회복 및 재건공정
(5) 규석(硅石)자원종합이용(탐사 및 채굴 제외)
(6)고령토(高岭土)종합이용(탐사 및 채굴 제외)
(7) 석탄가공응용기술개발과 제품생산(중국 측 지배지분확보)
(8) 석탄가스 완제품생산과 개발
(9) 코크스 부산물 종합이용
(10) 비단제품 심(深)가공
(11) 포장장식인쇄품 인쇄
(12) 고급유리제품, 고급기술 도자기(공업도자기포함)기술개발과 제품생산
(13) 특수품종(超白, 超薄, Low-E)우질 플로트유리기술개발 및 심(深)가공
(14) 일 생산량 4000톤 및 그 이상 시멘트가공원료의 신형건식시멘트생산
(15) 스테인리스 강(stainless鋼)제품생산

(16) 정밀 주조, 정밀 부품 기술개발과 제조
(17) 스틸 코드 컨베이어 벨트(STEEL-CORD CONVEYOR BELT) 생산
(18) 수압기술 시스템 및 모형 생산
(19) 한지(旱地), 산지(山地) 용 중소형 농업기계 및 부대설비 제조
(20) 세중탄(洗中炭), 코크스로 가스 여열발전(余熱發電) 및 열 공급 등 종합이용
(21) 바스트(VAST) 업무(중국 WTO협약 약정 이내)
(22) 도로여객운수(중국 측 지배지분확보)
(23) 도시 가스공급, 열 공급, 배수관 공급 망 구축 및 경영(대형도시, 중국 측 지배지분확보)
(24) 관광명소 보호, 개발과 경영 및 부대시설 건설

2. 안휘성: (25개 분야)

(1) 보호성 경작기술개발 및 응용
(2) 수수, 누에고치 심(深)가공 및 종합이용
(3) 고령토, 석탄가스, 광정수(鑛井水) 및 천연 코크스 등 석탄반생자원 종합이용(탐사, 채굴 제외)
(4) 비금속광물(방해석, 벤토나이트, 어템풀자이트 점토, 석회석, 석영모래)종합이용(탐사, 채굴 제외)
(5) 고급 면(綿), 모(毛), 마(麻), 사(絲), 화학섬유의 방직, 편직 및 복장가공
(6) 대형 콜타르화-염화 일체화 심(深)가공 및 종합이용
(7) 중약재, 중약추출물, 중약의 가공 및 생산(《외상투자산업지도목록》이 규정한 제한류와 금지류 제외)
(8) 동, 연, 아연 등 유색금속 정밀 심(深)가공 및 종합이용(합자, 합작에 한함)
(9) 포장장식인쇄품 인쇄
(10) 특수품종(超白, 超薄, Low-E)우질 플로트유리기술개발 및 심(深)가공
(11) 일 생산량 4000톤 및 그 이상 시멘트가공원료의 신형건식시멘트생산
(12) 고성능 자오선 타이어 생산
(13) 자동차 부품 제조(자동차기어박스, 자동차엔진크랭크축, 연결봉, 실린더블록, 실린더헤드, 엔진전사분사시스템, 자동차감속기, 클러치, 타이밍 체인, 자동차전조등, 자동차계기)
(14) 신형건식시멘트 플랜트 제조
(15) 대형 공기정화기, 대형 코크스로, 중형(重型) 주강(鑄鋼)기계제품 생산
(16) 대형 디지털제어 단조압연 설비 및 부품 개발과 제조
(17) 지게차, 굴착기, 전용차 및 부품 개발과 제조
(18) 냉장고, 에어컨 용 고 효율 에너지 절약 압축기, 특종 에나멜선 생산 제조
(19) 고성능 자성 자료 및 부품 기술개발, 생산
(20) 바스트(VAST) 업무(중국 WTO협약 약정 이내)
(21) 도로여객운수(중국 측 지배지분확보)
(22) 의료기관(합자, 합작에 한함)

(23) 직업교육기관(합작에 한함)
(24) 도시가스공급, 열 공급, 배수관공급망구축 및 경영(대형도시, 중국 측 지배지분확보)
(25) 관광명소 보호, 개발과 경영 및 부대시설 건설

3. 강서성: (19개 분야)
(1) 동광선광, 반생원소추출 및 정밀 심(深)가공
(2) 고령토, 분석영(粉石英), 규소회석, 해포석(海泡石), 화학공업용 백운석 등 비금속광 선택 제련, 응용 및 심(深)가공
(3) 고급 면(綿), 모(毛), 마(麻), 사(絲), 화학섬유의 방직, 편직 및 복장가공
(4) 희토(稀土) 심(深)가공 및 응용제품 생산
(5) 유기염소, 무기염소 등 정밀화공제품 생산(고 잔류 유기염소제품 제외)
(6) 천연약, 원료약, 중약의 심(深)가공 및 파생물의 생산(《외상투자산업지도목록》이 규정한 제한류와 금지류 제외)
(7) 고성능 자오선 타이어 생산
(8) 포장 장식 인쇄품 인쇄
(9) 일 생산량 4000톤 및 그 이상 시멘트가공원료의 신형건식시멘트생산
(10) 자동차 부품 제조(자동차기어박스, 자동차엔진크랭크축, 연결봉, 실린더블록, 실린더헤드, 엔진전사분사시스템, 자동차감속기, 클러치, 타이밍 체인, 자동차전조등, 자동차계기)
(11) 의학용 전자류 및 생물의학재료 류 의학기계의 개발 및 생산
(12) 에어컨, 고효율 에너지 절약 압축기 및 부품 생산
(13) LCoS, DLP, 액정 등 신형 투영 디스플레이기술 제품개발 및 생산
(14) 바스트(VAST) 업무(중국 WTO협약 약정 이내)
(15) 도로여객운수(중국 측 지배지분확보)
(16) 직업교육기관(합작에 한함)
(17) 의료기관(합자, 합작에 한함)
(18) 도시가스공급, 열 공급, 배수관공급망구축 및 경영(대형도시, 중국 측 지배지분확보)
(19) 관광명소 보호, 개발과 경영 및 부대시설 건설

4. 하남성: (22개 분야)
(1) 퇴경환림환초(退耕還林還草), 천연림보호 등 국가중점생태공정 후속산업개발
(2) 절수(節水)관개와 내한(耐旱)작물절수(節水)기술, 보호성 경작기술개발 및 응용
(3) 천연 알칼리 광산(碱鑛) 채굴, 가공(중국 측 지배지분확보)
(4) 알루미늄, 연, 아연 정밀 심(深)가공(탐사, 채굴, 제련 제외)
(5) 석탄가공 응용기술개발과 제품생산(중국 측 지배지분확보)
(6) 고급 면방직 및 복장
(7) 비단제품 심(深)가공

(8) 초강력(超硬)재료제품 생산
(9) 스피라마이신(Spiramycin), 고혈압치료백신 생산
(10) 천연약, 원료약, 중약의 심(深)가공 및 파생물의 생산(《외상투자산업지도목록》이 규정한 제한류와 금지류 제외)
(11) 포장 장식 인쇄품 인쇄
(12) 특수품종(超白, 超薄, Low-E)우질 플로트유리기술개발 및 심(深)가공
(13) 일 생산량 4000톤 및 그 이상 시멘트가공원료의 신형건식시멘트생산
(14) 자동차 부품 제조(자동차기어박스, 자동차엔진크랭크축, 연결봉, 실린더블록, 실린더헤드, 엔진전사분사시스템, 자동차감속기, 클러치, 타이밍 체인, 자동차 전조등, 자동차계기)
(15) 대형 농업용 기계 개발과 생산
(16) 대형 석탄 종합채굴, 석유시추, 유색압연, 신형건식시멘트 플랜트 제조
(17) 전기에너지 종합관리자동화설비 제조
(18) LCoS, DLP, 액정 등 신형 투영 디스플레이기술 제품개발 및 생산
(19) 바스트(VAST) 업무(중국 WTO협약 약정 이내)
(20) 도로여객운수(중국 측 지배지분확보)
(21) 도시가스공급, 열 공급, 배수관공급망구축 및 경영(대형도시, 중국 측 지배지분확보)
(22) 관광명소 보호, 개발과 경영 및 부대시설 건설

5. 호북성: (22개 분야)
(1) 보호성 경작기술개발 및 응용
(2) 고급 방직품 및 복장공예기술 개발
(3) 부직포 및 의학용 방직품 생산
(4) 동식물약재자원의 개발 생산(《외상투자산업지도목록》이 규정한 제한류와 금지류 제외)
(5) 비단제품 심(深)가공
(6) 포장 장식 인쇄품 인쇄
(7) 특수품종(超白, 超薄, Low-E)우질 플로트유리기술개발 및 심(深)가공
(8) 일 생산량 4000톤 및 그 이상 시멘트가공원료의 신형건식시멘트생산
(9) 에어컨, 고효율 에너지 절약 압축기 및 부품 생산
(10) 자동차 부품 제조(자동차기어박스, 자동차엔진크랭크축, 연결봉, 실린더블록, 실린더헤드, 엔진전사분사시스템, 자동차감속기, 클러치, 타이밍 체인, 자동차 전조등, 자동차계기)
(11) 엔시(N.C.) 공작기계 핵심 부품(high speed spindle, Tool database, power chuck)
(12) 특종 스틸 와이어로프(steel wire rope)제조(평균 항장력 >2200MPa)
(13) 레이저 의학용 설비 개발과 제조
(14) 광전자 기술과 제품(코딩 광섬유, 반도체LED)개발
(15) 바스트(VAST) 업무(중국 WTO협약 약정 이내)

(16) 도로여객운수(중국 측 지배지분확보)
(17) 직업교육기관(합작에 한함)
(18) 자동차 가스주입소 건설
(21) 도시가스공급, 열 공급, 배수관공급망구축 및 경영(대형도시, 중국 측 지배지분확보)
(22) 관광명소 보호, 개발과 경영 및 부대시설 건설

6. 호남성: (16개 분야)
(1) 연, 아연 정밀 심(深)가공(탐사, 채굴, 제련 제외)
(2) 비스무트(bismuth, Bi) 화합물 생산 (중국 측 지배지분확보)
(3) 호르몬(hormone)류 약물 심층 개발 (《외상투자산업지도목록》이 규정한 제한류와 금지류 제외)
(4) 포장 장식 인쇄품 인쇄
(5) 일 생산량 4000톤 및 그 이상 시멘트가공원료의 신형건식시멘트생산
(6) 대구경(大口徑) 강관재료 가공
(7) 콘크리트 기계: 콘크리트 수송 펌프, 콘크리트 펌프차, 콘크리트 placing equipment, 콘크리트 믹서운송차; 승강기계: 탑식 기중기, 시공 승강기, 자동차 기중기; 도로면 기계: 아스팔트 페이버, 코드밀링머신(Cold Milling Machine), 아스팔트 피니셔(220마력이상), 아스팔트 콘크리트 믹서설비, 평지기계, 가열기계; 환경미화기계; 제거차, 청결차; 토목공정기계: 유압 파일 항타장비, 채굴기(30톤 이상), 액체압력밸브, 액체압력실린더, 기어 등 공정기계 및 핵심부품 개발과 제조
(8) 고효능 날개 펌프 및 수리기계 제조
(9) 쌍 금속 고속절단공구
(10) 신형 고무기계 플랜트(plant) 제조
(11) 바스트(VAST) 업무(중국 WTO협약 약정 이내)
(12) 도로여객운수(중국 측 지배지분확보)
(13) 직업교육기관(합작에 한함)
(14) 라디오TV프로그램제작, 영화제작(합작에 한함)
(15) 도시 가스공급, 열 공급, 배수관 공급 망 구축 및 경영(대형도시, 중국 측 지배지분확보)
(16) 관광명소 보호, 개발과 경영 및 부대시설 건설

제 7 장 주요 국가의 지역개발과 투자법제

제 1 절 선진국의 지역개발과 법제

세계적으로 자본주의경제의 발달은 어디까지나 서유럽 중심부경제중심으로 전개된 것이었다. 1960년대를 경과하면서 중심부경제를 중심으로 하는 이러한 생산력기반의 비약적인 발전은 미국 중심의 선진국 다국적기업에 의한 국제적 투자 및 생산 활동의 국제화를 더욱 촉진시키게 되었고[94] 이때부터 세계경제는 각국의 국경을 넘는 상호 긴밀화 현상을 가져오기 시작했다고 할 수 있다.[95] 이론적으로 선진국의 속성은 통상 아래와 같이 정리하고 있다. 즉 첫째, 경제적 측면에서 국민경제가 지속적인 성장을 하고 있으며; 둘째, 정치적인 측면에서는 국민일반이 정치에 참여하고 있으며; 셋째, 문화적인 측면에서 세속적이며 합리적인 사고방식이 널리 확산되어 있고; 넷째, 사회측면에서 보면 계층 간에 자유로운 이동이 가능한 것 등이다.[96] 그러나 이러한 견해에 대해서는 시각 차이가 있는 것으로써 이하에서는 주로 경제적으로 그 동안 충분한 성장을 하여왔고 특히 지역개발을 성공적으로 이루어낸 미국, 영국, 독일, 일본 등 주요 경제선진국들의 지역개발과 관련 법제를 간략하게 살펴보기로 한다.

---

94) WTO체제 하에서 세계적으로 다국적기업들의 가일층 활약과 더불어 팍스 에코노미카(Pax Economica: 인간이 전적으로 경제에 예속됨으로써 얻어지는 평화)의 시대로 될 것이라는 전망마저 나오고 있다.([日] 宮崎義一, 「世界經濟をどう見るか」, 岩波新書, 344, 1990, 第253面)

95) [日] 柳田 侃·野村昭夫, 「國際經濟論」, ミネルヴァ書房, 1987, 第208面.

96) “Modernization”, in International Encyclopedia of the Social Science, Macmiuan, N.Y., 1968, Vo1, 10, pp.386-395.

Ⅰ. 미국의 지역개발과 법제

미국의 경우, 1930년대까지만 해도 서부지역과 남부지역은 아주 낙후되어 있었는바, 이러한 상황은 미국경제의 전반적인 발전에 걸림돌이 되었으며, 이는 정치적인 안정까지도 위협하는 요소가 되었다. 따라서 연방정부는 이들 지역에 많은 자금과 자원을 투입하고 각 종 우대정책을 제정함으로써 지역 간의 경제격차를 줄이는데 주력하였다. 그 중에서 지역개발을 촉진하기 위한 입법조치가 많았는데 주로 루즈벨트(Franklin D. Roosevelt)대통령의 뉴딜(New Deal)정책시대[97]의 입법조치들이 주목된다.

우선, 1933년 5월 18일, 미국의회는 "테네시강유역개발법(Tennessee Valley Authority Act)"을 제정하였다. 이 법에 근거하여 테네시강유역개발공사(TVA)를 조직하고 경제가 낙후된 7개 주에 걸친 약 4만 평방마일 지역에서 댐 건설, 수력발전, 홍수조절, 계획적 식목 등의 사업을 전개하였다.[98] 이를 바탕으로 1961년에는 "지역재개발법(Area Re development Act)"을 제정하여 전국적 범위에서 후진지역의 경제발전을 촉진하게 되었다.[99] 다음, 1965년에는 "공공공정 및 경제개발법(the Public Works and Economic Development Act)"을 제정하고 경제개발서(The Economic Development Administration: EDA)를 설립하여 낙후지역의 인프라구축을 본격적으로 지원하였다.[100] 그 다음, 미국의 대표적인 낙후지역인 애팔래치아(Appalachian)지역을 개발하기 위하여 같은 해에 "애팔래치아지역개발법(Appalachian Regional Development Act)"을

---

97) 뉴딜정책(New Deal)은 루스벨트(Franklin D. Roosevelt. 1882-1945)대통령이 취임 후 1933년-1939년 사이에 경제위기에서 탈출하기 위해 지향한 새로운 정부개입주의(interventionism) 정책을 뜻하는바 여기에는 첫째, 마비된 경제체제를 다시 움직이게 만들기 위한 경기회복의 정책; 둘째, 굶주린 실업자들에게 먹을 것과 일거리를 줄 구호의 정책; 셋째는 대공황과 사회혼란을 가져오게 된 원인을 치유할 개혁의 정책 등이 포함되어 있다(U.S. DEPARTMENT of STATE: http:// usembassy.state.gov/seoul/wwwh521j.html#roosevelt).

98) TVA는 미국정부가 계획·주관한 후진지역개발을 위한 최대 규모의 공공토목사업이었으며 미국 역사상 가장 대담하고 창의적인 시험으로 평가받고 있다.

99) Northern Arizona University: http://dana.ucc.nau.edu/~mr/vte591/1961.htm.

100) Workforce ATM Features: http://www.icesa.org/articles/template.cfm?results_art_filename=fr030102.htm.

제정하고 연방정부와 주 정부가 공동으로 관리하는 기구인 "애팔래치아지역위원회"(Appalachian Regional Commission: ARC)를 설립하여 교통, 교육, 의료 등 분야의 시설구축을 지원하였다.[101] 이 외에도 1972년 "농촌발전법(Rural Development Act)"등 법률이 있다.[102] 이러한 법안들은 지원중점, 과정 및 목표를 확정하여 지역경제 발전에 계획적인 루트를 제공함으로써 장기적이고 안정적인 경제개발을 보장하도록 하였다. 결론적으로 이와 같은 체계적인 법 시스템이 있었기에 미국의 지역경제개발은 성공적인 결실을 맺을 수 있었다고 보아진다.

Ⅱ. 영국의 지역개발과 법제

영국의 경우, 1920년대 말부터 세계적인 경제공황으로 실업률이 높아지면서 지역개발문제가 정책적 과제로 부상하게 되었다.[103] 당시 경제적인 여건의 악화로 높은 실업이 발생한 지역은 영국에서 변경지역으로 지목된 스코틀랜드(Scotland), 북부영국(North of England) 및 남부웨일즈(South Wales)지역 등이다.[104] 이러한 개별지역으로 국가적 지원을 하기 위해서는 일정한 기준으로 지역을 구분할 필요성이 대두되었다. 따라서 영국은 실업률, 경제활동의 수준, 인구의 지역 간 이동, 일인당 소득수준 등을 기준으로 이하 몇 개의 지역유형으로 나누어 중앙지원을 제공하도록 하였다.[105]

첫째는 특별지역(Special Areas)인데 Central Scotland, North East Coast of England, West Cumberland of South Wales 및 Northern Ireland 등이다. 실업률이 높은 이들 지역에 공장이 입주할 수 있도록 중앙지원이 가능하게 한 법적 근거는 바로 "특별지역개발진흥법(The Special Areas Development and Improvement Act)" (1934)이다.

둘째는 개발지역(Development Areas)인데 특별지역이 2차 대전이 종결되면서 재분류되어 지정된 것으로 도시를 포함하고 총체적인 개발이 가능하도록 인접

---

101) The Catalog of Federal Domestic Assistance (CFDA): http://www.cfda.gov/static/23002.htm.

102) Agriculture, Nutrition & Forestry Committee: http://agriculture.senate.gov/Legislation/Compilations/AgRes/rda.pdf.

103) 吳大華 · 徐杰, 「西部大開發的法律保障」, 民族出版社(北京), 2001年 第1版, 第74-75面.

104) 박수영, 「서구도시개발론」, 법문사, 1992년 초판, 제181면.

105) 박수영, 전게서, 제184-188면.

되어 있다는 점이 특징이다. 이 지역의 개발을 위한 법적 근거는 "공업배치법(The Distribution of Industry Act)"(1945)이다.

셋째는 개발지구(Development Districts)인데 위의 개발지역이 1946년과 1948년에 소수의 변동과 추가가 있은 외에 10년간 유지되어 오다가 1960년에 개발지역을 없애고 대신 실업률을 기준으로 다시 지정된 개발지구이다. 그 법적 근거로는 "지방고용법(The Local Employment Act)"(1960)이다. 그러나 이러한 지역개발전략은 1966년에 포기하고 "공업법(The Industry Act)"(1972)의 규정에 따라 지역을 보다 넓게 지정하는 쪽으로 변화하였다.

1980년대 이후 영국의 지역개발정책은 취업확대를 최우선 과제로 삼았으며 동시에 정부의 공적자금을 문제가 가장 심각한 지역에 투입함으로써 문제해결과 공적자금절감이라는 두 가지 효과를 함께 거둘 수 있었다.[106]

Ⅲ. 독일의 지역개발과 법제

독일의 경우, 전후 10년 동안 전후복구사업과 경제재건이 국가의 관심사가 되었기 때문에 지역개발과 관련해서는 서구 다른 나라보다 늦게 시작되었다.[107] 독일에서의 지역개발은 크게 세 단계로 발전되어 왔는바 첫 번째 단계는 제2차 세계대전 종결 후로부터 10년간인데 이 시기에는 국토의 복구와 부흥에 역점을 두고 경제개발이 시급한 경제부진지역과 농촌지역을 "긴급지역(Notstandsgebiete)"으로 지정하여 정부에서 정책적인 배려를 주었다.[108] 두 번째 단계는 1950년 후반기부터 1960년 중반까지인데 이 시기에는 독일경제가 급속도로 성장하였는바 도시의 제조업의 경우 인력부족현상까지 나타나 정부에서 기업수용여건이 좋거나 성장잠재력이 있는 중소도시를 선정하여 "연방개발거점(Bundesausbauorte)"으로 지정하고 집중적으로 지원하였다.[109] 이 시기의 대표적인 입법조치로는 1965년에 제정된 "국토계획법(Raumordnungsgesetz)"이 있다. 세 번째 단계는 1960년대 말부터 현재까지인데 이 시기에는 연방과 주 단위로 제각기

106) 吳大華 · 徐杰, 前揭書, 第40面.

107) Gustav Stolper 저, 김광수 역, 「독일경제의 기적」, 본국출판사, 1978년 7월, 제249면.

108) 박수영, 전게서, 제324면.

109) 박수영, 전게서, 제325면.

개별적으로 추진되어 온 경제 및 지역정책을 통합하고 개별정책간의 조정과 연계성을 공고화하는데 정책의 중점을 두었다. 지역정책간의 중복과 마찰을 해소하기 위하여 1969년에 "지역개발 및 경제구조개선계획법(Gesetz über die Gemeinschaft schufgabe, Verbesserung der Regionalen Wirtschaftsstruktur)"을 제정하였다. 본 법은 연방과 주 대표로 구성되는 "계획위원회"(Planungsauschuss)를 설치하여 지역개발에 대한 장기계획 작성, 지역정책목표설정, 그리고 재정지원 등의 임무를 수행하도록 하였다.[110)]

Ⅳ. 일본의 지역개발과 법제

일본의 경우, 전후 심각한 식량·석탄·목재의 제공 및 퇴역군인들의 취업 등 문제를 해결하기 위하여 홋카이도(北海道)를 집중 개발하기로 결정하였다. 즉 1950년 5월에 일본은 "홋카이도개발법(北海道開發法)"을 제정하고 중앙정부에는 홋카이도개발청(北海道開發廳)을, 홋카이도(北海道)지방에는 개발국(開發局)을 각 각 신설하여 홋카이도(北海道)에 대한 본격적인 개발에 착수하였고 1956년에는 "홋카이도동북금융공고(北海道東北金融公庫)"(정책성 개발은행)를 설립하여 법적 보장, 기구 간 협력체제 구축, 자금지원 등을 유기적으로 결합시켜 정부의 공적자금이 뒷받침되는 강력한 경제개발계획을 수립하였다.[111)] 이러한 지역경제 개발정책에 힘입어 홋카이도(北海道)는 1991년에 기본적인 현대화를 실현하였으며 일인당 국민소득도 전국평균치의 90%에까지 육박하였다. 또한 일본에서는 전통적으로 산지(山地)와 일부 인구희소지역이 낙후지역으로 분류된다. 이들 지역의 경제발전을 촉진하기 위하여 선후하여 "국토종합개발법(國土綜合開發法)"(1949), "저개발지역공업개발촉진법(低開發地域工業開發促進法)"(1961), "산재지역진흥임시조치법(産炭地域振興臨時措置法)"(1961), "호설지대대책특별조치법(豪雪地帶對策特別措置法)"(1962), "신산업도시건설촉진법(新産業都市建設促進法)"(1962), "산촌진흥법(山村振興法)"(1965), "과소지역대책진급조치법(過疎地域對策緊急措置法)"(1970)을 제정하여 지역경제발전을 촉진시켰다.[112)] 또한 일본정부는 기업이 공업밀집

---

110) 박수영, 전게서, 제326면.

111) 吳大華·徐杰, 前揭書, 第46-48面.

지역에서 공업후진지역으로 이전할 수 있도록 하기 위하여 "공업재배치촉진법(工業再配置促進法)"(1972)도 제정하였다. 이러한 입법 조치는 공업 분포를 조정하여 제조업을 변방지역으로 이전시킴으로써 지방공업과 관련 산업의 비약적인 발전을 이룩하는데 상당한 제도적 역할을 하였다.

112) [日] 田中角榮 저, 이강록 역, 「일본열도개조론」, 학우사, 1972년 초판, 제21-22면.

제 2 절 한국의 지역개발과 법제

Ⅰ. 한국의 경제개발과 입법례

한국은 1950년대까지 경작면적의 감소, 토지의 분화 등에 의하여 농업에 의한 자본축적을 하지 못하였을 뿐만 아니라 부존자원의 빈약(貧弱)때문에 자원수출에 의한 자본축적이나 교역에 의한 산업자본의 축적도 없었다. 더구나 근대화 이념에 뿌리박은 방향설정과 제반능력을 조직화하고 제도화하는 일관된 노력도 없었다.[113] 1950년대의 한국경제의 특징을 요약하면, 첫째는 경제성장률이 매우 낮았고, 둘째는 경제의 이중구조(二重構造)가 심각하였으며, 셋째는 확대재생산에 필요한 투자수준이 낮았고, 넷째는 수출능력이 크게 제한되어 있었다는 점이다.[114] 이러한 여건 하에서 자본축적을 가능케 하기 위한 수단으로서 내자동원(內資動員)과 외자도입(外資導入)이었다. 이를 위해서 한국은 경제개발 및 공업화정책을 본격적으로 전개하기 위한 다섯 차례의 경제개발 5개년계획을 추진하였다. 즉 모든 사회 · 경제적인 악순환을 시정하고 자립경제 달성을 위한 기반을 구축하는 것을 기본목표로 제시한 "제1차 경제개발 5개년계획"(1962-1966), 산업구조를 근대화하고 자립경제의 확립을 더욱 촉진함을 기본목표로 제시한 "제2차 경제개발 5개년계획"(1967-1971), 농어촌 경제의 혁신적 개발, 수출의 획기적 증대 및 중화학공업의 건설을 기본목표로 제시한 "제3차 경제개발 5개년계획"(1972-1976), 자립성장구조의 실현을 기본목표로 제시한 "제4차 경제개발5개년계획"(1977-1981), 경제안정기반을 정착하여 국민생활을 안정시키고 경쟁력 강화와 국제수지 개선을 이루며, 지속적 성장기반을 다져 고용기회를 확대하고 소득을 증대시키며, 소득계층 간 · 지역 간 균형발전으로 국민의 복지를 증진시키는 등을 기본목표로 제시한 "제5차 경제개발 5개년계획"(1982-1986)등이다.[115]

---

113) 이승윤 · 홍재영, 「한국의 경제적 성장과정」, 광명출판사, 1975년 9월, 제117면.

114) 이승윤 · 홍재영, 전게서, 제49-50면.

115) 경제기획원(편), 「개발연대의 경제정책」-경제기획원 30년사(1961년-1980년), 미래사, 1994년 7월, 제358-367면.

한국의 경제개발과 관련한 법안들은 주로 "제1차 경제개발 5개년계획"기간(1962-1966)에 제정되어 그 후 폐지 및 여러 차례의 개정을 거쳐 오늘에 이르고 있다. 경제개발과정에서의 관련 입법을 정리해보면 다음과 같다.116)

1. "예산회계법"(1961.12.19 법률 제849호 제정)

이 법은 국가의 예산과 회계 및 이에 관련되는 사항의 기본에 관하여, 그리고 물품과 국유재산의 관리와 회계에 관하여 타 법률에 특별한 규정이 없는 경우에 적용하는 법률이다.(제1조)

2. "기업예산회계법"(1961.12.31 법률 제928호 제정)

이 법은 기업형태로 운영하는 정부사업(정부기업)의 합리적 경영을 위하여 그의 예산과 회계를 통일적으로 규제함으로써 그 건전한 발전에 기여함을 목적으로 제정한 법률이다.(제1조)

3. "정부투자기관예산회계법"(1962.8.13 법률 제1119호)

이 법은 예산회계법 제14조의 규정에 의하여 정부투자기관의 예산 및 회계에 관한 사항을 규정함으로써 합리적인 운영과 독립채산제의 확립을 기함을 목적으로 제정한 법률이다.(제1조)

4. 물가안정 및 공정거래에 관한 법률

이에는 중요물자의 가격을 조절하여 물가의 안정을 도모함으로써 국민경제의 정상적인 발전을 기함을 목적으로 하는 "물가조절에 관한 임시조치법"(1961.12.31 법률 제770호); 물가의 안정을 기하고 공정한 거래를 촉진함으로써 국민생활의 안정을 도모함을 목적으로 하는 "물가안정에 관한 법률"(1973.3.12 법률 제2599호); 물가의 안정을 기하고 공정하며 자유로운 경쟁질서를 확립함으로써 소비자의 권익을 보호함과 아울러 국민생활과 국민경제의 안정 및 발전에 기여함을 목적으로 하는 "물가안정 및 공정거래에 관한 법률"(1975.12.31 법률 제2798호) 등 여러 개의 법안이 포함되어 있다.

5. "독점규제 및 공정거래에 관한 법률"(1980.12.31 법률 제3320호)

이 법은 사업자의 시장 지배적 지위의 남용과 과도한 경제력의 집중을 방지하고, 부당한 공동행위 및 불공정거래행위를 규제하여 공정하고 자유로운 경쟁을 촉진함으로써 창의적인 기업 활동을 조장하고 소비자를 보호함과 아울러 국

---

116) 경제기획원(편), 전게서, 제549-560면.

민경제의 균형 있는 발전을 도모함을 목적으로 하는 법률이다.(제1조)

6. "유통산업근대화촉진법"(1980.1.4 법률 제3244호)

이 법은 유통산업의 건전한 발전을 촉진함으로써 유통구조를 개선하고, 소비자와 생산자를 보호하여 물가안정 및 국민경제의 균형 있는 발전에 기여함을 목적으로 하는 법률이다.(제1조)

7. "소비자보호법"(1980.1.4 법률 제3257호)

이 법은 소비자의 기본권익을 보호하고 소비생활의 향상과 합리화를 기하기 위하여 국가·지방자치단체 및 사업자의 의무와 소비자의 역할 등을 규정함을 목적으로 하는 법률이다.(제1조)

8. "통계법"(1962.1.15 법률 제980호)

이 법은 통계조사에 관한 사항을 종합적으로 조정하고 통계의 체계를 정비함으로써 통계의 진실성과 통계제도의 효율성의 확립을 도모함을 목적으로 하는 법률이다.(제1조)

9. "외자도입법"(1966.8.3, 법률 제1802호)

"외자도입촉진법"(1960.1.1 법률 제532호, 폐지), "차관에 대한 지불보증에 관한 법률"(1962.7.31 법률 제1115호, 폐지), "장기결제방식에 의한 자본재도입에 관한 특별조치법"(1962.7.31 법률 제1114호, 폐지) 등 세 개의 법안을 통합하여 다시 제정한 것으로써 이 법은 경제의 자립과 그 건전한 발전 및 국제수지의 개선에 기여하는 외자를 효과적으로 유치 · 보호하고 이들 외자를 적절히 활용 · 관리함을 목적으로 하는 법률이다.(제1조)

10. "공공차관의 도입 및 관리에 관한 법률"(1973.2.16 법률 제2519호)

이 법은 국민경제의 건전한 발전과 국제수지의 개선에 기여하는 공공차관을 효과적으로 유치 보호하고 이를 적절히 활용 관리함을 목적으로 하는 법률이다.(제1조)

11. "외환관리법"(1961.12.31 법률 제933호)[117]

이 법은 외국환과 그 거래 기타 대외거래를 관리하여 국제수지의 균형, 통화가

---

117) 한국의 경우 1950년에 이미 "국내재산도피방지법"을 제정하였으나 이 법률을 그대로 유지한 채로 1961년에 새삼스럽게 "외환관리법"을 제정한 까닭은 외화의 해외유출을 방지함과 아울러 환율의 적정관리를 도모하기 위함이었다. 이 점은 중국에서의 투자법제의 추진에서 함께 고려하여야 할 상당히 중요한 포인트라고 생각된다.

치의 안정과 외화자금의 효율적인 운용을 기함을 목적으로 하는 법률이다.(제1조)

12. "국내재산도피방지법"(1950.4.21 법률 제129호)

이 법은 국내에 있는 재산을 도피시킬 목적으로 외국 또는 북위38도 이북의 지역에 이동하거나 이동하는 결과를 발생케 하는 행위를 방지하기 위하여 제정한 법률이다.(제1조)

Ⅱ. 한국의 지역개발과 입법례

경제개발초기 한국은 자원의 한계, 지역문제, 개발목적의 특수성 때문에 한정된 지역만을 대상으로 개발하거나 지원하는 특정지역개발정책을 채택하게 되었다. 이로 인하여 서울-대전-대구-부산을 축으로 하는 영남지역중심의 경제발전이 있게 되었고 호남지역은 그 경제발전에서 비교적 소외되었다. 그 동안 한국을 이끌어 온 박정희, 전두환, 노태우, 김영삼 등 역대대통령들 대부분이 영남출신이었다는 점도 영남지역과 호남지역의 경제발전의 불균형을 불러온 중요한 원인이 된다고 할 수 있다. 노태우 정권이 출범하면서부터 정치적인 색채가 짙은 지역감정의 불씨를 잠재우고 통치기반을 공고히 하고 지역경제의 불균형을 해소하기 위해 점차 호남지역의 발전을 도모하는 노력을 하게 되었다. 김대중 대통령의 '국민정부'시기에 와서는 호남지역에 획기적인 변화가 생기기 시작하였으며 노무현 대통령의 '참여정부'가 들어서면서부터는 지역주의를 타파하고 전국이 골고루 잘 사는 나라를 건설하기 위한 다각적인 정책들을 채택하였다.

그 동안 한국은 크게 세 번의 국토종합개발을 추진하여 왔다. 첫 번째는 산업기반조성과 생활환경개선을 목표로 4대강(한강 · 금강 · 영산강 · 낙동강)유역을 거점으로 개발한 제1차 국토종합개발(1972-1981)이고, 두 번째는 국토의 균형발전과 국민복지의 향상을 목표로 4대 경제지역권(수도권 · 중부권 · 서남권 · 동남권)과 4개 특정지역(제주도 · 다도해 · 88올림픽고속국도주변 · 태백산)을 균형적으로 개발한 제2차 국토종합개발(1982-1991)이며, 세 번째는 지방생활권중심개발, 생산확대와 자원절약을 위한 국토의 이용, 국민복지 향상과 환경보전, 통일에 대비한 국토기반조성을 목표로 7개 권역(부산권, 대구 · 포항, 군산 · 장항, 광주 · 목포, 광양만, 대전, 아산)을 균형적으로 개발한 제3차 국토종합개발(1992-2001)이다.

이러한 단계를 거치는 과정에서 제도적 장치가 미리 마련되어 있었는바 관련 입법을 정리해 보면 다음과 같다.

1. “국토건설종합계획법”(1963.10.14 법률 제1415호, 폐지)

이 법은 국토의 자연조건을 종합적으로 이용 · 개발 및 보전하며, 산업입지와 생활환경의 적정화를 기하기 위하여 국토건설종합계획과 그의 기초가 될 국토조사에 관한 사항을 규제함으로써 국토의 경제적 · 사회적 · 문화적 발전을 이룩하여 국민의 복리향상에 기여함을 목적으로 하는 법률이다.

2. “지방공업개발법”(1970.1.1 법률 제287호, 폐지)

이 법은 공업의 적정한 지방분산을 촉진하여 지방간의 경제적 격차를 완화하고 고용기회의 증대를 기함으로써 균형 있는 국민경제의 발전에 기여함을 목적으로 하는 법률이다. 또한 이 법의 시행에 관하여 필요한 사항을 규정하기 위하여 “지방공업개발법시행령”(1970.2.9 대통령령 제4582호, 폐지)도 제정하여 실행하였다.

3. “농지확대개발촉진법”(1975.4.11 법률 제2767호, 폐지)

이 법은 농지를 확대 개발함으로써 농작물의 증산을 기함과 아울러 국토의 효율적인 이용으로 국민경제의 발전을 도모하기 위하여 미간지의 개발을 촉진함을 목적으로 하는 법률이다.(제1조) 또한 이 법에서 위임된 사항과 법의 시행에 관하여 필요한 사항을 정하기 위하여 “농지확대개발촉진법시행령”(1975.7.22 대통령령 제7699호, 폐지)도 제정 · 실행하였다.

4. “특정지역종합개발촉진에 관한 특별조치법”(1980.1.4 법률 제3258호, 폐지)

이 법은 특정지역의 자원을 종합적으로 이용 · 개발 및 보전하며, 산업입지와 생활환경의 적정화를 기함으로써 국민생활의 향상과 국민경제의 발전에 기여함을 목적으로 하는 법률이다.(제1조) 이 법의 시행에 관하여 필요한 사항을 정하기 위하여 “특정지역종합개발촉진에관한특별조치법시행령”(1981.2.17 대통령령 제10201호, 폐지)도 제정 · 실행하였다.

5. “지역균형개발 및 지방중소기업육성에 관한 법률”(1994.1.7 법률 제4722호)

이 법은 국토를 합리적으로 이용 · 개발 · 보전하기 위하여 지방의 발전 잠재력을 개발하고 민간부문의 자율적인 참여를 유도하여 지역개발사업이 효율적으로 시행될 수 있도록 함과 아울러 지방중소기업을 적극적으로 육성함으로써 인구의 지방정착을 유도하고 지역경제를 활성화시켜 국토의 균형 있는 발전에 기여함을 목적으로 하는 법률이다.(제1조)

6. "도시재개발법"(1999.3.31, 법률 제5956호)

이 법은 도시의 계획적인 재개발에 관하여 필요한 사항을 규정함으로써 재개발사업을 촉진하고 도시의 건전한 발전과 공공복리의 증진에 기여함을 목적으로 하는 법률이다.(제1조) 또한 이 법에서 위임된 사항과 그 시행에 관하여 필요한 사항을 규정하기 위하여 "도시재개발법시행령"(2000.7.1, 대통령령 제16891호) 등도 제정 · 실행하고 있다.

또한 한국은 21세기의 세계화 · 지방화시대에 발맞추어 지방화와 국가균형발전을 지향하여 분권 형 선진국가로 거듭나기 위해 이미 "국가균형발전 3대 특별법"을 제정 · 공포한 바 있다. 즉 지역 간 불균형을 해소하고 지역혁신 및 특성에 맞는 발전을 통하여 자립형 지방화를 촉진함으로써 전국이 개성 있게 골고루 잘 사는 사회를 건설하는 데 이바지함을 목적으로 하는 "국가균형발전특별법"(2003.12.29 법률 제07061호), 국가 및 지방자치단체의 지방분권에 관한 책무를 명확히 하고 지방분권의 기본원칙 · 추진과제 · 추진체계 등을 규정함으로써 지방을 발전시키고 국가경쟁력을 높이는 것을 목적으로 하는 "지방분권특별법"(2003.12.29 법률 제07060호), 국가 중추기능의 수도권 집중에 따른 부작용을 시정하고 세계화와 지방화가 동시에 진행되는 시대적 조류에 부응하기 위하여 신행정수도를 건설하는 방법 및 절차에 관하여 규정함으로써 국가의 균형발전과 국가경쟁력의 강화에 이바지함을 목적으로 하는 "신행정수도의 건설을 위한 특별조치법"(2003.12.29 법률 제7062호)등이다.

국가의 균형발전, 국가경쟁력 강화 및 분권 형 선진 국가를 지향하는 한국의 이러한 노력들은 중국의 지역개발에 시사하는 바가 크다고 할 수 있다.

제 3 절 주요 국가의 지역개발분석

Ⅰ. 선진국 지역개발 특징분석

한국을 비롯한 기타 경제선진국들이 지역개발전략을 추진하는 과정을 살펴보면 여러 가지 공통된 분모를 갖고 있는바 우선 그 특징을 이하 7개 분야로 나누어 살펴보기로 한다.

1. 선(先)입법, 후(後)개발

선진국은 지역개발을 본격 시작하기에 앞서 우선 다양한 입법을 단행하였다. 해당 입법을 통해 해당 지역발전계획을 법에 명시하고 법에 따라 실시하였다. 그 입법형태를 보면 크게 두 가지 특징이 있는바, 하나는 기본법의 입법을 통한 법률체계의 구축이다.[118] 기본법은 대개 전국 내지는 일정한 큰 지역을 그 규제대상으로 하고 있었기에 종합개발의 중요한 법률근거로 되었다. 기본법에는 주로 낙후지역의 개발과 관련한 기본방침, 정책 및 제도적 보장에 관한 내용을 담고 있다. 둘째는 특별법의 입법을 통한 법률체계의 구축이다.[119] 특별법은 주로 특정개발지역 내지는 특정개발항목을 그 대상으로 하고 있으며 산업구조조정, 국가재정투입, 각 종 우대정책의 확립, 문제점의 예방 등에 관한 내용을 담고 있다. 입법방식의 선택에 있어서 기본법이냐 특별법이냐는 나라마다 상황이 다르기 때문에 자체의 입법관행에 따라서 결정해야 할 것이다. 중국의 경우 그 입법관행을 보면 주로 기본법의 입법을 선호해 왔으나 여러 가지 지역개발을 추진하는 경우에는 지역개발의 실효성, 지방투자법제구축의 용이성, 투자환경의 개선 등 요인을 감안하여 특별법의 형태로 입법하는 것이 더 바람직하다고 본다.

---

118) 예를 들면 일본의 "국토종합개발법", 독일의 "국토계획법"(Raumordnungsgesetz)등이 그것이다.

119) 예를 들면 한국의 "특정지역종합개발특별조치법", 미국의 "테네시강유역개발법"(Tennessee Valley Authority Act), 일본의 "홋카이도개발법"과 "산촌진흥법" 등이다.

2. 전문개발기구의 설립

한 나라의 낙후지역은 보통 여러 개의 지역을 포함하므로 기존의 지방행정기관의 역할만으로는 그 한계가 있다. 따라서 지역발전의 조화, 개발계획의 효과적인 실행을 위해서 각국은 법에 따라 별도의 전문개발기구를 설립하여 지역개발을 총괄하도록 하였다. 예를 들면 미국의 "애팔래치아지역위원회"(ARC), 일본의 홋카이도개발청(北海道開發廳) 등이 그것이다. 이러한 전문개발기구는 개발에 필요한 상당한 권한을 부여받아 지역경제개발을 종합적으로 계획하고 감독함으로써 개발의 효과적인 추진을 도모할 수 있었다.

3. 명확한 정책목표의 제시

각국의 지역개발입법의 또 하나의 특징은 바로 개발추진목표를 법에 명시하였다는 점이다. 미국의 경우 주로 낙후지역과 기타 지역의 수입격차를 해소하는데 그 목표를 두었고, 영국의 경우에는 주로 노후한 공업기지의 실업문제를 해소하는데 그 목표를 두었다. 독일의 경우는 낙후지역의 경제구조조정과 인구의 유출 등을 해결하는데 그 목표를 두었고, 일본의 경우는 경제발전의 과밀과 과소 문제를 해결하는데 그 목표를 두었다.

4. 다양한 개발방식의 채택

각국은 해당 입법을 통해 낙후지역에 대한 다양한 개발방식을 규정하여 실행하였다. 예를 들면 정부의 재정지원과 공공기관투자, 재정수입이전, 각 종 우대정책을 통한 경제 활성화, 개발지역과 내용에 대한 정부의 직접통제, 낙후지역 제품에 대한 강제구매, 천도(遷都)등을 통한 경제중심의 분산 등이다.

5. 인프라의 구축

각국은 자국 내 낙후지역을 개발함에 있어서 공공부문에 대한 투자에 주력하였는바 즉 여기에는 교통, 통신, 에너지 등 생산성 기초시설과 교육, 의료, 문화 등 사회기초시설분야가 모두 포함된다. 예를 들면 미국의 경우에는 낙후지역의 지역개발을 위해 주로 고속도로, 정보네트워크, 환경보호 분야에 대해 집중적으로 투자하였고 일본의 경우에도 정부의 자원을 주로 고속도로, 항만, 주택, 하수도, 도시환경, 농업, 임업, 수산업 등 분야의 시설을 구축하는데 투입하였다.

6. 민간참여의 유도

지방 및 민간투자 확대 지역개발에 있어서 그 주체는 통상 중앙정부이다. 그러나 중앙정부의 역할은 시간이 지남에 따라 필연적으로 그 한계를 드러내게 된다. 따라서 각 국은 지방정부와 여러 단체 및 민간인들의 참여를 유도하는 정책을 제정하였다. 예를 들면 영국의 경우 많은 지방단체들과 민간인들이 개발에 참여함으로써 중앙정부의 자금회수에 따른 자금부족문제를 해결하는데 중요한 역할을 하였다. 이 외에도 프랑스와 일본의 경우에도 중앙정부와 지방정부가 개발자금을 적당히 분담하는 방법으로 중앙의 자금부담을 덜고 지방정부의 적극성을 유도하였다.

7. 자생력의 육성

낙후지역이 지속적인 발전이 가능하기 위해서는 결과적으로 자체의 자생력을 갖추어야 한다. 선진국에서는 국가적인 지원과 낙후지역의 생산 잠재력을 서로 적절하게 결합시키는 개발전략을 추진하였는바 미국의 경우 주로 낙후지역의 노동자능력 제고, 민간자본 투입, 중소기업 발전, 취업기회 확대, 개인수입 증가, 빈곤인구 감소 등을 정책적인 목표로 하여 자체발전능력과 경쟁력을 육성하는데 주력하였다. 따라서 정부의 자금을 다양한 형태의 교육과 연수분야에 투입하여 기술수준을 향상시키도록 하였다.

Ⅱ. 중국과의 비교분석

중국은 서부대개발, 동북진흥, 중부궐기, 사회주의 신 농촌건설 등 지역개발 전략들을 추진한 이래 한국을 비롯한 주요 국가의 지역개발전략 및 관련 정책들을 본격적으로 연구하기 시작하였다. 이는 중국이 지역개발과 관련하여 기존의 경험이 전무(全無)하기 때문이기도 하다. 상술한 주요 국가의 선례와 중국의 현 상황을 비교 분석해보면 중요한 결론을 얻게 된다.

1. 한국 경제개발과 중국 지역개발의 비교

한국과 중국을 비교해보면, 한국의 경우 경제개발을 함에 있어서 그 동안 "제1차 경제개발 5개년계획"(1962-1966), "제2차 경제개발 5개년계획"(1967-1971), "제3차 경제개발 5개년계획"(1972-1976), "제4차 경제개발 5개년계획"(1977-1981), "제5차 경제개발 5개년계획"(1982-1986) 등 도합 다섯 차례의 경제개발 5개년계획을 통해 경제개발을 진행하였음을 알 수 있다.[120] 중국의 경우에도 지금까지 "제1차 5개년계획"(1953-1957), "제2차 5개년계획"(1958-1962), "제3차 5개년계획"(1966-1970), "제4차 5개년계획"(1971-1975), "제5차 5개년계획"(1976-1980), "제6차 5개년계획"(1980-1985), "제7차 5개년계획"(1986-1990), "제8차 5개년계획"(1991-1995), "제9차 5개년계획"(1996-2000), "제10차 5개년계획"(2001-2005)이 있었으며 현재는 "제11차5개년규획(規劃)"(2006-2010)이 추진 중에 있다.[121] 다른 점이라면 한국의 경우 경제개발과 관련된 법안들을 일찍이 "제1차 경제개발 5개년계획" 기간(1962-1966)에 제정하였고 그 후 폐지 및 여러 차례의 개정을 거쳐 오늘날 완벽한 법제를 구축한 반면에 중국의 경우에는 경제개발과 관련한 법안들이 그 동안 점진적인 변화발전과정을 거쳐 왔으나 아직까지는 완벽한 법체계를 갖추지는 못했다고 할 수 있다. 그리고 한국의 경우 경제개발초기 자원의 한계, 지역문제, 개발목적의 특수성 때문에 한정된 지역만을 대상으로 개발하거나 지원

120) 경제기획원(편), 전게서, 제358-367면.

121) 최근부터는 예전의 "계획(計劃)"이라는 표현대신에 "규획(規劃)"이라는 표현을 도입하여 시장경제적인 요소를 짙게 하고 장기적이고 안정적인 추진을 기하고 있다.

하는 특정지역개발정책을 채택하게 되었다. 이로 인하여 서울-대전-대구-부산을 축으로 하는 영남지역중심의 경제발전이 있게 되었고, 호남지역은 그 경제발전에서 상대적으로 소외되었다. 중국의 경우에도 개혁개방초기에는 동부지역을 우선 발전시키는 "불균형발전전략(不均衡發展戰略)"을 채택하였고 이로 인하여 중서부지역과 동북지역 및 농촌지역은 경제발전에서 소외되어 오늘날까지 낙후상태가 줄곧 지속되어 오고 있다. 한국은 그 동안 세 차례의 국토종합개발계획을 실행하여 지역불균형을 성공적으로 극복한 반면, 중국은 현재 서부대개발전략, 동북진흥전략, 중부궐기전략, 사회주의 신 농촌건설전략 등을 추진함으로써 지역불균형을 해소하기 위한 노력을 하고 있는 중이다. 또한 한국은 경제개발 5개년계획과 국토종합개발계획을 추진하는 초기에 이미 이를 구체적으로 실행하기 위한 여러 특별법을 제정 · 공포하였으나, 중국은 현재 지역개발과 관련된 법제가 많이 미흡한 실정이다.

2. 미국 · 일본의 지역개발과 중국의 지역개발의 비교

중국은 현재 미국과 일본의 지역개발과 그 입법모델에 많은 관심을 보이고 있는바 미국의 테네시강유역(Tennessee Valley)과 애팔래치아지역(Appalachian Regional)의 개발, 일본의 홋카이도(北海道)개발이 전형적인 것들이다.

(1) 지역개발법안의 비교, 미국의 경우에는 낙후한 테네시강유역(Tennessee Valley)과 애팔래치아지역(Appalachian Regional)을 개발하기 위해 "테네시강유역개발법(Tennessee Valley Authority Act)"과 "애팔래치아지역개발법(Appalachian Regional Development Act)"을 선후로 제정하였고, 일본의 경우에는 홋카이도(北海道)지역에 대한 개발을 위해 "홋카이도개발법(北海道開發法)"을 제정하였는바 이는 바로 특정지역의 개발을 위한 기본법이다. 이는 그동안 중국이 서부대개발전략을 위해 추진하고 있는 "서부개발촉진법(西部開發促進法)"과 유사한 입법모델이다. 중국은 그동안 기본법 형태인 "서부개발촉진법(西部開發促進法)"의 입법을 공식 추진한 바 있다. 이와 관련 그동안 입법심의위원회가 구성되어 본격적인 초안 작성 및 연구에 들어가서 빠르면 2004년 말쯤에 국무원에 회부되어 타당성 심사를 받게 될 것으로 예상되었으나 아직까지는 그렇다할 조짐이 보이지 않고 있다. 만약 "서부개발촉진법(西

部開發促進法)"이 제정되면 이를 근거로 "서부대개발투자법(西部大開發投資法)", "생태환경보호법(生態環境保法)", "이민법(移民法)", "소수민족경제촉진법(少數民族經濟促進法)" 등 특별법을 제정하는 것으로 그 입법방향을 잡고 있었다.[122] 만약 향후 "서부개발촉진법(西部開發促進法)"이 제정되면 이를 모델로 "동북진흥촉진법(東北振興促進法)", "중부개발촉진법(中部開發促進法)", "신농촌발전촉진법(新農村發展促進法)"등 유사한 입법안도 발표될 가능성이 높아진다.

(2) 지역개발 전문기구의 비교, 미국은 해당 지역의 개발을 위해 테네시강유역개발공사(TVA)와 "애팔래치아지역위원회"(ARC)를, 일본은 홋카이도개발청(北海道開發廳) 등을 신설하였는바 이는 바로 낙후지역개발을 위한 전문기구이다. 중국의 경우에도 현재 지역개발전략을 추진하기 위해 국가발전개혁위원회(國家發展和改革委員會)산하에 "서부개발판공실(西部開發辦)", "동북진흥판공실(振興東北辦)" 및 "국가중부지구궐기촉진공작판공실(國家促進中部蹶起工作辦公室)" 등 전담기구를 설치 및 운영하고 있다.

(3) 민간참여의 비교, 미국과 일본은 해당 지역을 개발함에 있어 지방단체와 민간인들의 참여를 적극 유도하기 위해 다양한 장려정책을 제정한 바 있다. 중국이 지역개발전략을 추진하는 과정에서도 중앙정부의 재원부담을 경감하고 지속적인 발전이 가능하게 하기 위해 지역별 무역 및 투자박람회를 개최하는 등 국내외 민간인 투자자들의 참여를 적극 유도하고 있다.

(4) 인프라구축 비교, 미국과 일본은 모두 낙후지역의 지역개발을 위해 인프라구축에 자금을 집중 투입하였다. 미국의 경우 주로 고속도로, 정보네트워크, 환경보호분야에 대해 집중적으로 투자하였고, 일본의 경우에도 정부의 자원을 주로 고속도로, 항만, 주택, 하수도, 도시환경, 농업, 임업, 수산업 등 분야의 시설구축에 투입하였다. 현재 중국의 중서부지역에 대한 개발에 있어서도 초기단계의 인프라구축과 자원의 합리적인 개발에 중앙과 지방정부의 자금이 집중 지원되고 있다.

---

122) 吳大華 · 徐杰, 前揭書, 第96面.

제 8 장 중국 지역개발전략과 발전방향

제 1 절 중국의 경제발전변화

중국 경제는 개혁개방이후 30년 동안 급속한 성장세를 이어 왔으며 2007년 말까지도 경기과열과 인플레이션을 걱정해야 하는 상황이었다. 그러나 2008년에 터진 미국 발 금융위기로 세계경제가 침체되면서 중국 경제에도 여러 가지 부정적인 영향을 미치고 있다. 따라서 중국정부는 이제는 경제체질을 실질적으로 개선하고 국내기업의 경쟁력을 강화하며 내수시장 확대를 통해 국민경제의 지속적인 발전을 도모하고자 하고 있다. 실제로 최근 몇 년간의 상황을 살펴보면 중국 경제의 판도가 급격히 변화하고 있음을 알 수 있다.

Ⅰ. 경제성장축의 이동

1980년대 개혁개방 초기에 등소평(鄧小平)주석을 중심으로 하는 중국 제2세대 지도부는 홍콩, 광동(廣東), 복건(福建) 등 주강삼각주지역에 외자기업중심의 방직, 전자, 물류, 금융 등 산업을 대대적으로 발전시키면서 개혁실험을 단행하였다. 이는 주강삼각주가 중국에서 첫 번째 경제권을 형성하는 계기를 마련하였다. 1990년대에 이르러 강택민(江澤民)주석을 중심으로 하는 제3세대 지도부는 상해(上海), 강소(江蘇), 절강(浙江)등 장강삼각주지역에 외자기업과 국영기업 중심의 금융, 선박, 전자, 항공, 신소재 등 분야의 산업을 발전시키고 중국의 제2의 경제권인 장강삼각주 경제권을 육성하였다. 2000년대 후반부터 호금도(胡錦濤)주석을 중심으로 하는 제4세대 지도부는 북경, 천진, 산동, 요녕 등 발해(渤

海)를 둘러싼 지역에 전자, 석유, 자동차, 생물, 나노(Nano), 장비 등 분야의 자주 및 창조형 기업들을 육성하여 이 지역을 중국의 제3의 경제권인 환발해만(環渤海灣)경제권 혹은 빈해(濱海)경제권으로 육성하고자 하고 있다. 이어서 현재에는 중국의 전통적인 공업기지인 동북지역을 중국의 제4의 경제권으로 육성하려는 동북진흥전략을 추진하고 있는 중이다. 만약 이러한 추세대로라면 그 다음은 광활한 중서부지역이 또 다른 경제성장축으로 부상할 가능성이 크다. 따라서 오늘날에는 환발해만(環渤海灣)지역, 동북지역, 중서부지역이 경제성장에서의 새로운 축으로 부상하는 구도를 가지고 있다. 이러한 경제성장축의 이동은 국가의 의도적인 정책중심 이동을 반영하는 것이며 지역격차를 해소하기 위한 국가의 지역개발전략과도 일맥상통(一脈相通)하는 것이다.

Ⅱ. 경제성장모델의 전환

주지하다시피 그동안 중국은 수출위주의 외자의존 형 경제모델을 구사해왔으며 주로 외자를 유치하고 수출을 장려하는 방법으로 동부연해지역을 중심으로 경제발전을 이룩하였다. 그러나 이러한 경제성장모델은 이미 한계가 있음이 드러났으며 여러 가지 부작용도 발생하고 있다. 따라서 오늘날 중국은 국내의 자체산업을 발전시켜 생산력을 키우고 국제경쟁력을 갖추게 하는 자주적이고 혁신적인 경제성장을 시도하고 있다.

이를 위해 “과학적발전관(科學發展觀)”이라는 새로운 이념에 입각해 기존의 수출위주의 외자의존 형 경제모델을 자주 · 혁신 형 경제성장모델로 전환하고 있으며 경제 및 외국인투자와 관련된 다양한 입법을 통해 정책중심도 “외자유치형”에서 “공정경쟁형”으로, “친 기업형”에서 “노동자 보호형”으로 전환하고 있다. 경제성장모델의 이러한 전환은 중국이 국민경제의 지속적인 발전을 도모하고, 지역격차와 도농격차를 해소하며, 경제 강국으로 부상하는데 결정적인 역할을 할 것으로 예상된다.

Ⅲ. 경제성장방식의 전환

그동안 중국경제가 고도성장을 할 수 있었던 데는 외자의 대량유치, 자원의 대량소모, 풍부한 저가노동력, 막강한 수출량 등에서 그 요인을 찾아볼 수 있다. 그러나 이러한 경제성장방식은 중국 국내기업의 발전을 저애하고 자원낭비에 따른 생태환경파괴를 가져왔으며 노동자들의 적법한 권리가 보장받지 못하는 등 많은 문제점들을 양산하였다. 따라서 최근에는 인프라구축, 생태환경보호, 에너지절약, 국내의 자체브랜드육성 등을 통해 자생력을 제고하는데 주력하고 있다. 자생력을 제고하기 위한 다양한 조치는 최근에 발표된 경제 및 외국인투자 관련 법안을 통해 이미 상당 부분 그 윤곽을 드러낸 상황이다.

이러한 경제성장방식의 전환으로 서부대개발전략이 추진되고 있는 서부지역, 동북진흥전략이 추진되고 있는 동북지역, 중부궐기전략이 추진되고 있는 중부지역 및 신 농촌건설전략이 추진되고 있는 광활한 농촌지역 등 지역경제의 발전을 과학적으로 추진시키고 지역개발의 성과를 극대화하는 효과가 예상된다.

제 2 절 중국 지역개발전망과 대응연구

Ⅰ. 중국 지역개발의 전망

중국에서 지역격차와 도농격차는 이미 그 위험수위를 넘어서고 있다. 따라서 중국정부는 "과학적발전관(科學發展觀)"과 "조화사회(和諧社會)"의 이념에 따라 모든 역량을 동원해 빈부격차를 해소하기 위한 노력을 하고 있다. 그러나 이러한 노력에도 불구하고 중국 경제는 그동안 고속성장을 지속해 왔으며 오히려 빈부격차가 더욱 벌어지는 양상을 보이고 있다.

때문에 향후에도 그동안에 수립한 서부대개발전략, 동북진흥전략, 중부궐기전략, 신 농촌건설전략 등 다양한 지역개발전략들을 꾸준히 추진할 전망이다. 이러한 지역개발전략과 중앙정부의 전폭적인 재정지원에 힘입어 그동안 중서부지역의 면모는 예전에 비해 상당한 발전을 가져왔다. 물론 아직은 동부지역에 비견되지는 못하지만 시간이 지남에 따라서 그 효과가 서서히 나타날 것으로 예상된다. 이러한 지역개발전략들은 단기간 내에 끝나는 사업이 아니며 장기적인 전략으로 추진되는 만큼 아직은 지역개발전략의 효과나 성패에 대해 평가하는 것은 시기상조일 것이다. 또한 일각에서는 중국이 실효성이 없는 지역개발전략들을 남발한다고 우려하고 있으나 이는 중국의 실정을 잘 모르는데서 생기는 편견이다. 중국은 이러한 지역개발을 국가적 차원에서 전략으로 지정하고 추진함으로써 각 급 지장정부와 국민들의 참여적극성을 진작하고 외국인투자자들의 투자를 유도할 수 있다는데 그 의미가 있는 것이다.

Ⅱ. 대응연구

중국에 진출한 외국인투자자들이 통상 겪는 가장 큰 어려움은 정책적인 리스크라고 한다. 그만큼 중국의 법규와 정책의 변화가 빨라 이에 대응하고 파악하기 어렵다는 것이다. 앞서 언급했듯이 향후에도 중국정부는 기존의 서부대개발전략, 동북진흥전략, 중부궐기전략, 신 농촌건설전략 등 다양한 지역개발전략들을 꾸준히 추진할 전망이다. 그러나 이러한 지역개발전략들을 추진하는 과정에서 중앙정부 및 지방정부 차원에서 세부적으로 다양한 정책변화가 예상된다. 그러면 어떤 방식으로 이러한 정책변화를 파악하고 대응연구를 할 것인지가 과제가 될 수 있다. 지역개발전략과 관련된 법규와 정책들을 파악하기 위해서는 이하 몇 가지 분야에서 노력해야 한다고 본다.

1. 지역개발전략과 관련된 중앙정부 차원의 투자 법제를 우선 파악해야 한다.

중국은 지역개발전략을 위한 법제와 정책을 입안함에 있어 전인대 차원의 입법방식보다는 여러 가지 복잡한 상황에 적시에 대응할 수 있는 다양한 방식을 채택할 가능성이 크다.

즉 예를 들면 매년 3월에 열리는 전국인민대표대회(全人大)에서 국무원 총리의 "정부사업보고"를 통해 지역개발전략의 중요성과 역사적 의미를 명시하는 방식, 중공중앙의 경제사업회의와 국무원의 경제사업회의를 통해 지역개발전략의 실시내용을 명시하고 점검하는 방식, 국무원 혹은 국무원 산하의 국가발전개혁위원회가 지역개발과 관련된 행정지침을 발표하는 방식 등이 그것이다. 따라서 지역개발전략과 관련된 중앙정부의 법제와 정책을 파악하기 위해서는 국무원 총리의 "정부사업보고", 지역개발전략을 위한 "회의요지", 국무원의 "행정지침" 등을 수시로 체크하고 그 내용을 파악하는데 주력해야 한다.

2. 지역개발전략과 관련된 해당 지방정부 차원의 투자 법제를 더욱 면밀하게 파악해야 한다.

서부대개발전략, 동북진흥전략, 중부궐기전략, 신 농촌건설전략 등은 통상 일정한 지역을 상대로 추진되는 것이므로 해당 지역의 지방정부에서도 자체의 발전방향과 지역특성에 따라 경제개발과 국내외투자유치를 위한 법규와 정책들을 지속적으로 발표할 것이다. 지역개발전략을 위한 지방정부 차원의 투자법제는 통상 지방의 입법기관인 지방인대(地方人大) 혹은 지방의 행정기관인 지방인민정부(地方人民政府)가 지방법규를 제정하거나 별도의 회의를 소집하는 방식으로 이루어지고 있다. 따라서 지방법규와 지방정부의 회의요지를 파악하는 것도 아주 중요하다. 그러나 지방정부의 해당 투자정책들은 구체적인 상황에 따라 자주 변화하는 특성이 있음을 유의해야 한다. 외국인투자자들은 이것을 중요한 투자리스크로 보고 있는바 이러한 상황에 제때에 그리고 정확하게 대비할 수 있는 시스템을 갖추어야 한다.

첫째는 중앙정부의 지역개발전략과 관련된 투자정책의 변화를 주시해야 한다. 지방정부의 투자정책에 변화가 생길 경우에는 대다수가 중앙정부의 투자정책이 변화하였기 때문이다.

둘째는 해당 지방정부의 당정지도자들이 진행하는 현지지도, 조사활동, 회의발언 등을 주목해야 한다. 중국에서 각 지방의 당정지도자들은 통상 그 지역의 경제발전과 개발과 관련되어 직접 결정하거나 혹은 거의 대부분의 정보들을 파악하고 있기 때문이다. 물론 개인적으로 그분들 혹은 그분들의 측근들과 친분을 쌓아두면 좋겠으나 이는 오히려 여러 가지 부작용이나 불필요한 오해를 불러올 수 있으므로 피하는 것이 좋다. 때문에 지방정부 차원에서 공식적으로 진행하는 행정업무와 관련된 공식브리핑, 혹은 언론매체들에서 공개되는 당정지도자들의 현지시찰, 회의발언 등의 내용들을 꼼꼼히 체크하는 것이 중요하다.

셋째, 해당 지방정부의 경제무역위원회, 초상국(招商局), 외국인투자복무센터 등 투자관련 부서들을 직접 방문하는 것도 좋은 방법이다. 오늘날 중국에서 외국인투자요건에 대한 규제가 많아진 것은 사실이나 지역별로 외국인투자를 적극 유치하고자하는 기본방침은 변하지 않았다. 따라서 이러한 기관들을 직접 방문하여 해당 지역개발과 관련된 자문을 자주 받는 것이 중요하다.

3. 각종 박람회를 통한 투자정책홍보에 주목해야 한다.

중국에서는 종종 “경제무역투자박람회”, “여행투자박람회”, “○○산업투자박람회”등 이벤트를 통해 국내외 투자자들에게 해당 지역의 투자유치산업, 투자환경 및 투자정책들을 홍보하고 있다. 현재 지역개발이 추진되고 있는 서부지역, 중부지역, 동북지역 등의 경우에도 이러한 박람회를 여러 차례 개최한바 있다. 중국의 경우 이러한 큰 규모의 박람회를 통해 특정된 지역 혹은 특정된 산업에 대한 투자정책들을 홍보하는 것이 관례가 되고 있으며 박람회에 참가한 국내외투자자들은 이런 기회를 통해 해당 지역의 경제발전과 개발과 관련된 많은 정보들을 접할 수 있다. 특히 이러한 박람회는 1년 혹은 몇 년에 한두 차례 개최될 정도로 자주 진행되는 것이 아니므로 기회를 놓치지 말아야 한다. 또한 박람회가 개최된 후에는 통상 지역발전에 상당한 시너지 효과가 발생하기 때문에 이러한 박람회를 통한 지역개발과 투자정책홍보에 주목해야 한다.

제 3 절 지역개발전략과 투자법제의 발전방향

Ⅰ. 지역개발을 위한 투자전략

경제학의 개념으로 경제성장(economic growth)이라 함은 시간이 흘러감에 따라 경제활동의 규모가 커지는 것을 말한다.[123] 경제는 단계적으로 성장하는 과정을 거치게 되는 바, 단계적 성장론을 주장하는 이들로는 칼 마르크스(Karl Marx), 로스토우(W.W. Rostow), 리스트(Friedrich list), 뷰케(Boeke) 등이 있다.[124] 이 중에서도 로스토우(W.W. Rostow)의 단계적 성장론이 주목된다. 로스토우(W.W. Rostow)는 동서양을 막론하고 모든 사회는 5단계의 성장과정을 거치게 된다고 하였는바 즉 전통적 사회(Traditional Society)에서 시작하여, 도약준비단계(Preconditions to Take off), 도약단계(Take off), 성숙사회로의 진입단계(The Drive to Maturity), 고수준의 대중소비단계(High Mass Consumption)에 이르게 된다는 것이다.[125]

장기적으로 각 국의 경제는 대부분 성장추세를 보이고 있으며 경제성장을 가져오는 요인들 또한 복합적이다. 경제성장을 이끄는 요인으로 통상 자본축적, 인구와 노동력, 기술진보, 자연자원, 기업가 기능 등을 꼽고 있다.[126] 그동안 세계가 주목한 중국경제의 고속성장도 이러한 요인들에 의해 이루어진 것이라고 볼 수 있으며, 그 중에서도 결정적인 요인으로 된 것은 바로 외국인투자에 힘입은 자본축적이라고 할 수 있다. 그 동안 중국은 동부지역의 우월한 지리적 여건과 정부의 정책적인 지원을 바탕으로 외국인투자를 대량 유치하여 수출위주의 외자 의존 형 경제를 발전시켜 동부지역의 경제성장을 이룩하였다. 하지만 중서부지역은 그 동안 발전에서 상대적으로 소외되어 왔고 이는 지역격차와 도농격차를 초래한 계기가 되었다. 이를 위해 서부대개발전략, 동북진흥전략,

---

123) 김대식 · 노영기 · 안국신 공저, 「현대경제학원론」-제4전정판(수정판), 2003년, 박영사, 제922면.

124) 김인철, 「경제발전론」, 박영사, 1998년 6月 초판, 제16-21면.

125) W.W. Rostow, *Ibid.*

126) 김성수, 「신경제학원론」(제2전정판), 학문사, 1995년, 제400-403면.

중부굴기전략, 신 농촌건설전략 등 다양한 지역개발전략들이 추진되고 있는 것이다. 그러나 이러한 지역개발전략들을 추진하는 과정에서 여러 가지 제약에 직면하고 있다. 자본부족 등 개별적인 요인도 거론되는 것이지만 더욱 중요한 요인은 허쉬만(Hirschman)이 지적한 바와 같이 경제발전을 촉진시킬 수 있는 의사결정능력이 결핍하기 때문이 아닐까 생각한다.[127] 때문에 중국은 그 동안 동부지역 발전위주의 "선부론(先富論)", "두개대국론(兩個大局論)", "삼보조(三步走)" 등 투자전략들을 바탕으로 하여 중서부지역의 경제발전, 나아가서는 국토의 균형발전과 경제의 지속적인 성장을 보장할 수 있는 새로운 투자전략을 고안해야 할 시점이라고 본다.

중국의 지역개발을 논함에 있어 유념해야 할 부분은 바로 이것이 단순히 낙후된 지역에 대한 경제개발이 아니라는 점이다. 단순한 지역개발로 이해할 경우 또 다른 지역경제의 불균형현상을 가져올 우려가 있다. 따라서 이는 단순한 지역개발이 아닌 국토의 균형발전과 경제의 지속적인 고도성장을 위한 국가적인 차원에서, 양적인 성장이 아닌 질적인 성장을 위한 전략적 차원에서 이해해야 할 것이다. 이를 위해서는 지역개발전략을 위한 새로운 시각과 차원의 투자전략이 필요하게 된다.

지역개발을 위한 구체적인 투자전략은 두 가지 측면에서 고려되어야 하는 바, 첫째는 투자환경변화이고, 둘째는 제도화이다.

1. 새로운 투자환경을 구축해야 할 필요성이 대두된다. 중서부지역과 동북지역의 경우 동부지역과 같은 우월한 지리적 여건과 경제자생력을 갖추지 못했으며 경제발전여건이 상대적으로 열악하다. 또한 개발이 아직까지는 상당부분 중앙과 지방정부의 지원에만 의존해 왔으며 점차 그 한계를 드러내고 있다.[128] 정부의 지원에 의해 일정한 인프라를 갖춘 후에는 국내외투자를 대량 유치하는 것이 최선의 방법이다. 국내외투자자의 경우 투자에 앞서 주로 해당 지역의 투자환경과 투자회수율을 고려하게 된다.[129]

---

127) Alberto, Hirschman, *The Strategy of Economic Development*, Yale University, Press, New Haven, 1958, Ch.1.

128) 王洛林 · 魏後凱, 「未來50年-中國西部大開發戰略」, 北京出版社(北京), 2002年 第1版, 第432面.

129) 余勁松 · 吳志攀, 「國際經濟法」, 北京大學出版社 · 高等敎育出版社(北京), 2000年 第1版, 第198-199面.

특히 투자환경은 그 지역에로의 투자여부를 가늠하는 가장 중요한 기준이 되고 있다. 현재 중서부지역과 동북지역의 투자여건은 여전히 열악한 수준에 머물러 있다. 서부대개발전략, 동북진흥전략, 중부굴기전략, 신 농촌건설전략 등 지역개발전략들이 추진된 이후 해당 지역의 경제발전에는 많은 변화가 있으나 투자환경의 근본적인 변화는 이루어지지 않았으며 국내외투자도 미미한 실정이다.[130] 이러한 상황으로는 소외된 중서부지역과 동북지역의 경제개발은 물론, 중국 경제의 질적인 성장도 담보할 수 없게 된다. 따라서 투자환경의 근본적인 변화가 반드시 필요하다.

2. 제도적 장치가 필요하다. 즉 한국을 비롯하여 주요 선진국의 선례를 살펴보더라도 선진적인 법률체계와 효율적인 투자정책이 뒷받침될 때야 만이 새로운 차원의 투자환경이 형성될 수 있으며 경제의 질적 성장이 가능해질 수 있다. 중국은 지난 1996年부터 "법치국가(法治國家)"건설의 슬로건을 내걸고 그 동안 제도적인 측면에서 많은 성과를 거두었다. 하지만 아직도 투자법규와 정책의 미비는 여전히 중국 내 투자환경개선의 가장 큰 걸림돌로 되고 있다.[131] 그것은 정부와 국민들의 법제의식이 부단히 높아지고 있기는 하지만 법치에 대한 국민적인 공감대는 아직 형성되지 않았기 때문인 것이다. 서부대개발전략, 동북진흥전략, 중부굴기전략, 신 농촌건설전략 등 지역개발전략들을 추진하는 것도 단순한 조세감면이나 그 외의 한시적인 특혜로는 성공할 수 없으며, 투자자의 생산과 경영, 재산권 및 계약상 권리, 분쟁해결 등 내용을 포함하는 종합적인 메커니즘(mechanism)을

130) 2002년까지 누계기준으로 살펴보면, 중국으로 유입된 외국인투자 중 동부 · 중부 · 서부 지역이 차지하는 비중은 각각 84.2%, 8.7%, 5.0%로서 서부지역이 차지하는 비중은 아주 미미하다. 서부지역에 대한 외국인투자의 절대규모는 최근에 미미하게 증가하고 있지만, 중국 전체에서 차지하는 비중은 오히려 지속적으로 감소하는 추세이다. 즉 2002년의 서부지역 외국인투자는 20억 달러로 1999년보다 2억 달러 증가하였으나 중국 전체에서 차지하는 비중은 4.6%에서 3.8%로 감소하였다(한국수출입은행 해외경제연구소 연구보고서-「중국 서부지역의 진출 유망산업과 우리의 진출전략」 8쪽, 33쪽. 한국수출입은행: http://www.koreaexim.go.kr/web/oeis/main.html참조).

131) 현재 외국인투자자들이 중국투자환경에 대해 가장 큰 불만을 느끼고 있는 부분은 "법규미비", "부정부패", "환경 및 위생수준" 등이며 이 중에서 투자 관련 법규의 미비와 정책의 투명성결여는 외국인투자기업들의 생산과 경영에 있어 가장 큰 제약요소로 작용하고 있다.(김익수, 「중국투자론」-이론과 실제, 박영사, 1999년 제1판, 제86-89면)

마련해야 할 것이다. 따라서 그동안 발전에서 소외되었던 이들 지역에 사회주의 시장경제를 정착시키고 새로운 투자환경을 구축하기 위해서는 우선 법치를 전제로 하는 새로운 제도적 장치가 마련되어야 한다.

Ⅱ. 투자법제의 발전방향

WTO 가입을 계기로 중국은 사회 제 분야에서 새로운 격변기를 맞이하게 되었으며 이러한 변화는 외국인투자와 관련된 법제분야에서도 뚜렷이 나타났다. 여러 가지 입법상황을 종합해보면 실제로 WTO에 가입한 이후 중국의 외국인투자와 관련된 법제는 양적 · 질적 모두 가장 큰 발전을 이룩하였다고 평가할 수 있다. 그러나 새로운 형세 하에서 중국의 외국인투자 특히는 지역개발전략과 관련된 투자가 국내외적으로 직면하고 있는 도전 또한 만만치 않다. 즉 국제적으로는 "WTO협약"에 따라 기존에 외국인투자가 금지되었던 많은 분야를 단계적으로 개방해야 하며, 국내적으로는 시장경제질서의 정착과 더불어 새로운 경제발전상황에 지속적으로 대비해야 한다. 또한 국내외투자를 통해 서부대개발전략, 동북진흥전략, 중부궐기전략, 신 농촌건설전략 등 다양한 지역개발전략들을 효과적으로 장기간 추진해야 하는 과제도 안고 있다. 따라서 필자의 관견으로는 향후 이하 몇 가지 측면의 노력이 필요할 것으로 본다.

1. 외국인투자법제의 정비, 즉 외국인투자 관련 기존 법규를 부단히 개선하고 정비하는 동시에 필요한 신규 법규들을 제때에 제정하여야 한다. 국민경제를 지속적으로 발전시키고 빈부격차를 효율적으로 해소하여 경제 강국으로 도약하기 위해서는 외국인투자유치는 필수적이며 외국인투자와 관련된 법제의 정비 또한 향후 지속적으로 추진되어야 할 과제이다. 특히 지역개발전략을 장기적이고 효과적으로 추진하기 위해서는 이러한 노력이 더욱 절실하다. 예를 들면, 최근 몇 년간 중국 내에서 외국기업들의 인수합병(M&A)이 활성화되면서 큰 이슈가 되고 있으나 아직까지는 중국 내의 인수합병(M&A) 관련 법 규정이 미흡한 단계에 머물러 있다.[132] 또한 외국인투자와 관련된 법 규정을 살펴보면, 법률

132) 盧炯星, 「中國外商投資法問題硏究」, 法律出版社(北京), 2001年 12月 第1版, 第171-174面.

간, 법률과 행정법규 및 부문 규범 간에 서로 중복되고 교차되어 있는데 “중외합자경영기업법(中外合資經營企業法)”, “외자기업법(外資企業法)”, “중외합작경영기업법(中外合作經營企業法)” 등 “3자기업법(三資企業法)”의 경우 서로 중복되어 규정된 조문이 50%이상에 달한다. 이러한 문제를 해결하기 위해서는 두 가지 측면의 노력이 필요한바, 하나는 국가차원의 외국인투자관련 법규와 정책들을 통일화하여 WTO 국제기준에 맞게 재정비하는 것이고, 다른 하나는 외국인투자관련 지방법규와 정책들을 시급히 재정비하여 국가의 해당 법규와 정책 및 국제규칙에 부합되도록 하는 것이다.

또한 외국인투자의 방향과 효율성을 보장하기 위한 신규투자법규의 제정이 필요하다. 향후 중국 외국인투자유치의 방향은 첨단기술, 기초시설, 환경보호, 에너지절약 등 산업에 집중될 것으로 전망된다. 때문에 이러한 분야의 외국인투자유치를 법적으로 뒷받침하기 위해서는 “외상투자산업지도목록(外商投資産業指導目錄)”과 “중서부지구외상투자우세산업목록(中西部地區外商投資優勢産業目錄)” 등 지침들을 정기적으로 개정 · 발표하는 동시에 외국인투자유치의 방향과 효율성을 구체화하는 관련법규도 제정되어야 한다. 현재 중국에 대한 외국인직접투자는 다소 둔화되기는 했으나 중국은 여전히 투자매력지역으로 꼽히고 있다. 그만큼 중국의 안정적인 정치 환경, 꾸준한 경제발전, 광활한 내수시장 및 풍부한 노동력 등이 여전히 외국인투자자들이 중국에 투자하는 중요한 요인이 되고 있음을 알 수 있다. 그러나 외국인투자자들이 중국 내에 투자함에 있어 각 종 리스크에 대한 우려와 불안을 동반하고 있음도 직시해야 할 현실이다. 예를 들면 외국인투자자들의 자산수용과 국유화가능성여부에 관한 것이 가장 전형적이라 할 수 있다.[133] 또한 최근 몇 년간 중국은 자체의 경제체질을 개선하면서 토지규제강화, 세제혜택축소, 가공무역금지품목리스트발표, 노동자권리확대 등 외국인 투자자에게 불리한 많은 조치들을 잇 따라 발표하고 있다. 따라서 중국투자에 대한 외국인투자자들의 불안감과 우려를 불식시키기 위해서는 무엇보다도 정책변경에 따른 외국인투자자들의 의견을 수렴하고 투명하고 실용성이 보장되는 신규투자법규들을 꾸준히 제정해야 한다.

133) R. Dolzer, “Expropriation and Nationalization,” *Encyclopedia of Public International Law* (V.6: Elsevier Science Publisher, 1985), p.217; P. Muchlinski, Muchlinski, *Multinational Enterprises and the Law* (Blackwell, 1995), p.501.

2. 지역개발전략을 위한 투자법제의 구축, 즉 외국인투자와 관련된 법규들을 정비하는 동시에 지역개발전략을 위한 별도의 법규와 정책들도 제정하여야 한다. 중국에서의 지역발전격차는 이미 그 위험수위를 넘어 국민경제발전의 발목을 잡고, 국가의 정치적 안정까지 위협하는 요인이 되고 있다. 이 문제를 해결하기 위해 중국은 중앙정부차원에서 그동안 서부대개발전략, 동북진흥전략, 중부궐기전략, 신 농촌건설전략 등 다양한 지역발전전략들을 추진해왔다. 하지만 이러한 지역개발전략들을 뒷받침할 수 있는 법제도가 여전히 미흡하다. 예를 들면 지역개발(특히는 서부대개발)과 투자를 위한 입법의 필요성에 대해 중국 내에서 이미 2000년부터 꾸준히 논의되어 왔지만 아직까지 그렇다할 성과를 보지 못하고 있는 실정이다.[134] 중국의 경제발전현황과 그 발전방향을 감안할 때, 지역개발전략들을 장기적이고 효과적으로 추진하기 위해서는 "지역개발촉진법(地域開發促進法)"을 기본법으로 하는 "서부개발투자법(西部開發投資法)", "동북진흥법(東北振興法)", "중부발전촉진법(中部發展促進法)", "신농촌건설촉진법(新農村建設促進法)" 등 지역개발을 위한 체계적인 법 시스템을 갖출 필요가 있으므로 관련 법규에 대한 이론적인 연구와 실무적인 작업들을 서둘러야 한다.

3. 지역개발전략을 위한 부서 신설, 즉 현재 지역개발전략을 추진하는 부서로는 국무원 차원에서 서부대개발전략을 위한 "서부지구개발영도소조(西部地區開發領導小組)"와 동북진흥전략을 위한 "국무원동북지역등전통공업기지진흥영도소조판공실(國務院關于成立東北地區等老工業基地領導小組辦公室)"이 있다. 또한 국가발전개혁위원회(國家發展與改革委員會)산하에 "서부개발판공실(西部開發辦)", "동북진흥판공실(振興東北辦)" 및 "국가중부지구궐기촉진공작판공실(國家促進中部蹶起工作辦公室)" 등 전담기구를 설치 및 운영하고 있다.

따라서 이러한 상황에 근거하여 모든 지역개발전략들을 전담하고 안정적으로 추진할 수 있도록 전문부서를 신설할 필요가 있다. 부서를 신설하는 데는 두 가지 방안이 있을 수 있는데 하나는 국무원이 임시로 "지역개발영도소조(地區開發領導小組)"를 설립하고 국가발전개혁위원회(國家發展與改革委員會)의 산하에 상설기구로 "지역개발국(地域開發局)" 혹은 "지역개발사(地域開發司)"를 신설하는 방안이고, 다른 하나는 국무원에 별도로 "지역개발부(地域開發部)"를 설립하는

134) 吳大華 · 徐杰, 前揭書, 第96面; 周興維, 前揭書, 第249-251面; 徐國弟 · 陳玉蓮, 前揭書, 第265面.

것이다. 필자의 관견으로는 전자의 방식을 채택하였다가 일정한 시간이 지나 여건이 성숙된 후 후자의 방식을 고려해 보는 것이 적합하다고 생각된다.

4. 새로운 경제권 형성, 즉 지역개발전략을 장기적이고 효율적으로 추진하기 위해서는 지역별로 새로운 경제발전 축을 마련하고 이 축을 중심으로 새로운 경제권을 형성해 가는 것이 중요하다. 예를 들면 서부대개발전략이 추진되는 서부지역에는 서안(西安)시를 축으로 하는 서안(西安)경제권을, 동북진흥전략이 추진되는 동북지역에는 선양(沈陽)시를 축으로 하는 선양(沈陽)경제권을, 중부궐기전략이 추진되는 중부지역에는 무한(武漢)시를 축으로 하는 무한(武漢)경제권을 각각 형성할 필요가 있다. 이러한 경제권들은 경쟁력을 갖춘 몇 가지 산업을 집중 발전시킴으로써 해당 지역의 경제발전을 이끄는 리더 역할을 할 수 있도록 해야 한다. 새로운 경제권의 형성은 정치 · 군사 · 경제 및 사회 등 제반 측면에서 중요한 의미를 가진다.

(1) 정치적 측면: 새로운 경제발전의 중심축을 형성하는 것은 국가의 정치적 안정에 결정적인 역할을 할 수 있다. 현재 중국의 중서부지역에는 5개의 소수민족 자치구를 비롯하여 대다수 소수민족 자치지역이 포함되어 있다. 중국에서 소수민족 문제는 아주 민감한 문제이며 소수민족 문제가 제대로 다루지지 못하면 중국의 장래에 결정적인 악영향을 미칠 수 있다.[135] 우월한 민족구역자치제도를 실시하고 있음에도 불구하고 티벳(西藏), 신강(新疆), 내몽고(內蒙古) 등 지역은 민족분쟁과 각 종 소요사태가 많이 발생하는 지역이며, 중국정부도 가장 민감하게 대처하고 있는 지역으로 꼽힌다. 특히 티벳(西藏)문제는 국제적인 이슈가 된지가 오래며, 신강위구르자치구(新疆維吾爾自治區)의 이슬람분리주의자들도 끊임없이 테러와 폭동을 일으켜 이 지역의 정세를 늘 불안하게 만들고 있다. 내몽고자치구(內蒙古自治區)의 경우에도 그 동안 크고 작은 소요사태가 끊이지 않았다. 현재 중국에서의 정치적 안정이라고 함은 곧바로 소수민족지역의 안정을 의미한다. 때문에 중서부지역에 새로운 경제발전의 중심축을 형성하여 이들 지역에 대한 중앙정부의 영향력을 확대하는 것은 국가의 정치적 안정을

135) 신주식, “중국 소수민족의 정체성 약화현상에 대한 연구”, 「중국연구」(제32권) 한국외국어대학교 외국학종합연구센터 중국연구소, 2003년 12월, 제345면.

도모하는데 중요한 의미가 있다고 하겠다.136)

(2) 군사적 측면: 군사적 측면에서 볼 때 과도한 집중보다는 적당한 분산이 전략 · 전술적으로 필요하다. 물론 지금은 예전 같은 냉전시대는 아니지만 지역적인 불안정요소는 여전히 존재한다. 특히 중국은 대만을 수복하여 국가의 영구적인 통일을 최상의 과제로 삼고 있다. 그동안 대만지역에서 민진당의 천수이삔(陣水扁)이 "총통"으로 취임하여 끊임없이 대만독립노선을 추구하면서 지난 몇 년간 양안관계는 긴장이 고조되곤 하였다.137) 국가의 통일을 이룩하기 위해서는 모든 외교적 노력들을 기울일 것이나 최후의 수단으로 무력사용도 불사하겠다는 것이 중국정부의 단호한 의지이다. 현재 중국이 막강한 군사력을 확보하고는 있으나 해협양안에서 전쟁 발발 시에 미국이 당연히 개입하게 될 것이고 또한 현재 대만자체의 군사력도 결코 무시할 수 없는 상황이다. 북경(北京), 상해(上海), 광동지역은 모두 대만 미사일의 사정권 안에 있으므로 이러한 상황은 유사시에 아주 치명적일 수 있다. 또한 중서부지역과 동북지역은 대부분 변방지역인 관계로 정치적 및 군사적 의의가 자못 크다.138) 따라서 전략 및 전술적인 측면을 고려하더라도 국가의 경제중심을 중서부지역으로 일정하게 분산시키는 것이 필요하다고 생각된다.

(3) 경제적 측면: 중서부지역에 새로운 경제권을 형성하는 것은 국가의 균형발전과 경제의 질적인 성장을 도모할 수 있음은 물론, 이 지역에서 투자, 수출, 고용 및 소비를 증대시킬 수 있다는데 중요한 의미가 있을 것이다.139) 또한 이러한 경제권을 중심으로 해당 지역의 경제파급효과를 기대

136) 필자는 이미 오래전에 중서부지역의 경제발전을 도모하고 투자환경을 획기적으로 변화시키기 위해서는 중서부지역에 새로운 행정수도를 건설해야 한다는 주장까지도 제기한 바 있다. 물론 그 실현가능성이 희박하고 중국정부가 이 견해를 받아들이지 않을 것이라는 점을 들어 이에 반론을 제기하는 학자들도 적지 않음을 밝힌다.

137) 2008년 들어 중국 국민당 출신의 마잉주(馬英九)가 대만지역 지도자로 새로 선출되어 친 중국노선을 추구하면서 대륙과 대만 간의 관계가 급속도로 가까워지고 있으며 2008년 12월 15일을 계기로 통상(通商 · 직교역), 통항(通航 · 물류 및 인적 교류) 및 통우(通郵 · 우편 교류)를 포함하는 전면적인 "삼통(三通)"을 실현하였다.

138) 李少民, 「中國大陸的社會, 政治, 經濟」, 桂冠圖書有限公司(台北), 1992. 12, 第237-254面.

139) Pan A. Yotopoulos and Jeffrey B. Nugent, *Economics of Development: Empirical Investigations*, Harper&Row, N.Y.,1976, pp.4-7.

할 수 있다. 즉 서안(西安)경제권은 내몽고(內蒙古) · 녕하(寧夏) · 감숙(甘肅) · 사천(四川) 등 주변 서부지역으로의 경제파급효과를, 무한(武漢)경제권은 하남(河南) · 안휘(安徽) · 호북(湖北) · 강서(江西) 등 중부지역의 경제파급효과를, 심양(沈陽)경제권은 길림(吉林)과 흑룡강(黑龍江) 등 동북지역의 경제파급효과를 기대할 수 있다. 또한 이렇게 될 경우 동부, 중부, 서부, 동북 등 모든 지역들의 경제가 유기적으로 연결되는 효과를 거둘 수 있으므로 미래지향적으로 국토의 균형발전도 도모할 수 있다.

(4) 사회 · 문화적 측면: 새로운 경제권이 형성되면 그동안 발전에서 소외되었던 중서부지역과 동북지역은 새로운 기회의 땅으로 주목받을 수 있고 많은 인재와 인력이 유입될 수 있으므로 인구분포가 불합리한 현재의 구도를 상당부분 개선할 수 있을 것이다.140) 또한 여러 민족들 간에 인적 · 물적 교류가 다양해지면 문화적 공감대도 쉽게 형성될 것이다. 이는 민족단결을 증진하고 궁극적으로 민족융합을 실현할 수 있는 좋은 계기가 될 수 있다.

5. 지역개발을 위한 금융시스템 확립, 즉 금융은 경제의 핵심요소이며, 금융업의 발전이 없이는 경제발전을 논할 수 없다. 중국에서 지역개발전략을 효과적으로 추진하고 성공적인 모델로 전환시키기 위해서는 지역개발에 필요한 금융시스템을 확립하는 것이 중요하다. 즉 서부지역에는 서부개발은행, 동북지역에는 동북개발은행, 중부지역에는 중부개발은행 등 각 지역별로 지역개발은행을 설립하여 보다 많은 민간자본을 지역경제발전에 활용해야 한다. 또한 상황에 따라서는 증권거래소의 설치나 투자펀드의 설립을 고려해 볼 수도 있다. 특히 금융업을 이미 외국인투자자들에게 개방한 만큼 이를 계기로 외국인투자자들이 지역개발전략에 보다 많이 동참할 수 있도록 서부, 동북, 중부지역에 진출하고자 하는 외자금융기관에 대한 투자요건을 대폭 완화하는 조치도 필요할 것으로 생각된다.

---

140) 현재 중국인구는 주로 동부지역의 북경(약 1,382만명), 상해(약 1,674만명), 산동(약 9,079만명), 광동(약 8,642만명)과 중부지역의 하남(약 9,256만명)에 집중되어 있다. 서부지역은 전 국토의 54%를 차지하지만 중국 전체인구의 30%에도 미치지 못하고 있으며 서부지역 내에서도 사천(약 8,329만명)과 중경(약 3,090만명)에 집중되어 있어 인구분포가 아주 불균형하다.

맺는말

중국은 개혁개방이후 동부지역의 우선 발전을 목표로 하는 경제발전전략을 채택하였는바 동부지역은 그 자체의 우월한 지리적 여건, 중앙정부의 전폭적인 정책지원 등을 바탕으로 하여 값싼 노동력을 활용함으로써 수출 위주의 노동집약형 산업으로 급속도로 발전한 반면에, 중서부 · 동북 및 농촌지역은 불리한 지리적 여건, 개발전략의 부족 등으로 인하여 경제발전으로부터 상대적으로 소외되어 그동안 경제적 낙후상태가 줄곧 지속되어 왔다. 이러한 지역발전격차는 국민경제의 지속적인 발전을 저해함은 물론, 국가의 정치적 안정까지 위협하고 있다. 이를 그대로 방치할 경우 사회적 분열과 동서 간 경제의 동반추락도 예상됨으로 중국정부는 국토의 균형발전과 내수시장의 고른 확대에 따른 지속적인 경제성장을 도모하기 위하여 낙후된 중서부 · 동북 및 농촌지역을 개발하는 다양한 지역개발전략들을 추진하게 되었다.

중국에서 지역개발전략이라고 함은, 서북지역의 섬서성(陝西省) · 감숙성(甘肅省) · 청해성(青海省) · 녕하회족자치구(寧夏回族自治區) · 신강위구르자치구(新疆維吾爾自治區) · 내몽고자치구(內蒙古自治區)등과 서남지역의 사천성(四川省) · 중경직할시(重慶直轄市) · 운남성(云南省) · 귀주성(貴州省) · 티벳자치구(西藏自治區) · 광서장족자치구(廣西壯族自治區) 등을 포함하는 낙후한 서부지역 12개 성(省) · 자치구(自治區) · 직할시(直轄市)를 개발하는 서부대개발전략, 요녕성(遼寧省) · 길림성(吉林省) · 흑룡강성(黑龍江省) 등 동북 지역 노후공업기지의 진흥을 위한 동북진흥전략, 그리고 호북성(湖北省) · 호남성(湖南省) · 하남성(河南省) · 산서성(山西省) · 강서성(江西省) · 안휘성(安徽省) · 무한시(武漢市, 湖北省의 성도) 등 중부지역의 6개 성(省)과 1개 시(市)를 개발하기 위한 중부궐기전략, 낙후지역 농촌문제의 해결을 위한 중국 식 새마을 운동인 사회주의 신 농촌건설전략 등을 말한다.

이러한 지역개발전략들은 21세기 중국의 국운(國運)이 걸려 있는 또 하나의 중대한 실험이며, 중국정부가 국토의 균형발전과 경제의 지속적인 고속성장을 위하여 야심차게 추진 중인 국토종합개발 프로젝트이다. 중국이 "과학적발전관(科學發展觀)"과 "조화사회(和諧社會)"건설의 국책이념에 따라 21세기 중엽에 전면적인 "소강사회(小康社會, 풍족하고 여유 있는 사회)"를 건설하는 목표를 달성하기 위해서는 지역개발전략들의 성공여부와 밀접한 관련이 있다고 해도 과언이 아니다. 지역개발전략들이 성공하기 위해서는 국내외의 자본과 인재 및 기술을 많이 유치하는 것이 관건이며, 해당 지역의 투자환경을 근본적으로 변화시킬 수 있도록 하는 투자법제가 마련되어야 한다. 더욱이 이러한 경제개발지역에 외국자본을 도입되는 경우에는 상황이 더욱 복잡해진다. 그러나 현재까지는 지역개발전략을 추진하는 법 시스템이 미흡한 상황이다. 따라서 지역개발과 투자법제 간의 역학관계를 살펴 지역개발을 위한 다양한 투자법제와 정책들을 연구하는 것은 여러 가지로 자못 중요한 의미를 가진다.

필자는 이러한 점에 착안하여 지역개발과 투자법제 간의 역학관계를 바탕으로 중국에서 그동안 추진해오고 있는 서부대개발전략, 동북진흥전략, 중부굴기전략 및 신 농촌건설전략의 내용과 그와 관련된 투자법제에 대해 체계적으로 살펴보고 현재 존재하는 문제점과 법적과제들을 분석해 보았으며 선진국의 지역개발과 법제의 경험을 수렴하여 중국의 지역개발전략을 위한 투자법제의 발전방향에 대해 나름대로의 구상을 밝혔다.

부　록

[부록-1] 외상투자산업지도목록(外商投資産業指導目錄)

[부록-2] 중서부지구외상투자우세산업목록(中西部地區外商投資優勢産業目錄)

[부록-3] 중화인민공화국민족구역자치법(中華人民共和國民族區域自治法)

[부록-1]

외상투자산업지도목록(外商投資産業指導目錄)

(국가발전개혁위원회, 상무부 2007년 10월 31일)

Ⅰ. 외국인투자 장려분야

1. 농업 · 임업 · 목축업 · 어업

(1) 산출량이 적은 농지의 개조

(2) 목본 식용류, 조미류, 공업원료 등의 재배 및 개발, 생산

(3) 채소(식용균, 멜론과일 포함), 말린 과일류나 신선한과일류, 차등의 무공해 재배기술 및 개발, 생산

(4) 설탕작물, 과수, 화훼, 목초 등 농작물의 우량품종 및 신기술개발 (유전자 변환품종 제외)

(5) 화훼 생산과 묘포기지 건설 및 경영

(6) 천연고무, 사이잘마(sisal), 커피 재배

(7) 한약재 재배, 양식(합자, 합작에 국한)

(8) 농작물 줄기(폐기물)의 재활용, 유기비료 자원의 개발 생산

(9) 임목(대나무포함) 조림 및 우량종 재양, 배수체 육종, 유전자 변환 품종 재양

(10) 수산물 우량종 번식(중국 고유의 진귀한 우량품종은 제외)

(11) 사막화 수토 유실을 예방하는 목초 재배 등 생태환경 보호 건설공정 및 경영

(12) 수산품 양식, 심수(深水) 그물 양식, 수산품 공장화 양식(육상수조식), 해양생물의 생태양식

2. 채굴업

(1) 석탄층가스 탐사 및 개발, 갱내에서 발생하는 가스 이용(합자, 합작에 국한)

(2) 석유 · 천연가스의 리스크 탐사 및 발굴(합자, 합작에 국한)

(3) 저 침투 유전 개발(합자, 합작에 국한)

(4) 원유 채취율 제고 신기술의 개발 및 응용(합자, 합작에 국한)

(5) 유정(油井)측정 등 석유 탐사와 발굴을 위한 신기술 개발 및 응용

(5) 석탄 및 부존자원의 탐사, 개발

(6) 오일셰일(oil shale), 오일샌드(oil sand), 일반중유 및 고급 중유 등 석유자원 탐사 및 발굴

(7) 철, 망간 광산의 채굴 및 광산 선정 작업

(8) 폐광산 이용율을 높이기 위한 선진기술 개발 및 응용, 광산 생태환경 복구 기술 등의 종합적 응용

(9) 심해저의 가스 하이드레이트 탐사 및 개발(합작에 국한)

3. 제조업

가. 농(農)부식품 가공업

① 생물사료, 볏짚사료, 수산사료의 개발 및 생산

② 수산물 가공, 조개류 정화 및 가공, 해조 기능식품의 개발

③ 야채, 과일(말리거나 신선한), 조류가축 제품의 저장 및 가공

나. 식품 가공업

① 유아, 노년 식품 등 기능식품의 개발과 생산

② 산림 식품의 개발, 생산 및 가공

③ 천연 유기농식품 첨가제, 식품 조미료 생산(합자, 합작에 국한)

다. 음료 제조업

① 과일야채 음료, 단백질 음료, 차음료, 커피음료, 식물성 음료의 개발 및 생산

라. 담배 제조업

① 셀룰로오즈 아세테이트 가공(합자, 합작에 국한)

② 제지법을 이용한 연초 박편 생산(합자, 합작에 국한)

③ 담배필터 가공생산(합자, 합작에 국한)

마. 섬유업

① 첨단기술을 이용한 산업용 특수 섬유제품 생산

② 고급 직물 원단의 염색 및 후기 가공

③ 친환경적 특수 천연섬유(양모를 제외한 기타 동물성 섬유, 마섬유, 대나무 섬유, 견사, 색깔 있는 면화 등) 제품 생산

④ 집적회로(IC) 제조시스템을 이용하여 생산한 복장

⑤ 고급 융단, 자수품, 수놓아서 만든 공예품(커튼, 책상보, 손수건 등) 생산

바. 피혁, 모피, 우모(융) 및 기타 제조업

① 피혁, 모피 정화기술 가공

② 피혁 후기공정 신기술 가공

③ 고급피혁(쇼파, 자동차 시트) 가공

사. 목재가공, 죽 · 등 · 종려 · 초 제품업

① 임업지역의 "저급" 목재 및 대나무 종합이용 신기술, 신상품 개발 및 생산

아. 제지 및 종이 제품

① 임업원료기지와 목재펄프 단일화 체제로 건설된 연간 생산능력 30만톤 이상의 화학 목재펄프 연간 생산능력 10만톤 이상의 화학 기계펄프, 또한 고급제지와 판지 생산 (합자와 합작에 국한)

자. 석유가공 및 코크스 생산

① 침상(針狀) 코크스와 콜타르의 재가공

차. 화학원료와 화학제품 제조업

① 연간 생산능력 80만톤급 이상 규모의 에틸렌 생산(중국측이 대주주)

② 에틸렌원료 파생물의 가공제조, 에틸렌 부대제품 C4~C9 제품(부타디엔 합

성고무 제외)의 종합이용

③ 연간 생산능력 20만톤급 이상 규모의 폴리염화비닐(PVC)수지(에틸렌법)

④ (Ca(Cl)2H2O), 폴리염화비닐, 유기 정밀가공품 생산

⑤ 벤졸 톨루엔 디메틸벤젠 등 기본원료 및 파생물 생산

⑥ 합성재료의 배합원료: 비스페놀A, 과산화수소 산화프로필렌법으로 생산한 에톡시 프로판

⑦ 합성 섬유원료: 테레후탈산, 카프라락탐, 나일론 66염, melt-spun 스판덱스 수지 생산

⑧ 합성고무: SOR라텍스(열가소성 라텍스 제외), 부틸고무, 이소아밀고무, 폴리우레탄고무, 아크릴 고무, 클로로히드린고무, EPR, NBR, 플루오르 고무, SR등 특수고무 생산

⑨ 엔지니어링 플라스틱 제품 및 플라스틱 합금 생산: PPO, 엔지니어링 플라스틱 나일론11과 나일론12, 폴리이미드(PI), 폴리에스터단섬유(PSF), 폴리아릴레이트(PAR), 액정 폴리에스테르(LCP)등 생산

⑩ 정밀화공: 촉매제, 조제 및 석유첨가제 신제품·신기술, 염료 상품화 가공기술, 전자 및 제지용 첨단 화학제품, 식품 첨가제, 사료 첨가제, 피혁 화학품(N-N DMF(Dimethylformamide) 제외), 유전 보조제, 표면 활성제, 水처리제, 접착제, 무기 나노재료, 도표 표면 처리 가공

⑪ 低정제 高내구성의 카본블랙(Carbon black)생산

⑫ 친환경 인쇄 잉크, 친환경 방향족 탄화수소 오일(arene oil) 생산

⑬ 천연 향료, 합성 향료, 단리 향료(isolate) 생산

⑭ 고성능 페인트, 자동차용 수성도료, 수성수지 조성물 생산

⑮ 염화불화탄소(CFC, chloro fluoro carbon) 대체물 생산

⑯ 유기염소 화학물 생산(염화불화탄소(CFC) 및 수소화 염화불화탄소(HCFC, hydro chloro fluor carbon), 4불화에틸렌 수지(PTFE)제외)

⑰ 인(P) 화공, 아연 제련 중 불소원소 추출 생산

⑱ 대형 석탄원료 화공제품 생산(중국측이 대주주)

⑲ 임업 화학제품의 신기술, 신제품 개발 및 생산

⑳ 가성소다용 하이드로니엄 이온막 무기 분리막 기능성 격막 생산 (Hydronium)

㉑ 환경보호용 유기, 무기, 생물막 개발 및 생산

㉒ 신형 비료 개발 및 생산: 생물비료, 고농도 화학비료, 복합비료, 복합미생물 접종제, 복합 미생물 비료, 짚 및 쓰레기 개량제, 특수기능의 미생물 조제제

㉓ 高효능 · 低독성 화학약품 잔존율이 낮은 농약원료 개발 및 생산

㉔ 생물농약 및 병해 방제제 개발, 생산: 미생물 살충제, 미생물 균제제, 농업용 항생제, 천적 곤충, 미생물 제초제

㉕ 폐가스, 폐액체와 폐찌꺼기 종합이용 및 처리

㉖ 유기 고분자 재료 생산: 유기 변성 실리콘 선박 외곽 도료, 비행기 기낭

도료, 희토류 가황 세륨 붉은 색 연료, 무연화의 전자 포장 재료, 색채 등 이온 모니터 전용 계열의 광학 펄프, 소직경대비표면적 미세섬유질, 고정 밀도 연유 여과기, 리튬 이온 전지 격막, 플라스틱 가공용 다용도 복합 보제, 구연산 다이글리세리드(citric acid diglyceride), 후루디옥소닐(fludioxonil), 시아조파미드(Cyazofamid)

카. 의학 제조업

① 신형 화합물 약물 및 활성 성분 약물 생산 (원료약품 및 제조제 포함)
② 아미노산류: 세린, 트립토페인, 히스타딘, 사료용 메티오닌(methionine)등 생산
③ 신형 항암약물 및 신형 심 · 뇌 혈관약, 신형 정신신경계 약 생산
④ 신형 · 고효능 · 경제적 피임약 · 도구 생산
⑤ 생물 공학기술을 이용한 신형 약물 생산
⑥ 불소치환기 함유 헤테로고리화합물등 불소치환기가 함유된 高생리활성약품 및 의약 합성 중간체 생산
⑦ 高기술에 의한 왁친 생산(에이즈병 왁친, B형 간염 왁친, 피임왁친 등)
⑧ 생물 항체 생산
⑨ B.C.G. 백신, 척수 회백질염 백신 생산
⑩ 해양약물 개발 및 생산
⑪ 약품 제조제: (방출조절, 미사일요법, 피부흡수 등 신기술을 도입한 新劑型, 신제품)
⑫ 신형 약용 보조제의 개발 응용
⑬ 생물의학재료 및 제품 생산(시체 및 그 표본, 인체기관조직 및 그 표본 가공은 제외)
⑭ 동물용 항생 원료약 생산(항생 물질, 화학합성 류 포함)
⑮ 동물용 항생제, 구충약, 살충약, 신제품 및 신제형 개발 및 생산
⑯ 신형 진단시약 생산

타. 화학섬유 제조업

① 차별화 화학섬유 및 芳香섬유, 탄산섬유, 고강도 폴리에틸렌, PPS(POLY PHENYLENE SULFIDE)수지 등 高기술 화학섬유 생산
② 新 용제법 섬유소섬유(LYOCELL)등 친환경 화섬 생산
③ 섬유용 및 非섬유용 신형 폴리에스테르 생산: PTT(Polytrimethylene Terephthalate)섬유, PEN(Polyethylene 2,6-Naphthalate)섬유, (PBT; Polybutylene Terephthalate)섬유
④ 재활용 자원이용, 생분해 기술로 신형 섬유재료 생산: 폴리유산(PLA)섬유, 프로판디올(PDO)계 섬유 등
⑤ 1대 생산라인 당 일일 100톤 혹은 그 이상 폴리아미드(PA) 생산
⑥ 자오선 타이어용 아라미드 섬유 및 타이어 코드 생산

파. 플라스틱 제조업

① 신기술, 신형 농업용 막(광분해, 다기능 막 및 원료 등) 개발 및 생산
② 폐 플라스틱 분해 및 재활용
③ 플라스틱 연포장 신기술, 신상품(高봉합기술, 다기능 막 및 원료) 개발, 생산

아. 비금속광물 제조업

① 신형 절전, 친환경 건축재료 개발 생산: 경질 고강력의 다기능 벽체 재료, 고급 친환경 장식재료, 양질의 방수밀봉 재료, 고효율 보온재료
② 철강 대체 플라스틱, 토목 대체 플라스틱, 절전 고효율 화학 건축제품 생산
③ 연간 1000톤 평방미터 및 그 이상의 탄성체, 가소성 개질 아스팔트(Modifying asphalt) 방수재료, 넓이 2미터 이상의 3성분계 에틸렌 프로필렌 고무(Ternary ethylene propylene rubber)고분자 방수재 및 부속 재료, 내구성을 갖춘 폴리염화비닐(PVC) 필름재, 열가소성 폴리올레핀(TPO) 방수성 필름재 생산
④ 전자파차폐유리, 마이크로 전자용 유리기반, 적외선투과 무연유리, 대형 석영유리 확산판, 2-3차원의 미세채널판(Micro Channel Plate: MCP), 광섬유면판, 도립상(倒立像)기기, 유리 광추(光錐) 생산
⑤ 연간 50,000톤 이상 유리섬유(가마공예 생산라인) 및 FRP(강화유리) 제품생산
⑥ 유리섬유 연속 원사(原絲) 모전(毛氈), 유리섬유 표면 모전(毛氈), 마이크로 전자용 유리섬유포, 초박 모전(毛氈) 생산
⑦ image bundles 및 레이저 의료용 광섬유 생산
⑧ 연간 100만 건 혹은 그이상의 위생도기 생산
⑨ 도자기원료용 표준화 정제품, 도자기용 고급 장식재료 생산
⑩ 시멘트 가마(Lime kiln, cement kiln), 고급 유리(전자용), 도자기, 유리섬유, 미소공성의 탄소벽돌(Microporous carbon brick)등 가마화로에서 제조된 내열성 재료 생산
⑪ 세라믹(도자기)분체, 질화알루미늄 세라믹 기판(AIN Ceramic Base material), 다공도 도자기 생산
⑫ 무기 비금속 재료 및 제품 생산(인공 크리스털, 탄소/탄소합성재료, 특수유리, 고속의 오일씰(oil seals), 특수도자기, 특수 밀폐재료, 특수 겔(GEL)재료, 특수 라텍스(latex)재료, 수성고무제품, 열전도 0.025W/mk 혹은 그이하의 절열재료 등)
⑬ 高기술 복합(합성)재료 생산: 연속섬유 열경화성 복합재료 및 프리플레그(Prepreg), 내온도>300 ℃ 합성수지 성형(成型) 공예용 보조 재료, 합성수지 재료의 패들, 합성수지 재료의 고급 체육용품, 특수 유리 강철 파이프(압력>1.2MPa), 특수기능용 복합재료 및 제품, 심수 및 지하수용 복합 재료제품, 의료 및 재활용 복합재료 제품, 탄소/탄소합성재료 및 ??, 고성능 세라믹 합성제품, 금속 합성 재료 및 제품, 금속 층상 합성재료 및 제품, 압력 ≥320MPa의 초고압합성고무관, 대형여객 비행기 타이어
⑭ 정밀고성능 세리믹(도자기) 및 기능성 세리믹 원료 생산: 탄화규소(SiC) 초정밀분체(순도>99%, 평균 직경 <1um), 질화규소(Si3N4) 초정밀분체(순도>99%,

평균 직경<1um), 고순도 초정밀 알루미늄 미세가루(순도>99.9%), 평균 직경<0.5um), 저온 소결(Sintering)된 지르코니아(zirconia, Zr02)분체(소결온도<1350°C), 고순도 질화알루미늄(AIN)분체(순도>99%, 평균 직경<1um), 금홍석(金紅石)형 이상화티타늄(TI02)(순도>98.5%), 백색 카본 블랙(carbon black)(직경<100nm), 티탄산바륨(BaTiO3)(순도>99%, 평균 직경<1um)

⑮ 금강석 석막 공구, 두께 0.3mm 및 그 이하의 초박 인공 금강석 톱양 생산

⑯ 비금속광 정밀 재가공(극세 분쇄, 정화, 정제, 개조)

⑰ 초고공률 흑연 전극 생산

⑱ 주광운모 생산(직경 3-150um)

⑲ 편직 방직물, 모방형 방직품 생산

⑳ 신형 건조법을 이용한 시멘트 가마로 공업폐기물 및 쓰레기의 무공해처리

야. 비철금속 제련 및 압연가공업

① 직경 200mm이상 실리콘 단결정(silicon single crystal) 및 실리콘 웨이퍼링 공정(polished wafers), 다결정(Poly) Silicon 생산

② 高기술 비철금속 재료 생산 : 신형 고성능 수소저장 재료, 리튬 이온(Li+) 전지재료, 화합물 반도체 재료(GaAs, InAs, InP, GaN), 고온 초전도 재료, 형상기억 합금재료(Ti-Ni, Cu합금, Fe합금 등 형상기억 합금), 초밀도(nano) CaC2, 초밀도(nano) WC-Co, 초강도 합성재료, 귀금속합성재료, 라이에이터(radiator)용 알루미늄박, 중고압 캐소드용량(cathode capacitance)용 알루미늄박, 특수 대형 알루미늄 합금 금형 재료, 알루미늄합금 정밀 형단조(型鍛造, die forging), 전기화 철도 가공선로(overhead line), 초박형 구리(Cu)벨트, 고온내식성 치환기 구리합금 재료, 고성능 Cu-Ni, Cu-Fe 합금 벨트, Be-Cu 벨트·선·관 등 가공재, 내고온 텅스텐 필라멘트(tungsten filament), 마그네슘 합금, 무연 솔더(lead free solder), 마그네슘 합금 및 응용 생산물, 베릴륨-구리(Beryllium Copper, BeCu)발포 알루미늄(foam aluminum), 티타늄 합금 봉(titanium alloy strip) 및 용접 튜브(welding connecting tube), 원자 레벨급 sponge zirconium, 텅스텐 및 몰리브덴(Mo) 정밀 가공품

어. 금속 제품업

① 자동차, 오토바이 경양화 및 친환경 소재 제조(알류미늄 차체, 알루미늄-구리 합금재료, 오토바이용 알루미늄합금 차체 등)

② 건설용 금속기계류, 온수기 자재, 금속기계류 개발, 생산

③ 각종 식물성유지, 식품, 과일, 음료 및 일상품등의 포장재 중 금속 포장제품(두께: 0.3) 제조 및 가공(제조품 포장내외의 인쇄 가공도 포함)

여. 일반기계 제조업

① 디지털 기계선반 및 핵심 부품제조: 5축 베어링 연동 디지털 기계선반, 디지털 표준 트로웰링 · 밀링 가공센터(digital programmed coordinated troweling and milling processing center), 디지털 표준 연삭기, 5축 베어링 연동 제어 시스템 및 보조장치, 정밀 디지털 가공용 고속 초강력 절단 도구

② 1000톤 및 그 이상 몰딩 기계moulding machine

③ 자동차 폐기처분 설비 제조

④ FTL 생산라인 제조

⑤ 공업용 로봇, 용접용 로봇 및 그 용접 장비설비 제조

⑥ 특수 가공기계 제조: 레이저 컷팅 · 용접 설비(laser cutting and welding equipment set), 레이저 정밀가공설비(accuracy laser processing), numerical control LSWEDM Machine Tool, subnanometer 단계 초정밀 분쇄기

⑦ 300톤 이상 바퀴식, 궤도식 크레인(기중기) 제조

⑧ 압력(35-42MPa)

⑨ 전기 유압식 서보기계(Electric Hydraulic prportion servo component) 제조

⑩ 압력(21-31.5MPa) 복합벨브, 공률 0.35W이하 기동 전자석 벨트, 200Hz이상 고주파 전기제어 벨브 설계 및 제조

⑪ 수압 구동장비(Static Hydraulic driving device) 설계 및 제조

⑫ 압력 10MPa이상 비접촉식 봉합 씰(non-contact film seal), 압력 10MPa이상 건기 봉합(실험장비 포함)의 개발 및 제조

⑬ 자동차용 고분자재료(마찰 편, 페놀-알데하이드 피스톤(phenolic aldehyde piston), 비금속 수압마스터실린더(Master Cylinder)등) 설비 개발 및 제조

⑭ 제3 · 4대 승용차 바퀴통 축(축 내·외 고리의 플랜지 및 전감기의 바퀴통 축 기능 부품), 중고급 디지털 선반과 가공 중심 축(가공중심은 3축 이상의 연동 기능, 중복 정위치의 정밀도3-4um) 고속선재, 판재 압연기 축(선재 압연기의 압축 속도 120m/s 이상, 박판 압연기 가공판 두께 2mm 이상 지탱, 작업 가능한 롤러축), 고속철로 축(200km/h 이상의 속도로 운행), 진동수 24이하의 저소음 축(Z4, Z4P, V4, V4P 소음급), 각 종류 축 P4, P2 급 축 제조

⑮ 내고온 절연재료(절연등급 F,H 급) 및 절연가공 제품 제조

⑯ 액압 작동용 고무재질 밀봉 제품 개발 및 제조

⑰ 12.9 급 이상 고강도 견고물 제조

⑱ 자동차, 오토바이용 정밀주조 및 반가공품 정밀 제조

⑲ 공작기계, 자동차 부속품(5대 기계본체 제외), 공정 기계 재(再)제조

오. 전문 설비 제조업

① 무궤도(Rampway system)식 채굴 · 적재 · 운반설비, 100톤 및 그 이상 기계 전동 광산덤프트럭, 이동식 분쇄기, 3,000㎥/h 이상 굴착기, 5㎥ 이상 광산용 페이로더, 2000 Kw 이상 전기 견인 석탄 체굴기 설비 등

② 물리 탐사, 시추 탐사 설비 제조: MEME 지진검파기, 원격 디지털 지진계, 디지털 영상, 디지털시추 탐사 시스템, 수평정, 정향정, 착정기 설치 및 기구, MWD LWD

③ 석유 탐사, 착정, 집수 설비 제조: 수심 500M 이상 수심의 부유식 착정 시스템과 부유식 생산시스템, 600미터 이상 수심의 해저 채유 및 집수설비,

3000kw 이상 공률의 권양기, 부팅 최고 속도 850 kw 이상, 착정의 펌프률 1800kw 이상의 심해용 석유착정기, 심도 9000미터 이상의 육지석유착정기와 사막석유착정기. 1000만톤/y 정유설비용 80통 이상의 피스톤 반복 압축기, 디지털 석유 탐정 측정기, 석유 착정시 진흙 구멍 고정 설비

④ 직경 6미터 이상의 쉴드 머신 시스템 설계 및 제조. 직경 5미터 이상의 전단면 터널 굴착기계(TBM) 시스템 집성 설계 및 제조. 구경 1미터 이상 심도 30 미터 이상의 대 구경용 로터리 드릴링기계 제작, 직경 1.2미터 이상 추진 공법 기계 장치 설계 및 제작. 예향력(towingpower) 200톤 이상의 대형 비채굴 지하관선 배치 플랜트 제조, 지하 연속벽 시공 착정기 제조, 자동 수직 착정 시스템 제조

⑤ 100톤 이상 대형 조관기, 320 마력 이상 대형 도랑 굴착기의 설계 제조

⑥ 접지압력 0.03MPa 이하, 공률 220마력이상의 무한궤도 불도저, 520 마력 이상 대형 불도저 설계 및 제조

⑦ 100 입방미터/h 이상 규모의 준설기, 1000톤 이상의 준설선의 준설 장치 설계, 제조

⑧ 홍수 예방의 제방용 파이핑현상(방지용 콘크리트 벽 시공 장치 설계, 제조

⑨ 수하(水下) 토석방 시공 기계 제조: 수심 9미터 이하의 불도저, 페이로더, 굴착기 등

⑩ 도로 · 교량 보수, 자동 검측설비 제조

⑪ 도로 · 터널 운영통제시스템, 통풍, 방화 및 긴급구조 시스템 설비 제조

⑫ 철도 대형시공 및 보수 설비 설계 및 제조

⑬ (아스팔트)리놀륨 기와 설비, 도금 아연 강판 등 금속 지붕 생산 설비 제조

⑭ 환경 보호 에너지 절약형 스프레이 우레탄 수지 방수 보온 시스템 설비, 우레탄 수지 밀봉 연고형 조제 기술, 생산 설비 제작. 변성 실리콘 접착제 제조 기술, 생산 설비 제조,

⑮ 박판 연속주조기, 고정밀도 압면기 (정밀도 두께 10 미크롱) 설계 제조

⑯ 직접 환원철과 용해 환원철 설비 제작

⑰ 50톤 이상의 대공률 직류 전호로 제조

⑱ 색도금, 판재 도금 설비 제조

⑲ 다원소, 미립자, 분별 및 처리가 어려운 금속 광산의 선광 장치 제조

⑳ 80만톤/년 이상 에틸렌 플랜트 중의 매우 중요한 설비 제조: 열분해 기체, 에틸렌-프로필렌 원심 압축기, 연간 10만톤 이상의 처리 능력 혼합 분쇄기, 직경 800mm이상의 원심분리기, 250도씨 이상 온도, 15Mpa 이상 압력의 고온고압의 부식 방지 펌프, 밸브, -55도씨 이하의 저온, 초저온 펌프 등(합작, 합자에 국한)

㉑ 대형 탄화공정 플랜트 제조(합자, 합작에 국한)

㉒ 금속 제품 틀(동, 알루미늄, 티타늄, 지르코늄의 관, 막대기 형체 압력 틀) 설계, 제조, 수리

㉓ 자동차 차제 덮개 압력 틀 설계, 제조. 자동차, 오토바이 부품 고정, 검사 기구 설계와 제조

㉔ 0.02 mm 보다 높은 정밀도(0.02mm 포함)의 정밀 압력 틀, 0.05mm보다 높은 (0.02mm 포함)정밀도 형강을 압연하는 틀 표준규격품 설계, 제조

㉕ 비금속품 틀 설게, 제조

㉖ 6만병/h이상의 맥주 병 포장 가공 설비, 5만병/h 이상의 음료 온, 열 병 포장 설비, 3.6만병/h이상의 무균 병 포장 가공 설비 제조

㉗ 아미노산, 효소제, 식품첨가제 등 생산기술 및 핵심 설비 제조

㉘ 10톤/h 및 이상 사료 가공 플랜트설비, 핵심부품 생산

㉙ 0.75mm 이하 높이의 가벼운 기왓고랑 판지 및 종이 상자 설비 제조

㉚ 반절지 한 장의 다색 오프셋 인쇄 속도가 16000 장/h (720×1020mm)이상, 양면 반절지 한 장의 다색 오프셋 인쇄 속도가 13000 장/h (720×1020mm), 전지 한 장의 다색 오프셋 인쇄 속도 13000 장/h (1000×1400mm)인 인쇄기 제조

㉛ 한 폭 신문 인쇄용 종이 오프셋 인쇄 속도가 75000반절지 한 장/h(787×880mm)이상 더블 폭 신문 인쇄용 종이 오프셋 인쇄 속도가 170000반절지 한 장/h (787×880mm) 이상, 상업용 신문 인쇄용 종이 오프셋 인쇄 속도가 50000 반절지 한 장/h 787×880mm)인 인쇄기 제조

㉜ 속도 300m/분 이상, 폭 1000mm 이상의 다색 유판 인쇄기 제조

㉝ 컴퓨터 배진동 원격제어장치(overtone remote-control), 배진동 설계장치(overtone perset), 인쇄품 품질 자동 검사, 추적 시스템, shaft-less drive, 75000장/h 속도의 고속자동 접지기, 급지기와 자동 원격 조종 조절 가능한 고속 접지기, 자동 중복 인쇄 시스템, 냉각 장치, 실리콘적용 시스템 제조

㉞ 평판 유리 심가공 기술 및 설비 제조

㉟ 고기술의 특수 공업 재봉기 제조

㊱ 신형의 제지 기계(펄프 포함) 등 플랜트 제조

㊲ 피혁 후 정리 신기술 설비 제조

㊳ 농산품 가공 및 저장 신 설비 개발, 제조: 양식, 식물유 원료, 채소, 건과 및 청과류, 육류품, 수산품 등 상품의 가공 저축, 보관 ,등급 구별, 포장, 건조 등 신 설비, 농산품 품질 측정기 설비, 농산품 품질 무손상 검측기기 설비, 레오미터, 패리노크래프, 초미분쇄기, 고효율 탈수 설비, 5개 이상 기능의 고 효율 과즙 농축 설비, 가루 종류 식품 살균 설비, 고체, 반고체 식품의 무균 포장 설비, 무균 포장용 포장 재료, 유제품 생산용의 DVS 스타터, 탁상형 원심 분리기

㊴ 농업 기계 제조: 농업시설설비(온실 자동 관개 설비, 영양액 자동 배치와 시비 설비, 고효율 채소 모종 설비, 토양 양분 분석 기계), 발동기 부품 120 kw 이상 공률의 트랙터 및 부품 농업공구, 높은 연비, 저소음 저배출 디젤 및 엔진 기구. 대형 트랙터 부품 중의 먼지 회수 장치의 분무기, 고

성능 벼 이앙기, 목화기계, 면화기계, 자동식 옥수수 수확기(액체 압력 부팅, 기계 부팅)

㊵ 농업, 임업 기계 신기술 설비 제조

㊶ 농작물 줄기 대의 밭에 재활용 및 종합이용 설비 제조

㊷ 농업용 폐기물의 종합이용 및 규모화 가축·가금 양육 폐물의 종합이용 설비 제조

㊸ 비료 절약, (농)약 절약, 물 절약형 농업기술 설비 제조

㊹ 유전 관련 전기 기계 세척 설비 및 세척 약물 생산 설비 제조

㊺ 전자 내시경 제조

㊻ 안저(眼底)촬영기 제조

㊼ 의학용 영상 장비(MRI, CT, X선 컴퓨터단층, B선 등)

㊽ 의학용 초음파 변환기(3D) 제조

㊾ 중성자빔 이용 암치료 장치 시설 제조

㊿ X선 입체원격방사치료 시스템 제조

51 혈액 투석기, 혈액 여과기 제조

52 전 자동 효소 면제 시스템(샘플 채집, 표본, 부화, 데이터 사후 처리 등 성능 포함)설비 제조

53 약품 품질 제어 신기술, 신 설비 제조

54 중약 유효 물질 분석의 신기술, 채출 신기술, 신 설비 개발, 제조

55 신형 약품 포장 재료, 영기, 선진 제약 설비 제조

56 신형 방직 기계, 중요 부속품과 방직 검측 및 실험기기 개발, 제조

57 컴퓨터 도안 인조 모피기 제조

58 태양 에너지 건전지 생산 전문 설비 제조

59 오염 방지 설비 개발 제조

60 도시 쓰레기 처리 설비 및 농촌의 유기물 쓰레기 종합 이용 설비 제조

61 폐 비닐, 전기 기구, 필름, 건전기의 회수 처리 재생 이용 설비 제조

62 수생생태계의 환경 보고 기술, 설비제조

63 하루 생산량 10만 입방미터 이상 해수 담화 및 순환 냉각 기술 플랜트 개발 제조

64 기상 이변 관측, 분석 설비 제조

65 지진관측소, 지진관측망, 유동 지진 관측기 시스템 개발, 기기 설비 제조

66 3 drum 이상의 자오선 타이어 제조기기 제조

67 회전 저항력 실험기, 타이어 소음 실험실 제조

68 열공급 계량, 온도 제어 장치의 신기술 설비제조

69 소수 에너지 설비, 저장 운성 설비, 검사 시스템 제조

70 아스팔트유 기화 노즐, 공기누설률 0.5% 이하의 고효율 증기 트랩, 1000도씨 이상 고온 도자기환열기 제조

71 폐타이어의 종합 이용 장치 제조

요. 교통운수설비제조업

① 자동차 완성차 제조(외자비율의 50% 초과 못함) 및 자동차 연구개발센터 건설

② 자동차 엔진 제조, 엔진 재생제조 및 엔진 연구개발 기구 건설; 엔진(승공률(power per liter)≥ 50 킬로와트), 디젤유 엔진(승공률(power per liter)≥40 킬로와트, 배출량 ≤3리터), 디젤유 엔진(승공률(power per liter)≥30킬로와트, 배출량≥3리터), 연료전지와 혼합연료 등 新에너지형 엔진 제조

③ 자동차 핵심 부품 제조 및 핵심기술 연구개발: 디스크 브레이크 전체, 드라이브 브리지(驱动桥) 전체, 자동변속장치, 디젤기연료펌프, 엔진인레트밸브증압기(发动机进气增压器), 점성연축기(粘性连轴器)(네 바퀴 기동용), 액압 태핏(液压挺杆), 전자조합계기, 자동차용 구축 및 태핏(车用曲轴及连杆)(8리터 이상의 디젤엔진), Anti-lock break system(ABS, ECU, VELVE, 센서), ESP, BBW, EBD, 견인력공제시스템, 자동차에어백용기체발생기, 디젤유전자제트시스템, 연유공궤분사기술(燃油共轨喷射技术)(최대분사압력이 1600 파스칼 이상), 가변 단면 터보 증압 기술(VGT), 중국IV계단오염물배출표준에 달하는 엔진방출공제장치, ITM 및 커플러전체, 전선조종시스템(线控转向系统), 디젤유 과립포착기, 지능실린더, 자동차용특종고무부품

④ 자동차 전자설비 장치 제조 및 연구개발: 엔진과 전자통제시스템 및 주요부품, 자동차기재전자기술(자동차정보시스템 및 네비게이션시 스템), 자동차전자네트워크기술(합작에 국한), 전자통제시스템의 입력(센서 및 견본추출시스템) 및 출력(집행기계)부품, 전동조력전향시스템 전자통제기(电动助力转向系统电子控制器)(합작에 국한), 삽입식 전자 합성시스템(합작, 합자에 국한), 전 기통제식공기스프링, Electronic control-suspension system(电子悬挂系统), 전자 베기문 시스템 장치, 전자브레이크, 동력전지(니켈수소 및 리튬이온) 및 통제시스템(합작에 국한),일체화전기기계(电机) 및 통제 시스템(합작에 국한), 바퀴통전기기계(轮毂电机), 다공능 통제기(多功能控制器)(합작에 국한), 연료전지 및 부품, 자동차용 수소저장시스템, 자동차, 오토바이시험 및 수리용 검측 시스템

⑤ 오토바이 핵심부품제도: 오토바이 전공(电控)연유분사기술(합자와 합작에 국한), 중국 오토바이Ⅲ 계단 오염방출표준에 도달한 엔진방출통제장비

⑥ 궤도교통운수설비(합자와 합작에 국한): 고속철도, 철도 객운 전용선, 도시주변철도, 철도간선 및 도시궤도교통운수설비의 완성품 및 핵심부품(견인전동시스템, 공제시스템, 제동시스템)의 연구개발, 설계 및 제조; 고속철도, 철도고객운수전용선, 도시주변철도 및 도시궤도 교통 여객복무 시설 및 설비의 연구개발, 설계 및 제조, 정보화 건설 중 정보시스템에 대한 설계 및 연구개발; 고속철도 철도고객운수전용선, 도시주변철도의 궤도와 교량설비 연구개발 설계 및 제조, 궤도교통운수통신신회시스템의 연구개발 설계 및 제조, 전기화 철도설비와 기재의 제조, 철도소음 및 진동공제기술의 연구

개발, 철도객차오염배출설비제조, 철도 운수 안전 감측 설비제조

⑦ 민용 비행기 설계, 제조 및 수리; 간선, 지선비행기(중국 측 대주주), 통용 비행기(합자와 합작에 국한)

⑧ 민용 비행기 부품제조 및 수리

⑨ 민용 헬기 설계 및 제조; 3톤급이상 시(중국 측 대주주), 3톤급이하(합작, 합자에만 한함)

⑩ 민용 헬기 부품제조

⑪ 지면, 수면효과 비행기제조(중국 측 대주주)

⑫ 무인비행기, 부공기(浮空器) 설계 및 제조(중국 측 대주주)

⑬ 항공엔진 및 부품, 항공보조엔진시스템설계, 제조 및 수리(합자와 합작에 국한)

⑭ 민용 항공기재설비 설계 및 제조(합자와 합작에 국한)

⑮ 민용 탑재로켓 설계 및 제조(중국 측 대주주)

⑯ 항공지면설비제조: 민용공항시설, 민용공상운행보장설비, 비행실험지면설비, 비행시뮬레이션 및훈련설비 항공지면테스트 및 계량설비 항공지면시험설비, 기재설비종합테스트설비, 항공제조전용설비, 항공재료시험제작전용설비, 민용항공기지면접수 및 응용설비, 탑재로켓지면테스트설비, 탑재로켓 력학 및 환경실험설비

⑰ 항공우주용 센서 제품(航天器光机电产品), 항공기 온도통제제품, 천체(星)상 제품테스트설비, 항공기 구조 및 기구제품제조

⑱ 경연기 터빈제조

⑲ 하이테크선박 및 해양공정장비의 설기(합자와 합작에 국한)

⑳ 선박(선박의 일부분도 포함) 및 해양공정설비의 수리 설계 및 제조(중국 측 대주주)

㉑ 선박 저, 중, 고속 디젤기의 설계(합자와 합작에 국한)

㉒ 선박디젤기 부품의 설계 및 제조(합자와 합작에 국한)

㉓ 선박 저, 중속 디젤기 및 구축의 설계 및 제조 (중국측 대주주)

㉔ 선박 선실기계, 갑판기계의 설계 및 제조(중국 측이 상대적 대주주)

㉕ 선박 통신 네비게이션 설비의 설계 및 제조: 선박통신시스템 설비, 선박 전자 네비게이션 설비, 선용레이더, 자이로콤파스(gyro compass) 자동제어, 선박내부 라디오시스템 등

㉖ 원양고기잡이선박, 유람선의 설계 및 제조(합자와 합작에 국한)

우. 전기기계 및 기자재제조업

① 60만킬로와트초 임계, 100만킬로와트초초 임계 화력발전소용 핵심설비제조(합작, 합자에만 한함): 보일러급수펌프, 순환물 펌프, 작업온도 400℃이상, 작업압력이 20MPa이상의 주 증기회로고온고압밸브

② 백만킬로와트급 원자력발선소용 핵심설비제조(합자와 합작에 국한): 핵 I급, 핵II급 펌프와 밸브

③ 화력발전소 탈류, 탈초(脱硝), 부대진공청소기기술 및 설비제조
④ 원자력. 발전소 설비의 밀봉 설계 및 제조
⑤ 원자력설비용 대형 금속주형(casting and forging) 제조
⑥ 출력변전설비(합작, 합자에만 한함): 비정태 합금변압기, 500킬로와트 이상 고압전기용대선도파이프, 고압 스위치용 조작기구 및 자주형전체접촉호, 직류전기주입용건성리액턴스(直流输电用干式电抗器), 6인치 직류교환 펌프용 대공률정체펌프관(6英寸直流换流阀用大功率晶阀管)의 설비및 제조, EU RoHS의 지령에 부합되는 전기접촉두재료(电器触头材料) 및 Pb, Cd가 없는 땜납제조
⑦ 新에너지발전플랜트및 핵심설비제조(합자와 합작에 국한): 전기발전, 지열발전, 조수발전, 파도발전, 쓰레기발전, 소택지발전, 1.5메가와트이상의 풍력발전 설비
⑧ Stirling발전세트제조
⑨ 직선 및 평면전기 및 구공시스템의 개발 및 제조
⑩ 태양 에너지 에어콘, 난방시스템 , 태양에너지 건조장치 제조
⑪ 생물건조 열분해 시스템, 생물 기화장치 제조
⑫ 교류주파수 변조 압력조절 견인장치제조
⑬ 지능화플라스틱하우징단로기(智能化塑壳断路器전압380v, 전류1000A), 대형 공정지능화 탱크 식 및 서랍식 단로기, 전기모선을 지닌 지능화전기공제배전세트장치제조(带总线式智能化电控配电成套装置制造)

유. 통신설비, 컴퓨터 및 기타전기설비제조업

① 디지털카메라, 디지털 음향설비 및 디지털비디오 제작, 편집, 방영설비제조
② TFT-LCD, PDP, OLED, FED(SED등 포함) 플랫패널 디스플레이, 디스플레이재료제조
③ 대형스크린 컬러 투영 디스플레이용 광학 엔진, 광원, 투영스크린, 고선명도 투영관 및 마이크로투영설비모듈 등 핵심부품 제조
④ 디지털가청주파수, 가시주파수코드프로그램, 디지털라디오TV스튜디오 설비, 디지털 유선TV시스템설비, 디지털가청주파수라디오 발사설비, 디지털TV상하변환기, 디지털TV지면라디오 SFN설비, 디지털 위성TV UP LINK STATION설비, SMATV 앞부분(前端)설비제조
⑤ 600만화소 이상 고성능 디지털일 안리플랙스카메라 제조
⑥ 합성전조설계, 선의 너비가 0.18마이크로미터 및 그 이하 대규모 디지털합성전기회로제조, 0.8마이크로미터 및 그 이하 시뮬레이터, 디지털 시뮬레이터 합성전기회로 제조 및 BGA, PGA,CSP, MCM 등 선진밀봉포장 및 검측
⑦ 대 · 중형 컴퓨터, 백만 억 차 고성능 컴퓨터, 휴대용미니컴퓨터, 매 초 1만억 차이상의 서버, 대형모의모방시스템(大型模拟仿真系统), 대형공업공제기 및 공제기 제조
⑧ 컴퓨터 디지털 신호 처리 시스템 및 보드제조

⑨ 도형 영상 식별 처리 시스템 제조
⑩ 대용양의 빛, 디스크드라이브 및 부품개발 제조
⑪ 고속, 용량이 100TB이상인 저장시스템 및 지능화저장설비제조
⑫ 폭 넓이가 900mm이상인 고화질 컬러프린트설비, 정밀도가 2400dbi 및 이상인 고화질컬러 프린트설비의 헤드(机头), 폭 넓이가 900mm이상인 고화질 컬러 프린트설비제조
⑬ 컴퓨터 보조설계(3D CAD), 보조측정(CAT), 보조제조(CAM), 보조공정(CAE)시스템 및 기타컴퓨터응용시스템제조
⑭ 소프트웨어제품 개발, 생산
⑮ 전자 전용 재료개발 및 제조 (광섬유예비제조봉(光纤预制榜)의 개발 및 제조 제외)
⑯ 전자전용설비테스트의기, 공구모듈제조
⑰ 신형 전자원부품(电子元器件)제조: 카드식부품, 민감원부품 및 감응전달기, 주파수공제 및 부품선택, 혼합합성전로, 전력전자부품, 광전자부품, 신형기전부품, 고밀도 적층품, 다층 탄력판, 탄성인쇄 전로판 및 포장제판
⑱ 하이테크녹색전지제조, 동력니켈수소전지, 아연니켈축전지, 아연은 축전지, 리튬이온전지, 대용량 밀폐용 수리면제 연산축전지, 태양에너지전지, 연료전지, 원주형아연공지전지 등
⑲ 발광효율이 501m/W이상 high brightness LED(高亮度发光二级管), 발광효율이 501m/W 이상인high brightness LED(高亮度发光二级管) 외연판(푸른빛), 발광효율이 501m/W이상이고 공률이200mW이상인 백색 발광관 제조
⑳ RFID칩 개발과 제조
㉑ 고밀도 디지털CD-ROM 용 핵심부품개발 및 생산
㉒ Read-only CD 복제 및 녹화가능 유형의 CD생산
㉓ 민용 위성 설계 및 제조(중국 측 대주주)
㉔ 민용 위성 탑재제조(중국 측 대주주)
㉕ 민용 위성 부품제조
㉖ 위성통신시스템설비제조
㉗ 위성 네비게이션 위치확정접수설비 및 핵심 부품 제조
㉘ 광통신측정기, 속률이 10GB/S이상인 빛 접수 트랜스 서버
㉙ UWB 통신설비제조
㉚ 무선LAN 설비제조
㉛ 0XC, ASON, 40G/sSDH 이상인 광섬유통신트랜스설비, CWDM설비제조
㉜ ATM 및 IP 데이터통신시스템제조
㉝ 제3대 및 그 후속인 이동통신시스템 핸드폰, 베이스 스테이션, 핵심인터넷설비 및 인터넷 검측설비개발제조
㉞ 최첨단 루터, 기가비트이상의 인터넷교환기개발, 제조, 공중교통관제시스템설비제조(합자, 합작에 국한)

ㅇ. 계측기 및 문화, 사무용기계제조업

① 현장 총라인 통제 시스템 및 핵심 부품 제조

② 대형정밀 계측기 개발 및 제조: 전자현미경, 레이저 스캔 현미경, 스캔터널 현미경, 공률이 2Kw이상인 레이저기계. 전자 탐지기. 광전직독 분광기, 라만분광기, 질량분석장치. 액체 크로마토그래피, 공업 크로마토그래피, 액 크로마토그래프법-질량 분광측정기(Liquid Chromatography-Mass Spectrometer), 원자력 자석공진파기, 에너지분광기, X선형광분광기,회절기, 공업CT, 대형 동평행시험기. 온라인기계량자동측정시스템. 회전속도가 100000r/min이상인 초고속 이심기, 대형금상현미경, 삼좌표측량기, 레이저벤치콤퍼레이터(激光比长仪), 전기탐측기(电法勘探仪), 500m이상 airborne gamma spectrometer (500m以上航空电法及伽玛能谱测量仪器), 우물속중력 및 삼분량자기측정기(井中重力及三分量磁力仪), 고정도마이크로중역 및 항공중력경사도측정기(高精度微伽重力及航空重力梯度测量仪器), 지구화학원소 야외현장속보분석기, 휴대용지질레이더

③ 고정도디지털전압계, 전표계 제조(표시측정범위가 7파라위 이상)

④ 무공공률자동보상장치제조

⑤ Two phase flow container (两相流量计), 고체흐름량측정기제조

⑥ 전자총자동코팅기제조

⑦ 800킬로볼트 및 그 이상의 전압을 공제하는 공업 X레이 탐상기(X射线探伤机)제조

⑧ 안전생신 및 환경보호검측기계 신기술설비 제조

⑨ VXI 총 선 및 자동탐측시스템(IEEE1155국제표준에 부합)제조

⑩ 탄광, 우물 밑 탐측 및 재해경보시스템. 메탄안전측검 종합관리시스템 개발 및 제조

⑪ 공정측량과 지구물리 관측설비 제조(디지털 삼각형(数字三角)측량 시스템, 3D지형모델 제어성영시스템(면적>1000×1000mm, 수평오차<1mm, 폭오차<0.5mm), 이상의 규격초과 주파수대지진계(Φ<5cm, 주파수대 0.01~50Hz, 지진등가속도 소음<10~9m/s), 지진 데이터 집합처리시스템, 갱내지진과 징조 종합관측시스템, 정밀 진동원 제어시스템, 공정 가속도 측량시스템, 첨단정밀 GPS수신기(정밀도 1mm~1ppm), INSAR 형상접수 및 처리시스템, 정밀도<1microgal의 절대 중력계(gravimeter), 위성 중력계, 코히런트(Coherent) 혹은 이(双)편광기술을 이용한 도플러(Doppler)레이다, 가시도 측량계, 날씨센서(온도, 압력, 습도, 바람, 강수, 구름, 가시도, 방사, 동토, 적설량), 벼락방지 시스템, 다계층 공중 먼지 견본 추출계, 3-D 초음파 풍속측량계, 첨단정밀도 종합 측량기기(Total Station), 3D레이저 스캐너, 보링용 고성능 금강석 드릴,비합치식 레이저 레인지파인더(LASER RANGEFINDER WITHOUT COOPERANT TARGET),수직측풍레이다(RASS 부대), GPS 전자 탐사제어기 시스템, CO_2/H_2O 유량관측시스템, 주변층(边界层)도플러 레이저레이다, 과

립물 과립분석계기(颗粒经谱仪器)(3nm~20μm), 고 성능 데이터 수집기, 수중 글라이더(glider))

⑫ 환경보호 검사계기의 신 기술 설비제조(공기 품질검사, 수질검사, 온라인 안개검사계기의 신기술 설비, 응급처리 필요계기와 플랜트 시스템으로 새로운 미분광학 다중분석시스템과 자체 조정, 조합식, 표류가 적고, 네트워킹 원격 측정, 원격 조정 계기 및 시스템 등

⑬ 대기오염방지설비제조(내고온 내부식성 여과재, 연료용 석탄)

⑭ 물 오염방지설비제조(수평식 나선원심 탈수기, 필름 및 원재료, 10kg/h이상의 오존 발생기,10kg/h이상의 이산화염소 산생기, 자외선 소독장치, 농촌소형 생활오수처리설비)

⑮ 고체폐기물처리설비제조(쓰레기 매립공장의 방침투용 Geomembrane, 위험폐기물 처리장치, 쓰레기 매립장 바이오가스(Biogas) 발전장치, 가축과 짐승폐기물 종합이용설비

⑯ 환경 감사와 측정계기 제조(SO2 견본 자동추출기 및 측정계기, NOX및 NO2자동견본 자동추출기 및 측정계기, O3자동 감사와 측정계기, CO 자동 감사와 측정계기, 연기 및 먼지 견본 자동추출기 및 측정계기, 연기 견본 자동 추출기 및 측정계기, 휴대식 유독유해기체 측정계기, 공기중 유기오염물질 자동분석계기, COD 온라인 자동 측정계기, BOD 온라인 자동 측정계기, 오염도(浊度) 온라인 감시측정계기, DO온라인 감시측정계기, TOC온라인 감시측정계기, 암모니아질소 온라인 감시측정계시, 방사선량 검측계기, 방사선 분석측정계기

⑰ 수맥데이타 수집, 처리와 전송, 홍수예방 경보계기 및 설비 제조

⑱ 해양탐사, 측량계기와 설비제조(중 · 심층(中深)해양 수중캠코더와 수중 카메라, 다중반사음향측심기(Multibeam Echosounder), 저 · 중층(中浅)지하 절단면 탐측계기, 항행식 온도, 염분, 심도탐측계(salinity-temperature-deepness system), 특수금속탐지기(fluxgate magnetometer), 유압권양기, 수중밀폐 전자커넥터(Connector), 효율>90%인 반침투 해수담수화용 에너지회수장치, 효율>85%인 반침투 해수담수화용 고압펌프, 반침투 해수담수화 막(탈염비율>99.7%), 일생산량이 2만톤 이상인 저온 다 효율 증류해수 담수화 장치, 해양생태시스템 감시측정부표, 절단면 탐측부표, 일회용 전도율 온도와 깊이 측량계기(XCTD), 현장 수질 측량계기, 지능형 해양수질 감시측정용 화학센서(연속 3~6개월 작동), 전자해류계, 음향학 도플러(Doppler) 해류 절단면 측량계(Self- containing, Direct reading, For ship)전도율 온도, 깊이 단면 측량계, 음향학 응답방출기, 원양심층해양조석측량시스템(해저 설치)

이. 기타 제조업

① 석탄 세척 기술제품의 개발 이용 및 설비제조(석탄의 기화와 액화, 석탄·물 슬러리 생산, 공업형 석탄의 생산)

② 석탄 세정 선별 및 분말 석탄(탈유황 석고 포함), 선탄(選炭)후 부스러기 종합이용

③ 생물 분해재 생산

4. 전력, 석탄가스 및 물의 생산과 공급업

(1) 석탄가스화복합화력(IGCC), 30만톤 이상의 CFB(CirculationFluidized-Bed), 10만톤 이상의 가압 유동층 연소로(pressurized Fluidized Bed Combustor:PFBC)를 채택한 정화 연소기술 발전소의 건설 및 운영
(2) 배압형 열 및 전기 병합 발전소의 건설과 경영
(3) 발전위주 수력 발전소의 건설과 경영
(4) 핵발전소 건설과 경영 (중국 측 대주주)
(5) 신규 에너지 발전소(태양에너지, 풍력, 자기력, 지열 에너지, 조석에너지, 생물질에너지 포함)의 건설과 경영
(6) 해수 이용(해수직접이용, 해수 담수화), 공업폐수처리 회수이용 산업화
(7) 도시 급수시설의 건설과 경영

5. 교통운수, 창고 및 통신업

(1) 철도주간선망의 건설과 경영(중국 측 대주주)
(2) 지선 철도, 지방철도 및 교량, 터널, 페리 시설 건설과 경영(합자와 합작에 국한)
(3) 고속철도, 철로 여객운송 전용선, 도시철도 기초시설 종합보수(중국 측 대주주)
(4) 도로, 독립교량 및 터널의 건설과 경영
(5) 육상 도로화물 운송회사
(6) 항구 내 공용부두시설의 건설과 경영
(7) 민간 비행장의 건설과 경영(중국 측이 상대적 대주주)
(8) 항공운수회사(중국 측 대주주)
(9) 농업 · 임업 · 어업 범용 항공회사 (합자와 합작에 국한)
(10) 정기, 비정기 국제 해상운송 업무(중국 측 대주주)
(11) 국제선 컨테이너 다수단 복합운송 업무
(12) 송유관, 가스관 및 유류(가스)저장탱크의 건설과 경영
(13) 석탄 파이프라인 수송설비의 건설과 경영
(14) 운수업무 관련 창고저장 설비의 건설과 경영

6. 도 · 소매 유통업

(1) 일반 상품의 배송
(2) 현대물류

7. 임대와 비즈니스 서비스업

(1) 회계와 회계감사
(2) 국제 경제, 과학기술, 환경보호 정보의 자문 서비스
(3) 시스템 응용관리와 보수, 정보기술 관리, 은행 지원서비스, 재무결산, 인력자원서비스, 소프트웨어 개발, 콜센터, 데이터 처리 등 정보기술 및 업무절차 등의 아웃소싱 서비스

8. 과학연구, 기술서비스와 지질 탐사업

(1) 생물공정과 생명의학 공정기술, 바이오매스 에너지 개발기수
(2) 동위소, 발사 및 레이저 기술
(3) 해양개발 및 해양에너지 개발 기술, 해양화학자원 종합이용기술, 관련제품의 개발과 정밀가공기술 해양의약과 생물화학 제품개발 기술
(4) 해양 측정 기술(해양의 파도와 조수, 날씨, 환경측정), 해저탐측과 대양자원 탐사평가기술
(5) 해수 담수화후의 농후한 해수를 이용하여 제염하고, 칼륨, 브롬, 마그네슘, 리튬 축출 및 심가공 등 해수화학자원 고부가가치 이용기술
(6) 에너지 절약, 개발 기술
(7) 재생 에너지 및 종합이용 기술, 기업 생산라인에서 산생된 배출물의 재활용 기술의 개발 및 응용
(8) 환경오염처리 및 측정기술
(9) 화학섬유 생산 중 에너지 절약 및 3종 폐기물 동시 처리의 新기술
(10) 사막화 방지 및 사막 퇴치기술
(11) 풀과 가축평형 종합관리기술
(12) 민용 위성 응용기술
(13) 연구개발(R&D) 센터
(14) 첨단기술, 신제품 개발 및 창업 인큐베터 센터

9. 수리(水利), 환경과 공공시설 관리업

(1) 종합수리 주요 시설의 건설과 경영(중국 측 대주주)
(2) 도시의 도로 건설과 경영
(3) 도시 지하철 및 전철 등 선로의 건설과 경영(중국 측 대주주)
(4) 오수, 쓰레기 처리공장, 위험물, 폐기물 처리공장(폐기물 소각공장, 매각장) 및 환경오염처리설비의 건설과 경영

10. 교육

(1) 고등 교육기구(합자, 합작에 국한)

11. 위생, 사회보장과 사회복지업

(1) 노인과 장애인과 어린이 서비스 기구

12. 문화, 체육과 오락업

(1) 공연 장소 운영(중국 측 대주주)
(2) 체육장 경영, 헬스, 경기 및 체육훈련과 중개서비스

Ⅱ. 외국인투자 제한분야

1. 농업·임업·목축업·어업

(1) 농작물 신품종 선택 및 종자 개발과 생산(중국 측 대주주)

(2) 진귀한 나무종자(樹種)과 원목 가공(합자와 합작에 국한)
(3) 면화(목화씨) 가공

2. 채굴업
(1) 특종 희소 결핍한 석탄의 탐사, 채취(중국측 대주주)
(2) 중정석 탐사, 채취(합자와 합작에 국한)
(3) 귀금속(금, 은, 백금류) 탐사, 채취
(4) 금강석 등 귀금속 및 비금속광석의 탐사와 채굴
(5) 인(磷, phosphorus)의 채취와 선광작업
(6) 보론 마그네시아 및 보론마그네시아(BORON-MAGNESIA) 철광 채굴
(7) 천청석(天靑石, Celestite) 채굴
(8) 바다망간(Mn)결핵, 바닷모래 채취(중국 측 대주주)

3. 제조업
(1) 농부식품 가공업
① 콩, 유채씨식용유지(油脂) 가공(중국 측 대주주), 옥수수재가공
② 생물액체연료(연료에틸알코올, 생물디젤유) 생산(중국 측 대주주)
(2) 음료제조업
① 황주, 유명 브랜드 백주 생산(중국 측 대주주)
② 탄산음료 생산
(3) 담배제품업
① 잎담배(Threshing and Redryin)가공업
(4) 인쇄업과 복사업
① 출판물 인쇄(중국측 대주주, 포장 장식용 인쇄 제외)
(5) 석유가공 및 코크스 생산
① 연간생산량 800만 톤 이하 정유(oil refining)공장의 건설과 경영
(6) 화학원료와 화학제품 제조업
① 가성소다(수산화나트륨), 탄산칼륨(수산화칼륨) 생산
② 감광재료 생산
③ 벤지딘 생산
④ 제독용이 화학제품 생산(에페드린, 유사에페드린, 에르고메드린, 에르고타민, 리세르가이드)
⑤ 플레온(freon) 혹은 수소 포함 플레온, 4불화 에틸렌, 불화알루미늄, 불화수소(HF) 생산
⑥ 부타디엔 고무(butadiene rubber), 유액(乳液)중합, 열가소성 에이스바이르(SB_R) 생산
⑦ 염화메탄화물(염화메탄 CH3Cl은 제외), 탄화칼슘으로 폴리염화비닐 생산
⑧ 황산 티타늄분말 생산, 평로 과망간산칼륨(KMnO4)생산
⑨ 보론마그네시아 철광석의 가공

⑩ 바륨염 생산

(7) 의약제조업

① 클로로마이세틴, 페니실린-G, 린코마이신, 켄타마이신, 다히이드로스트렙마이신, 아미카신, 염산테도라싸이클린, 테라마이신, 아세틸나선마이신, 마이데카마이신, 로이코마이신, 에리트로마이신, 시푸로후로키사신, 놀후로키사신, 로메호루키사신 생산

② 아날긴, 파라세타몰, 비타민 B1, B2, C, E 등 다양한 비타민제제와 칼슘보충제의 생산

③ 국가 예방접종의 면역백신, (BCG, 소아마비, DPT, 홍역, B형 뇌막염, 유행성 뇌막염 백신 등)생산

④ 마취약품 및 부분적 정신약품 원료약 생산(중국 측 대주주)

⑤ 혈액제품의 생산

⑥ 1회용 주사기, 수맥기, 수혈기 및 혈액 주머니의 생산

(8) 화학섬유 제조업

① 보통 칩을 사용하는 화섬방사

② 비즈코즈 레이온 생산

(9) 고무제품업

① 구 타이어(레이디얼 타이어 제외) 재생 및 저 성능의 공업용 고무부품 생산

(10) 유색금속 제련 및 압연가공업

① 텅스텐(W), 몰리브덴(Mo), 주석(Sn, 주석화합물 제외), 안티몬(Sb, 산화안티몬과 유황안티몬포함) 등 희유금속 제련

② 전해알루미늄, 동, 연, 아연 등 유색금속 제련

③ 텅그희토금속의 제련과 분리(합자와 합작에 국한)

(11) 금속제품업

① 컨테이너 제조

(12) 통용설비 제조업

① 각종 보통급 (PO) 베어링 및 부품 소재(스틸 볼, maintenance frame), 반제품 제조

② 300톤 이하 Wheeled 방식, 캐터필터 장착용 기중기(크레인) 제조(합자, 합작에 국한)

(13) 전용설비 제조업

① 中低급 B형 초음파 디스플레이

② 일반 폴리에스테르 長섬유, 短섬유 설비 제조

③ 320마력 이하 불도저, 30톤급 이하 액체압력 굴착기, 6톤급 이하 Wheeled 방식 적재기, 220마력 이하 그레이더 · 로드 롤러 · 포크리프트 · 135톤급 이하 비도로 덤프트럭 · 평면프레이즈기계설비 · 정원에서 사용기계와 기구 · 상품콘크리트기계(펌프, 믹서차, 믹서식 펌프차) 제조(합자와 합작에 국한)

(14) 교통운수 설비제조업

① 일반선박(분단식의 선박 포함)수리, 설계와 제조(중국 측 대주주)

(15) 통신설비, 컴퓨터 및 기타 전자설비제조업

① 위성 TV방송 지면접수시설 및 핵심 부품 생산

② 자동결제기 제조

4. 전력, 석탄가스 및 물의 생산 공급업

(1) 티벳 (西藏), 신강(新藏), 해남(海南) 등 小전력망 내에서 단기출력 30만kw 이하 석탄응축화력발전소, 단기 출력 10만kw 이하 석탄응축 및 추출 두개 이용 기계세트의 종합적 화력발전소 건설과 경영

(2) 송전망의 건설과 경영(중국 측 대주주)

5. 교통운수, 창고보관 및 우정업

(1) 철로 화물 운송회사

(2) 철로 여객 운송회사(중국 측 대주주)

(3) 도로 여객 운송회사

(4) 국경출입 자동차 운송회사

(5) 수상 운송회사(중국측 대주주)

(6) 촬영, 鑛山탐사, 공업 등 通用항공회사(중국 측 대주주)

(7) 정보통신 회사: 모바일서비스 등 컨텐츠 관련 정보통신 업무(외자비율 50% 초과 못함), 정보통신 기본업무 중 이동전화 및 문자서비스(외자비율 49% 초과 못함), 정보통신 기본업무 중 국내업무와 국제업무(외자비율 35% 초과 못함, 2007년 12월 11일까지 외자비례 49% 허용 조치 내림)

6. 도매 및 소매업

(1) 직판, 우편구매, 인터넷 판매, 프랜차이즈(특허경영), 위탁경영, 상업관리 등 상업회사

(2) 식량, 면화, 식물유, 설탕, 약품, 담배, 자동차, 원유, 농약, 비닐하우스, 화학비료의 도매, 소매, 배송(30개 분점 이상 설립, 다양한 공급루트로 다양한 브랜드상품을 판매하는 체인점의 경우 중국측 대주주)

(3) 음향제품(영화 제외)의 유통(합작에 국한, 중국 측 대주주)

(4) 상품경매

(5) 선박대리(중국 측 대주주), 외국기선(합자와 합작에 국한)

(6) 정제유 도매 및 주유소(동일한 외국투자자 30개 분점 이상 설립, 판매가 많은 공급상의 부동한 종류와 브랜드정제유의 주유소 체인점, 중국 측 대주주)의 건설과 경영

7. 금융업

(1) 은행, 금융임대회사, 재무회사, 신탁투자회사, 화폐 중개대리회사

(2) 보험회사(생명보험회사 외자비율 50% 초과 못함)

(3) 증권회사(A주식 위탁판매, B주식과 H주식 및 정부와 회사채권의 위탁판매와 교역 등에 국한, 외자비례 1/3 초과 못함), 증권투자기금관리 회사(외자비율 49% 초

과 못함)

(4) 외환 중개대리회사

(5) 선물 회사(중국 측 대주주)

8. 부동산업

(1) 토지 개발(합자, 합작에 국한)

(2) 고급 호텔, 빌라, 고급 오피스, 국제전시장의 건설과 경영

(3) 부동산 2급시장 교역 및 부동산 중개대리회사

9. 임대와 비즈니스 서비스업

(1) 법률 자문

(2) 시장조사(합자와 합작에 국한)

(3) 신용조사와 등급평정 서비스 회사

10. 과학연구, 기술서비스와 지질탐사업

(1) 측량회사 (중국 측이 주도적 지위)

(2) 수출입 상품검사 및 감정, 인증회사

(3) 촬영서비스 (공중촬영 등 특수 기술 촬영서비스 포함, 항공측량 촬영 포함하지 않음, 합자에 국한)

11. 수리(水利), 환경과 공공시설 관리업

(1) 대도시의 가스, 열에너지와 배수관공급망의 건설과 경영(중국 측 대주주)

12. 교육

(1) 일반 고등학교(高中)교육기구(합자와 합작에 국한)

13. 위생, 사회보장과 사회복지업

(1) 의료기관(합자, 합작에 국한)

14. 문화, 체육과 오락업

(1) 방송, TV프로그램 제작과 영화제작 프로젝트(합작에 국한)

(2) 영화관의 건설과 경영(중국 측이 주도적 지위)

(3) 대형 공원의 건설과 경영

(4) 공연중개대리기구(중국 측이 주도적 지위)

(5) 오락장소 경영 (합자와 합작에 국한)

15. 국가와 중국이 체결 또는 가입한 국제조약이 제한하는 기타 산업

Ⅲ. 외국투자 금지분야

1. 농업 · 임업 · 목축업 · 어업

(1) 희귀하고 진귀한 우량품종의 양식과 재배 종식(種植)업, 목축업, 수산업의 우량 유전자 포함)

(2) 유전자 변형 식물종자, 가축과 짐승 양식, 수산 종자 동식물의 개발과 생산
(3) 중국의 관할 해양지역 및 내륙 수역의 수산물 포로

2. 채광업

(1) 텅스텐(W), 몰리브덴(Mo), 주석(Sn)), 안티몬(Sb) 형석(螢石)의 탐사와 채굴
(2) 희토금속의 탐사, 채굴과 선광(選鑛)
(3) 방사(放射)성 관산의 탐사, 채굴과 선광(選鑛)

3. 제조업

(1) 음료 가공업
 ① 중국 전통공업의 녹차 및 특수차 가공(각 지역 특산차, 흑차 등)
(2) 의약제조업
 ① "야생약재자원보호조례"와 "중국 희귀하거나 절멸위기의 동식물 목록"에 열거된 중약재 가공
 ② 전통 음용 한약재 제조기술의 응용 및 제조방법 기밀인 한약제품의 제조
(3) 유색금속 제련 및 압연가공업
 ① 방사성 광산의 제련과 가공
(4) 전문 설비제조업
 ① 무기, 탄약 제조
(5) 전기기계 및 기자재 제조업
 ① 개구식(산성안개를 직접 배출하는 방식) 인산전지, 수은 버튼(button)식 산화은전지, PASTE식 아연-망간전지, 카드뮴-니켈 전지 제조
(6) 공업품 및 기타 제조업
 ① 상아 조각
 ② 호랑이뼈 가공
 ③ 탈태(脫胎) 칠기 생산
 ④ 법랑제품 생산
 ⑤ 화선지 및 먹 제조
 ⑥ 암 또는 기형, 돌연변이를 유발하는 제품과 내구성 유기오염물 제품생산

4. 전력, 석탄가스 및 물의 생산과 공급업

(1) 티벳(西藏), 신강(新藏), 해남(海南) 등 소규모 송전망이외 단기 용량 30만천와트 이하 석탄응축 화력발전소, 단기 용량 10만천와트 이하 석탄응축 및 추출 겸용 발전소 건설, 운영

5. 교통운수, 창고 및 우편통신업

(1) 항공 교통 관제회사
(2) 우정(우편 행정) 회사

6. 임대 및 비즈니스 서비스업

(1) 사회 리서치

7. 과학연구, 기술서비스, 지질 탐사업

(1) 인체 줄기세포, 유전자 진단 및 의료기술 개발, 응용

(2) 토지 측량, 해양 측량, 항공촬영 측량, 행정지역 경계선 측량, 지도제작 중 지형그림 및 도표제작, 일반 지도제작 중 항공 및 항해 유도형 전자지도제작

8. 수리, 환경, 공공설비 관리업

(1) 자연보호구, 국가급 중요 습지의 건설, 경영

(2) 국가보호지역의 원산지인 중국 야생 동식물, 자원 개발

9. 교육

(1) 기초교육(의무교육) 기구, 군사, 경찰, 정치 및 당 교육기관 등 특수영역의 교육기관

10. 문화, 체육 및 오락업

(1) 신문사

(2) 도서, 신문, 정기 간행물의 출판, 총괄발행과 수입(importing)

(3) 음향제품과 전자출판물의 출판, 제작, 총괄발행과 수입

(4) 각급 방송국, TV사, 라디오TV 전송 네트워크(발사대, 중계소, 방송 · TV네트워크 및 송신국 등 포함)

(5) 방송, TV 프로그램 제작 및 운영 회사

(6) 영화 제작, 발행,

(7) 뉴스 홈페이지, 인터넷 방송 서비스, 인터넷 서비스 영업장소, 인터넷 문화 운영

(8) 비디오녹화 방송회사

(9) 골프장 건설, 경영

(10) 도박업(경마장 포함)

(11) 퇴폐 · 향락업소

11. 기타 분야

(1) 군사시설의 안전과 사용에 해를 끼치는 산업

12. 중국정부나 중국이 체결 혹은 가입한 국제조약이 금지하는 기타 산업

- 원문출처: 新法規速遞: http://www.law-lib.com
- 한글번역본: 코참차이나: http://china.korcham.net

[부록-2]

중서부지구외상투자우세산업목록(中西部地區外商投資優勢產業目錄)

(국가발전개혁위원회, 상무부 2008년 12월 23일)

1. 산서성: (1) 목초(牧草)사료용 농작물 재배 및 심(深)가공
   (2) 퇴경환림환초(退耕還林還草), 천연림보호 등 국가중점생태공정 후속산업개발
   (3) 절수(節水)관개와 내한(耐旱)작물절수(節水)기술, 보호성 경작기술개발 및 응용
   (4) 탄광지역 폐광 및 함몰지역 생태계통 회복 및 재건공정
   (5) 규석(硅石)자원종합이용(탐사 및 채굴 제외)
   (6) 고령토(高岭土)종합이용(탐사 및 채굴 제외)
   (7) 석탄가공응용기술개발과 제품생산(중국 측 지배지분확보)
   (8) 석탄가스 완제품생산과 개발
   (9) 코크스 부산물 종합이용
   (10) 비단제품 심(深)가공
   (11) 포장 장식 인쇄품 인쇄
   (12) 고급유리제품, 고급기술 도자기(공업도자기포함)기술개발과 제품생산
   (13) 특수품종(超白, 超薄, Low-E)우질 플로트유리기술개발 및 심(深)가공
   (14) 일 생산량 4000톤 및 그 이상 시멘트가공원료의 신형건식시멘트생산
   (15) 스테인리스 강(stainless鋼)제품생산
   (16) 정밀 주조, 정밀 부품 기술개발과 제조
   (17) 스틸 코드 컨베이어 벨트(STEEL-CORD CONVEYOR BELT) 생산
   (18) 수압기술 시스템 및 모형 생산
   (19) 한지(旱地), 산지(山地) 용 중소형 농업기계 및 부대설비 제조
   (20) 세중탄(洗中炭), 코크스로 가스 여열발전(余熱發電) 및 열 공급 등 종합이용
   (21) 바스트(VAST) 업무(중국 WTO협약 약정 이내)
   (22) 도로여객운수(중국 측 지배지분확보)
   (23) 도시 가스공급, 열 공급, 배수관 공급 망 구축 및 경영(대형도시, 중국 측 지배지분확보)
   (24) 관광명소 보호, 개발과 경영 및 부대시설 건설

2. 내몽고자치구: (1) 퇴경환림환초(退耕還林還草), 퇴목환초(退牧還草), 천연림보호 등 국가중점생태공정 후속산업개발

(2) 절수(節水)관개와 내한(耐旱)작물절수(節水)기술, 보호성 경작기술개발 및 응용
(3) 사탕무 사카린 심(深)가공 및 부산물 종합이용
(4) 동, 연, 아연, 알루미늄 정밀 심(深)가공(탐사, 채굴, 제련 제외)
(5) 비금속광물(홍주석, 벤토나이트, 정질석묵, 백운석, 진주암, 비석) 종합이용 및 정밀가공(탐사, 채굴 제외)
(6) 모방직, 편직물 첨단기술제품 개발
(7) 석탄가공응용기술개발과 제품생산(중국 측 지배지분확보)
(8) 희토(稀土) 심(深)가공 및 응용제품 생산
(9) 천연가스 완제품 개발과 이용(《천연가스이용정책》이 규정한 제한류와 금지류 제외)
(10) 몽고약재 가공(《외상투자산업지도목록》이 규정한 제한류와 금지류 제외)
(11) 소와 양 내장을 원료로 한 생물 제약품의 개발이용(《외상투자산업지도목록》이 규정한 제한류와 금지류 제외)
(12) 소수민족 필수품, 공예미술품, 포장용기재료 및 일용 유리제품 생산
(13) 특수품종(超白, 超薄, Low-E)우질 플로트유리기술개발 및 심(深)가공
(14) 일 생산량 4000톤 및 그 이상 시멘트가공원료의 신형건식시멘트생산
(15) 세중탄(洗中炭), 코크스로 가스 여열발전(余熱發電) 및 열 공급 등 종합이용
(16) 바스트(VAST) 업무(중국 WTO협약 약정 이내)
(17) 도로여객운수(중국 측 지배지분확보)
(18) 도시 가스공급, 열 공급, 배수관 공급 망 구축 및 경영(대형도시, 중국 측 지배지분확보)
(19) 빙설, 삼림, 초원생태여행자원 개발, 건설과 경영
(20) 관광명소 보호, 개발과 경영 및 부대시설 건설

3. 요녕성: (1) 채소, 과일 등 종자(묘목)(유전자식물종자제회)의 개발 및 생산(중국 측 지배지분확보)
(2) 육용 닭, 씨돼지, 육용 우 및 육용 양 사양 및 제품 심(深)가공
(3) 퇴경환림환초(退耕還林還草)등 국가중점생태공정 후속산업개발
(4) 유모 혈암, 마그네슘, 지르콘(zircon)가공 및 종합이용(중국 측 지배지분확보)
(5) 고급 면(綿), 모(毛), 마(麻), 사(絲)(작잠사), 화학섬유의 방직, 편직 및 복장가공

(6) 천연약, 원료약, 중약의 심(深)가공 및 파생물의 생산(《외상투자산업지도목록》이 규정한 제한류와 금지류 제외)
(7) 일 생산량 4000톤 및 그 이상 시멘트가공원료의 신형건식시멘트생산
(8) 대형장비와 기술(연 60만톤 이상)로 석탄을 원료로 메탄올(methanol)등 제품 생산
(9) 백만톤 규모 에틸렌(ethylene) 및 완성 심(深)가공제품 생산
(10) 고성능 자오선 타이어 생산
(11) 금속포장, 자동화입체창고 및 창고물류설비 제조
(12) 자동차 부품 제조(자동차기어박스, 자동차엔진크랭크축, 연결봉, 실린더블록, 실린더헤드, 엔진전사분사시스템, 자동차감속기, 클러치, 타이밍 체인, 자동차전조등, 자동차계기)
(13) 선박용 디젤 보조엔진, 부속품 제조
(14) 디지털 의료설비 및 핵심 부품 개발 및 생산
(15) 고 정밀 동 판재 심(深)가공
(16) 철사 연결선, 초정밀 스틸와이어로프 제조
(17) 의료기관(합자, 합작에 한함)
(18) 도시집중열공급, 가스공급, 배수관공급망구축 및 경영(대형도시, 중국측 지배지분확보)
(19) 관광명소 보호, 개발과 경영 및 부대시설 건설
(20) 국가 투자주무부서가 비준한 자원고갈형도시의 정밀 심(深)가공과 후속산업 등 항목

4. 길림성: (1) 절수(節水)관개와 내한(耐旱)작물절수(節水)기술, 보호성 경작기술개발 및 응용
(2) 육용 닭, 씨돼지, 육용 우 및 육용 양 사양 및 제품 심(深)가공
(3) 과일, 나물, 균류, 산개구리, 산누에, 꿀 등 장백산 특색 생태식품, 음료의 개발과 가공(잣나무 씨, 송이버섯 등 국가2급 보호식물 제외)
(4) 식용 천연 광천수 생산 (중국 측 지배지분확보)
(5) 규조토 자원개발 및 종합이용(탐사, 채굴 제외)
(6) 고급 면(綿), 모(毛), 마(麻), 화학섬유의 방직, 편직 및 복장가공
(7) 동식물약재자원 개발생산(《외상투자산업지도목록》이 규정한 제한류와 금지류 제외)
(8) 특수품종(超白, 超薄, Low-E)우질 플로트유리기술개발 및 심(深)가공
(9) 백만톤 규모 에틸렌(ethylene) 및 완성 심(深)가공제품 생산
(10) 고성능 자오선 타이어 생산
(11) 자동차 부품 제조(자동차기어박스, 자동차엔진크랭크축, 연결봉, 실린더블록, 실린더헤드, 엔진전사분사시스템, 자동차감속기, 클러치, 타이밍 체인, 자동차전조등, 자동차계기)

(12) 풍력발전설비, 바이오매스 발전설비제조(합자, 합작에 한함)
(13) 바스트(VAST) 업무(중국 WTO협약 약정 이내)
(14) 도로여객운수(중국 측 지배지분확보)
(15) 자동차 금융서비스
(16) 도시가스공급, 열 공급, 배수관 공급 망 구축 및 경영(대형도시, 중국 측 지배지분확보)
(17) 직업교육기관(합작에 한함)
(18) 의료기관(합자, 합작에 한함)
(19) 빙설 여행자원 개발 및 스키장 건설과 경영
(20) 관광명소 보호, 개발과 경영 및 부대시설 건설
(21) 국가 투자주무부서가 비준한 자원고갈형도시의 정밀 심(深)가공과 후속산업 등 항목

5. 흑룡강성: (1) 채소, 과일 등 종자(묘목)(유전자식물종자제회)의 개발, 생산(중국 측 지배지분확보)
(2) 퇴경환림환초(退耕還林還草), 천연림보호 등 국가중점생태공정 후속산업개발
(3) 절수(節水)관개와 내한(耐旱)작물절수(節水)기술, 보호성 경작기술개발 및 응용
(4) 수리(水利)중추 공정, 수전(水田)관개공정, 한전(旱田)절수(節水) 관개지역 공정
(5) 식용 천연 광천수 생산 (중국 측 지배지분확보)
(6) 사탕무 사카린 심(深)가공 및 부산물 종합이용
(7) 고구마 심(深)가공
(8) 육용 닭, 씨돼지, 육용 우 및 육용 양 사양 및 제품 심(深)가공
(9) 석탄가공응용기술개발과 제품생산(중국 측 지배지분확보)
(10) 석묵제품 심(深)가공(보통공률과 고 공률 석묵전극 생산라인 제외)
(11) 천연약, 원료약, 중약의 심(深)가공 및 파생물의 생산(《외상투자산업지도목록》이 규정한 제한류와 금지류 제외)
(12) 특수품종(超白, 超薄, Low-E)우질 플로트유리기술개발 및 심(深)가공
(13) 일 생산량 4000톤 및 그 이상 시멘트가공원료의 신형건식시멘트생산
(14) 절삭 도구(刀具), 측정기, 인구(刃具)의 제조
(15) 고성능 자오선 타이어 생산
(16) 자동차 부품 제조(자동차기어박스, 자동차엔진크랭크축, 연결봉, 실린더블록, 실린더헤드, 엔진전사분사시스템, 자동차감속기, 클러치, 타이밍 체인, 자동차전조등, 자동차계기)
(17) 의료설비 및 핵심 부품 개발 및 생산
(18) 배전망 지능관리통제시스템 설비 제조

(19) 바스트(VAST) 업무(중국 WTO협약 약정 이내)
(20) 도로여객운수(중국 측 지배지분확보)
(21) 직업교육기관(합작에 한함)
(22) 의료기관(합자, 합작에 한함)
(23) 도시가스공급, 열 공급, 배수관공급망구축 및 경영(대형도시, 중국 측 지배지분확보)
(24) 삼림, 빙설 여행자원 개발 및 스키장 건설과 경영
(25) 관광명소 보호, 개발과 경영 및 부대시설 건설
(26) 국가 투자주무부서가 비준한 자원고갈형도시의 정밀 심(深)가공과 후속산업 등 항목

6. 안휘성: (1) 보호성 경작기술개발 및 응용
(2) 수수, 누에고치 심(深)가공 및 종합이용
(3) 고령토, 석탄가스, 광정수(鑛井水) 및 천연 코크스 등 석탄반생자원 종합이용(탐사, 채굴 제외)
(4) 비금속광물(방해석, 벤토나이트, 어템풀자이트 점토, 석회석, 석영모래) 종합이용(탐사, 채굴제외)
(5) 고급 면(綿), 모(毛), 마(麻), 사(絲), 화학섬유의 방직, 편직 및 복장가공
(6) 대형 콜타르화-염화 일체화 심(深)가공 및 종합이용
(7) 중약재, 중약추출물, 중약의 가공 및 생산(《외상투자산업지도목록》이 규정한 제한류와 금지류 제외)
(8) 동, 연, 아연 등 유색금속 정밀 심(深)가공 및 종합이용(합자, 합작에 한함)
(9) 포장 장식 인쇄품 인쇄
(10) 특수품종(超白, 超薄, Low-E)우질 플로트유리기술개발 및 심(深)가공
(11) 일 생산량 4000톤 및 그 이상 시멘트가공원료의 신형건식시멘트생산
(12) 고성능 자오선 타이어 생산
(13) 자동차 부품 제조(자동차기어박스, 자동차엔진크랭크축, 연결봉, 실린더블록, 실린더헤드, 엔진전사분사시스템, 자동차감속기, 클러치, 타이밍 체인, 자동차전조등, 자동차계기)
(14) 신형건식시멘트 플랜트 제조
(15) 대형 공기정화기, 대형 코크스로, 중형(重型) 주강(鑄鋼)기계제품 생산
(16) 대형 디지털제어 단조압연 설비 및 부품 개발과 제조
(17) 지게차, 굴착기, 전용차 및 부품 개발과 제조
(18) 냉장고, 에어컨 용 고 효율 에너지 절약 압축기, 특종 에나멜선 생산제조
(19) 고성능 자성 자료 및 부품 기술개발, 생산
(20) 바스트(VAST) 업무(중국 WTO협약 약정 이내)

(21) 도로여객운수(중국 측 지배지분확보)
(22) 의료기관(합자, 합작에 한함)
(23) 직업교육기관(합작에 한함)
(24) 도시가스공급, 열 공급, 배수관공급망구축 및 경영(대형도시, 중국 측 지배지분확보)
(25) 관광명소 보호, 개발과 경영 및 부대시설 건설

7. 강서성: (1) 동광선광, 반생원소추출 및 정밀 심(深)가공
(2) 고령토, 분석영(粉石英), 규소회석, 해포석(海泡石), 화학공업용 백운석 등 비금속광 선택 제련, 응용 및 심(深)가공
(3) 고급 면(綿), 모(毛), 마(麻), 사(絲), 화학섬유의 방직, 편직 및 복장가공
(4) 희토(稀土) 심(深)가공 및 응용제품 생산
(5) 유기염소, 무기염소 등 정밀화공제품 생산(고 잔류 유기염소제품 제외)
(6) 천연약, 원료약, 중약의 심(深)가공 및 파생물의 생산(《외상투자산업지도목록》이 규정한 제한류와 금지류 제외)
(7) 고성능 자오선 타이어 생산
(8) 포장 장식 인쇄품 인쇄
(9) 일 생산량 4000톤 및 그 이상 시멘트가공원료의 신형건식시멘트생산
(10) 자동차 부품 제조(자동차기어박스, 자동차엔진크랭크축, 연결봉, 실린더블록, 실린더헤드, 엔진전사분사시스템, 자동차감속기, 클러치, 타이밍 체인, 자동차전조등, 자동차계기)
(11) 의학용 전자류 및 생물의학재료 류 의학기계의 개발 및 생산
(12) 에어컨, 고효율 에너지 절약 압축기 및 부품 생산
(13) LCoS, DLP, 액정 등 신형 투영 디스플레이기술 제품개발 및 생산
(14) 바스트(VAST) 업무(중국 WTO협약 약정 이내)
(15) 도로여객운수(중국 측 지배지분확보)
(16) 직업교육기관(합작에 한함)
(17) 의료기관(합자, 합작에 한함)
(18) 도시가스공급, 열 공급, 배수관공급망구축 및 경영(대형도시, 중국 측 지배지분확보)
(19) 관광명소 보호, 개발과 경영 및 부대시설 건설

8. 하남성: (1) 퇴경환림환초(退耕還林還草), 천연림보호 등 국가중점생태공정 후속산업개발
(2) 절수(節水)관개와 내한(耐旱)작물절수(節水)기술, 보호성 경작기술개발 및 응용
(3) 천연 알칼리 광산(碱鑛) 채굴, 가공(중국 측 지배지분확보)
(4) 알루미늄, 연, 아연 정밀 심(深)가공(탐사, 채굴, 제련 제외)
(5) 석탄가공응용기술개발과 제품생산(중국 측 지배지분확보)

(6) 고급 면방직 및 복장
(7) 비단제품 심(深)가공
(8) 초강력(超硬)재료제품 생산
(9) 스피라마이신(Spiramycin), 고혈압치료백신 생산
(10) 천연약, 원료약, 중약의 심(深)가공 및 파생물의 생산(《외상투자산업지도목록》이 규정한 제한류와 금지류 제외)
(11) 포장 장식 인쇄품 인쇄
(12) 특수품종(超白, 超薄, Low-E)우질 플로트유리기술개발 및 심(深)가공
(13) 일 생산량 4000톤 및 그 이상 시멘트가공원료의 신형건식시멘트생산
(14) 자동차 부품 제조(자동차기어박스, 자동차엔진크랭크축, 연결봉, 실린더블록, 실린더헤드, 엔진전사분사시스템, 자동차감속기, 클러치, 타이밍 체인, 자동차전조등, 자동차계기)
(15) 대형 농업용 기계 개발과 생산
(16) 대형 석탄 종합채굴, 석유시추, 유색압연, 신형건식시멘트 플랜트 제조
(17) 전기에너지 종합관리자동화설비 제조
(18) LCoS, DLP, 액정 등 신형 투영 디스플레이기술 제품개발 및 생산
(19) 바스트(VAST) 업무(중국 WTO협약 약정 이내)
(20) 도로여객운수(중국 측 지배지분확보)
(21) 도시가스공급, 열 공급, 배수관공급망구축 및 경영(대형도시, 중국 측 지배지분확보)
(22) 관광명소 보호, 개발과 경영 및 부대시설 건설

9. 호북성: (1) 보호성 경작기술개발 및 응용
(2) 고급 방직품 및 복장공예기술 개발
(3) 부직포 및 의학용 방직품 생산
(4) 동식물약재자원의 개발 생산(《외상투자산업지도목록》이 규정한 제한류와 금지류 제외)
(5) 비단제품 심(深)가공
(6) 포장 장식 인쇄품 인쇄
(7) 특수품종(超白, 超薄, Low-E)우질 플로트유리기술개발 및 심(深)가공
(8) 일 생산량 4000톤 및 그 이상 시멘트가공원료의 신형건식시멘트생산
(9) 에어컨, 고효율 에너지 절약 압축기 및 부품 생산
(10) 자동차 부품 제조(자동차기어박스, 자동차엔진크랭크축, 연결봉, 실린더블록, 실린더헤드, 엔진전사분사시스템, 자동차감속기, 클러치, 타이밍 체인, 자동차전조등, 자동차계기)
(11) 엔시(N.C.) 공작기계 핵심 부품(high speed spindle, Tool database, power chuck)
(12) 특종 스틸와이어로프(steel wire rope)제조(평균 항장력 >2200MPa)

(13) 레이저 의학용 설비 개발과 제조
(14) 광전자 기술과 제품(코딩 광섬유, 반도체LED)개발
(15) 바스트(VAST) 업무(중국 WTO협약 약정 이내)
(16) 도로여객운수(중국 측 지배지분확보)
(17) 직업교육기관(합작에 한함)
(18) 자동차 가스주입소 건설
(21) 도시가스공급, 열 공급, 배수관공급망구축 및 경영(대형도시, 중국 측 지배지분확보)
(22) 관광명소 보호, 개발과 경영 및 부대시설 건설

10. 호남성: (1) 연, 아연 정밀 심(深)가공(탐사, 채굴, 제련 제외)
(2) 비스무트(bismuth, Bi) 화합물 생산(중국 측 지배지분확보)
(3) 호르몬(hormone)류 약물 심층 개발(《외상투자산업지도목록》이 규정한 제한류와 금지류 제외)
(4) 포장 장식 인쇄품 인쇄
(5) 일 생산량 4000톤 및 그 이상 시멘트가공원료의 신형건식시멘트생산
(6) 대구경(大口徑) 강관재료 가공
(7) 콘크리트 기계: 콘크리트 수송 펌프, 콘크리트 펌프차, 콘크리트 placing equipment, 콘크리트 믹서운송차; 승강기계: 탑식 기중기, 시공 승강기, 자동차 기중기; 도로면 기계: 아스팔트 페이버, 코드밀링머신(Cold Milling Machine), 아스팔트 피니셔(220마력이상), 아스팔트 콘크리트 믹서설비, 평지기계, 가열기계; 환경미화기계; 제거차, 청결차; 토목공정기계: 유압 파일 항타장비, 채굴기(30톤 이상), 액체압력밸브, 액체압력실린더, 기어 등 공정기계 및 핵심부품 개발과 제조
(8) 고 효능 날개 펌프 및 수리기계 제조
(9) 쌍 금속 고속절단공구
(10) 신형 고무기계 플랜트(plant) 제조
(11) 바스트(VAST) 업무(중국 WTO협약 약정 이내)
(12) 도로여객운수(중국 측 지배지분확보)
(13) 직업교육기관(합작에 한함)
(14) 라디오TV프로그램제작, 영화제작(합작에 한함)
(15) 도시 가스공급, 열 공급, 배수관 공급 망 구축 및 경영(대형도시, 중국 측 지배지분확보)
(16) 관광명소 보호, 개발과 경영 및 부대시설 건설

11. 광서장족자치구: (1) 퇴경환림환초(退耕還林還草)등 국가중점생태공정 후속산업개발
(2) 동식물약재자원의 개발 생산(《외상투자산업지도목록》이 규정한 제한류와 금지류 제외)

(3) 사카로즈 가공 및 부산품 종합이용
(4) 송진 심(深)가공
(5) 중정석(重晶石) 심(深)가공
(6) 비단제품 심(深)가공
(7) 소수민족 필수품, 민족 특색 공예품, 포장용기재료 생산
(8) 고급 일용 도자기 생산
(9) 특수품종(超白, 超薄, Low-E)우질 플로트유리기술개발 및 심(深)가공
(10) 일 생산량 4000톤 및 그 이상 시멘트가공원료의 신형건식시멘트생산
(11) 고성능 자오선 타이어 생산
(12) 자동차 부품 제조(자동차기어박스, 자동차엔진크랭크축, 연결봉, 실린더블록, 실린더헤드, 엔진전사분사시스템, 자동차감속기, 클러치, 타이밍 체인, 자동차전조등, 자동차계기)
(13) 대형공정기계 핵심부품 기술개발과 제조
(14) 바스트(VAST) 업무(중국 WTO협약 약정 이내)
(15) 도로여객운수(중국 측 지배지분확보)
(16) 도시 가스공급, 열 공급, 배수관 공급 망 구축 및 경영(대형도시, 중국 측 지배지분확보)
(17) 관광명소 보호, 개발과 경영 및 부대시설 건설

12. 중경시: (1) 감귤, 씨돼지종자의 양식 및 심(深)가공
(2) 퇴경환림환초(退耕還林還草), 천연림보호 등 국가중점생태공정 후속산업개발
(3) 절수(節水)관개기술 개발 및 응용
(4) 고급 면(綿), 모(毛), 모시풀(苎麻), 사(絲), 죽(竹)섬유, 화학섬유의 방직, 편직 및 복장가공
(5) 천연가스 완제품 생산과 개발(《천연가스이용정책》이 규정한 제한류와 금지류 제외)
(6) 폴리우레탄(polyurethane)및 원료, 신형공정 비닐생산
(7) 생물 기(基)재료 제조, 생물 기(基)합성 고분자 재료, 천연생물 고분자재료, 생물 기(基) 화합물 생산
(8) 중약재, 중약추출물, 중약의 가공과 생산(《외상투자산업지도목록》이 규정한 제한류와 금지류 제외)
(9) 특수품종(超白, 超薄, Low-E)우질 플로트유리기술개발 및 심(深)가공
(10) 일 생산량 4000톤 및 그 이상 시멘트가공원료의 신형건식시멘트생산
(11) 알루미늄 정밀 심(深)가공
(12) 오토바이 전체(외자비율 50%이하)및 부품제조

(13) 자동차 부품 제조(자동차기어박스, 자동차엔진크랭크축, 연결봉, 실린더블록, 실린더헤드, 엔진전사분사시스템, 자동차감속기, 클러치, 타이밍 체인, 자동차전조등, 자동차계기)
(14) 신형 의료기구 제품 개발 및 생산
(15) 태양 에너지, 풍전(風電)등 신형발전설비 및 부품 제조(합자, 합작에 한함)
(16) 굵기 0.25마이크로미터 이하 대규모 디지털 집적회로 제조
(17) 바스트(VAST) 업무(중국 WTO협약 약정 이내)
(18) 도로여객운수(중국 측 지배지분확보)
(19) 도시 가스공급, 열 공급, 배수관 공급 망 구축 및 경영(대형도시, 중국 측 지배지분확보)
(20) 관광명소 보호, 개발과 경영 및 부대시설 건설

13. 사천성: (1) 채소, 과일 등 종자(묘목)(유전자식물종자제회)의 개발, 생산(중국 측 지배지분확보)
(2) 씨돼지, 육용 우, 육용 양, 가금 사양과 심(深)가공
(3) 퇴경환림환초(退耕還林還草), 천연림보호 등 국가중점생태공정 후속산업개발
(4) 절수(節水)관개와 내한(耐旱)작물절수(節水)기술, 보호성 경작기술개발 및 응용
(5) 희토(稀土) 심(深)가공 및 응용제품 생산
(6) 바나딘 티타늄 자석철광 신기술 신제품 개발(중국 측 지배지분확보)
(7) 천연가스 완제품 생산과 개발(《천연가스이용정책》이 규정한 제한류와 금지류 제외)
(8) 비단제품 심(深)가공
(9) 고성능 무기불소 화학제품 생산 (《외상투자산업지도목록》이 규정한 제한류와 금지류 제외)
(10) 동식물약재자원의 개발 생산(《외상투자산업지도목록》이 규정한 제한류와 금지류 제외)
(11) 특수품종(超白, 超薄, Low-E)우질 플로트유리기술개발 및 심(深)가공
(12) 일 생산량 4000톤 및 그 이상 시멘트가공원료의 신형건식시멘트생산
(13) 고성능 자오선 타이어 생산
(14) 자동차 부품 제조(자동차기어박스, 자동차엔진크랭크축, 연결봉, 실린더블록, 실린더헤드, 엔진전사분사시스템, 자동차감속기, 클러치, 타이밍 체인, 자동차전조등, 자동차계기)
(15) 기중기, 굴착기, 동력삽, 액체압력기계, 콘크리트기계, 아스팔트 피니셔, 지게차, 불도저, 그레이더 등 공정기계제조 (중국 측 지배지분확보)
(16) 디지털 의료설비 및 핵심부품 개발 및 생산

(17) 천연가스 압축기(석탄가스 압축기 포함) 제조
(18) 바스트(VAST) 업무(중국 WTO협약 약정 이내)
(19) 도로여객운수(중국 측 지배지분확보)
(20) 도시 가스공급, 열 공급, 배수관 공급 망 구축 및 경영(대형도시, 중국 측 지배지분확보)
(21) 관광명소 보호, 개발과 경영 및 부대시설 건설

14. 귀주성: (1) 퇴경환림환초(退耕還林還草), 천연림보호 등 국가중점생태공정 후속산업개발
(2) 절수(節水)관개와 내한(耐旱)작물절수(節水)기술의 개발 및 응용
(3) 감자, 마우(魔芋, 구약나물) 등 제품의 심(深)가공
(4) 가축류 고기(쇠고기, 돼지고기, 양고기, 기타 가축), 고추, 쓴 메밀, 참마, 호두 등 심(深)가공
(5) 모시풀(苧麻)제품 심(深)가공
(6) 석탄가공응용기술개발과 제품생산(중국 측 지배지분확보)
(7) 티탄 제련(중국 측 지배지분확보)
(8) 비단제품 심(深)가공
(9) 인(燐), 유화제품 생산
(10) 동식물약재자원의 개발 생산(《외상투자산업지도목록》이 규정한 제한류와 금지류 제외)
(11) 특수품종(超白, 超薄, Low-E)우질 플로트유리기술개발 및 심(深)가공
(12) 일 생산량 4000톤 및 그 이상 시멘트가공원료의 신형건식시멘트생산
(13) 알루미늄 등 유색금속 정밀 심(深)가공
(14) 연마재, 연마기구 제품 생산
(15) 자동차 부품 제조(자동차기어박스, 자동차엔진크랭크축, 연결봉, 실린더블록, 실린더헤드, 엔진전사분사시스템, 자동차감속기, 클러치, 타이밍 체인, 자동차전조등, 자동차계기)
(16) 바스트(VAST) 업무(중국 WTO협약 약정 이내)
(17) 도로여객운수(중국 측 지배지분확보)
(18) 도시 가스공급, 열 공급, 배수관 공급 망 구축 및 경영(대형도시, 중국 측 지배지분확보)
(19) 관광명소 보호, 개발과 경영 및 부대시설 건설

15. 운남성: (1) 양질 뽕, 누에제품개발
(2) 퇴경환림환초(退耕還林還草), 천연림보호 등 국가중점생태공정 후속산업개발
(3) 절수(節水)관개와 내한(耐旱)작물절수(節水)기술의 개발 및 응용
(4) 동, 연, 아연 등 유색금속 정밀 심(深)가공(탐사, 채굴, 제련 제외)(중국

측 지배지분확보)

(5) 특색 식용자원개발 및 응용

(6) 아마가공, 개발 및 부산물 종합이용

(7) 석탄가공응용기술개발과 제품생산(중국 측 지배지분확보)

(8) 비단제품 심(深)가공

(10) 인(燐) 정밀화공응용기술개발과 제품생산

(11) 포장장식 인쇄품 인쇄

(12) 특수품종(超白, 超薄, Low-E)우질 플로트유리기술개발 및 심(深)가공

(13) 일 생산량 4000톤 및 그 이상 시멘트가공원료의 신형건식시멘트생산

(14) 석탄가공 응용기술개발과 제품생산

(15) 경차용 디젤 발동기 및 부품 제조

(16) 바스트(VAST) 업무(중국 WTO협약 약정 이내)

(17) 도로여객운수(중국 측 지배지분확보)

(18) 도시 가스공급, 열 공급, 배수관 공급 망 구축 및 경영(대형도시, 중국 측 지배지분확보)

(19) 관광명소 보호, 개발과 경영 및 부대시설 건설

16. 티벳자치구: (1) 퇴경환림환초(退耕還林還草), 천연림보호 등 국가중점생태공정 후속산업개발

(2) 절수(節水)관개와 내한(耐旱)작물절수(節水)기술의 개발 및 응용

(3) 염호(鹽湖)자원의 개발이용(중국 측 지배지분확보)

(4) 식용 천연 광천수 생산(중국 측 지배지분확보)

(5) 소털제품 심(深)가공 및 티벳담요 생산

(6) 모방직제품의 가공제조

(7) 중약재, 중약추출물, 중약의 가공과 생산(《외상투자산업지도목록》이 규정한 제한류와 금지류 제외)

(8) 소수민족 필수품, 공예미술품, 포장용기재료 및 일용유리제품 생산

(9) 바스트(VAST) 업무(중국 WTO협약 약정 이내)

(10) 도로여객운수(중국 측 지배지분확보)

(11) 도시 가스공급, 열 공급, 배수관 공급 망 구축 및 경영(대형도시, 중국 측 지배지분확보)

(12) 관광명소 보호, 개발과 경영 및 부대시설 건설

17. 섬서성: (1) 감자, 면화종자의 개발생산(중국 측 지배지분확보)

(2) 퇴경환림환초(退耕還林還草), 천연림보호, 수원지보호 등 국가중점생태공정 후속산업개발

(3) 절수(節水)관개와 내한(耐旱)작물절수(節水)기술, 보호성 경작기술개발 및 응용

(4) 고급 면(綿), 모(毛), 화학섬유의 방직, 편직 및 복장가공
(5) 비단제품 심(深)가공
(6) 동식물약재자원의 개발 생산(《외상투자산업지도목록》이 규정한 제한류와 금지류 제외)
(7) 천연가스 완제품 생산과 개발(《천연가스이용정책》이 규정한 제한류와 금지류 제외)
(8) 석탄가공응용기술개발과 제품생산
(9) 특수품종(超白, 超薄, Low-E)우질 플로트유리기술개발 및 심(深)가공
(10) 일 생산량 4000톤 및 그 이상 시멘트가공원료의 신형건식시멘트생산
(11) 티탄금속 정밀 심(深)가공
(12) 용광로 가스에너지 회수 터빈(turbine)장치의 설계제조
(13) 바스트(VAST) 업무(중국 WTO협약 약정 이내)
(14) 도로여객운수(중국 측 지배지분확보)
(15) 의료기관(합자, 합작에 한함)
(16) 도시 가스공급, 열 공급, 배수관 공급 망 구축 및 경영(대형도시, 중국 측 지배지분확보)
(17) 관광명소 보호, 개발과 경영 및 부대시설 건설

18. 감숙성: (1) 절수(節水)관개와 내한(耐旱)작물절수(節水)기술, 보호성 경작기술개발 및 응용
(2) 과일, 채소, 화초 종자의 개발 생산(중국 측 지배지분확보)
(3) 양질 포도주양조기지건설
(4) 양질 맥주원료 재배 및 가공
(5) 천연가스 완제품 생산과 개발(《천연가스이용정책》이 규정한 제한류와 금지류 제외)
(6) 희토(稀土) 심(深)가공 및 응용제품 생산
(7) 중약재 GAP 생산기지건설 및 심(深)가공(《외상투자산업지도목록》이 규정한 제한류와 금지류 제외)
(8) 알루미늄, 동, 니켈 등 유색금속 정밀 심(深)가공(중국 측 지배지분확보)
(9) 석유 채취, 정제설비 제조
(10) 석유 천연가스 수송 파이프 가공
(11) NEMO펌프(단 볼트펌프), 물펌프, 정밀연마기 제조
(12) 엔시(N.C.) 공작기계 및 공구(工具) 제조
(13) 풍력, 태양에너지 발전 및 설비 제조업(합자, 합작에 한함)
(14) 바스트(VAST) 업무(중국 WTO협약 약정 이내)
(15) 도로여객운수(중국 측 지배지분확보)
(16) 도시 가스공급, 열 공급, 배수관 공급 망 구축 및 경영(대형도시, 중국 측 지배지분확보)

(17) 관광명소 보호, 개발과 경영 및 부대시설 건설

19. 녕하회족자치구: (1) 절수(節水)관개와 내한(耐旱)작물절수(節水)기술, 보호성 경작 기술개발 및 응용
(2) 구기자, 포도 등 재배 및 심(深)가공
(3) 소수민족 필수품 및 회교도 음식 개발 및 가공
(4) 발효방식에 의한 화학원료약 및 중간체, 아미노산제품 개발 및 생산
(5) 카르보닐기(carbonyl基) 재료생산
(6) 석고와 도자기 점토 심(深)가공
(7) 일 생산량 4000톤 및 그 이상 시멘트가공원료의 신형건식시멘트생산
(8) 탄탈(Ta), 니오브(Nb) 등 금속 정밀 (深)가공(중국 측 지배지분확보)
(9) 고성능 자오선 타이어 생산
(10) 엔시(N.C.) 공작기계, 대형 정밀 베어링, 석탄채굴설비, 자동화계량기, 대형 정밀 주조물(鑄物)생산 가공
(11) 대형 석탄종합채굴설비와 폭발방지설비의 생산 가공
(12) 풍력에너지, 태양에너지 발전설비의 연구개발과 제조 생산(합자, 합작에 한함)
(13) 바스트(VAST) 업무(중국 WTO협약 약정 이내)
(14) 도로여객운수(중국 측 지배지분확보)
(15) 도시 가스공급, 열 공급, 배수관 공급 망 구축 및 경영(대형도시, 중국 측 지배지분확보)
(16) 관광명소 보호, 개발과 경영 및 부대시설 건설

20. 청해성: (1) 고원 동식물자원의 보호, 재배 및 가공이용(《외상투자산업지도목록》이 규정한 제한류와 금지류 제외)
(2) 퇴경환림환초(退耕還林還草), 천연림보호, 수자원 보호 등 국가중점생태공정 후속산업개발
(3) 절수(節水)관개와 내한(耐旱)작물절수(節水)기술, 보호성 경작기술개발 및 응용
(4) 유기 천연농축제품기지건설 및 제품 정밀 심(深)가공
(5) 소털제품 심(深)가공
(6) 천연가스 완제품 생산과 개발(《천연가스이용정책》이 규정한 제한류와 금지류 제외)
(7) 중약, 티벳 약(藏藥) 신품종, 신 조제 형 제품 생산(《외상투자산업지도목록》이 규정한 제한류와 금지류 제외)

(8) 특수품종(超白, 超薄, Low-E)우질 플로트유리기술개발 및 심(深)가공
(9) 일 생산량 4000톤 및 그 이상 시멘트가공원료의 신형건식시멘트생산
(10) 바스트(VAST) 업무(중국 WTO협약 약정 이내)
(11) 도로여객운수(중국 측 지배지분확보)
(12) 직업교육기관(합작에 한함)
(13) 의료기관(합자, 합작에 한함)
(14) 도시가스공급, 열 공급, 배수관공급망구축 및 경영(대형도시, 중국 측 지배지분확보)
(15) 관광명소 보호, 개발과 경영 및 부대시설 건설

21. 신강위구르자치구(신강생산건설병탄 포함):
(1) 퇴경환림환초(退耕還林還草), 천연림보호 등 국가중점생태공정 후속산업개발
(2) 절수(節水)관개와 내한(耐旱)작물절수(節水)기술, 보호성 경작기술개발 및 응용
(3) 양질 토마토, 특색 꿀배, 포도, 참외, 붉은 대추, 구기자 재배 및 심(深)가공
(4) 양질 포도주양조기지건설
(5) 천연향료의 재배 및 가공
(6) 사탕무 당 가공 및 부산품 종합이용
(7) 아마 재배 및 제품 생산
(8) 고급 면직제품의 업그레이드(upgrade) 개조
(9) 비단제품 심(深)가공
(10) 질석, 운모, 석면, 마그네사이트(**Magnesite**)광, 석묵, 석회석, 홍주석, 석재등 비금속 광산의 종합이용(탐사, 개발 제외)
(11) 석탄가공응용기술개발과 제품생산(중국 측 지배지분확보)
(12) 염화 완성품 생산 및 개발(《외상투자산업지도목록》이 규정한 제한류와 금지류 제외)
(13) 천연 오일가스 자원 종합이용
(14) 방공(放空) 천연가스 회수 이용
(15) 위구르족 특색 약용식물 재배, 가공 및 제약 신 공예 개발(《외상투자산업지도목록》이 규정한 제한류와 금지류 제외)
(16) 풍력에너지, 태양에너지 발전설비의 연구개발과 제조 생산(합자, 합작에 한함)
(17) 소와 양 내장을 원료로 한 생물 제약품의 개발이용
(18) 민족 필수품, 공예미술품, 포장용기재료 및 일용유리제품 생산
(19) 특수품종(超白, 超薄, Low-E)우질 플로트유리기술개발 및 심(深)가공

(20) 일 생산량 4000톤 및 그 이상 시멘트가공원료의 신형건식시멘트생산

(21) 동, 연, 아연, 알루미늄 등 유색금속의 정밀 심(深)가공(합자, 합작에 한함)

(22) 바스트(VAST) 업무(중국 WTO협약 약정 이내)

(23) 도로여객운수(중국 측 지배지분확보)

(24) 도시 가스공급, 열 공급, 배수관 공급 망 구축 및 경영(대형도시, 중국 측 지배지분확보)

(25) 관광명소 보호, 개발과 경영 및 부대시설 건설

◆ 원문출처: 新法規速遞: http://www.law-lib.com 한글번역: 저자

[부록-3]

중화인민공화국민족구역자치법(中華人民共和國民族區域自治法)

(1984년 5월 31일 제6기 전국인민대표대회 제2차 회의 채택,
2001년 2월 28일 제9기 전국인민대표대회 상무위원회 제20차 회의
《'중화인민공화국민족구역자치법'을 수정할 데 관한 결정》에 의해 수정)

서 언

중화인민공화국은 전국 여러 민족인민이 공동으로 건립한 통일된 다민족국가이다.

민족구역자치는 중국공산당이 마르크스-레닌주의이론을 바탕으로 우리나라 민족문제를 해결하기 위해 제정한 기본정책이며 국가의 기본정치제도이다.

민족구역자치란 국가의 통일된 영도 하에 여러 소수민족집거구(少數民族集居區)에 구역자치(區域自治)를 실시해 자치기관을 설립하고 자치권을 행사함을 말한다. 민족구역자치의 실시는 바로 국가가 여러 소수민족의 자체 내부 사무에 대한 관리권한을 충분히 존중하고 보장함을 뜻하며 여러 민족의 평등 · 단결 및 공동번영의 원칙을 구현한 것이다.

민족구역자치의 실시는 각 민족 인민들이 나라의 주인 된 태도로 평등 · 단결 · 상호협력의 이념으로 사회주의 민족관계를 발전시키며 국가의 통일을 공고히 하고 민족 자치지방과 국가의 사회주의건설사업을 발전시키는데 모두 커다란 역할을 발휘했다. 향후 민족구역자치제도를 계속 견지하고 완벽화 함으로써 국가의 사회주의현대화건설사업을 촉진하는데 더욱 큰 역할을 할 수 있도록 하여야 한다.

민족구역자치제도를 확고히 실시해 민족구역자치지방에서는 자 지방 실정에 따라 국가의 법률과 정책을 정확히 관철 · 집행하는 동시에 소수민족 각급 간부와 여러 업종의 전문인재 및 기술인력을 많이 양성해야 하며 민족자치지방에서는 반드시 자력갱생 · 간고분투의 정신을 발양하여 자 지방을 발전시켜 나라건설에 공헌해야 한다. 국가는 나라의 국민경제와 사회발전계획에 따라 민족자치지방의 경제, 문화 등 분야의 발전을 이끌어주어야 한다. 민족단결을 수호함에 있어서 대민족주의(大民族主義)를 반대해야 할뿐만 아니라 대한족주의(大漢族主義)도 반대해야 하며 지방민족주의(地方民族主義)도 반대해야 한다.

민족자치지방의 여러 민족 인민들은 중국공산당의 영도 하에 마르크스-레닌주의 · 모택동사상과 인민민주독재를 견지해야 하며 개혁개방을 견지하고 중국특색의 사회주의 길을 견지해 사회주의현대화건설에 공헌해야 하며 사회주의시장경제를 발전시키며 사회주의민주와 법제건설을 강화하고 사회주의정신문명건설을 강화하며 민족자치지방의 경제 및 사회발전을 가속화하여 단결되고 번영한 민족자치지방을 건설하며 여러 민족의 공동한 번영을 위하여 조국을 부유하고 강대하며 민주적이고 문명한 사회주의국가로 건

설하기 위하여 분투하여야 한다.

《중화인민공화국민족구역자치법(中華人民共和國民族區域自治法)》은 헌법에서 명시한 민족구역자치제도를 실시하는 기본법률이다.

제1장 총 칙

제1조 중화인민공화국 민족구역자치법은 중화인민공화국 헌법에 근거하여 제정한다.

제2조 각 소수민족집거구에서는 구역자치를 실시한다.

민족구역자치지방은 자치구 · 자치주 · 자치현으로 나뉜다. 각 민족 자치지방은 모두 중화인민공화국의 불가분의 구성부분이다.

제3조 민족자치지방에는 자치기관을 설립하는데 이는 국가의 일급 지방정권기관이다.

민족자치지방의 자치기관은 민주집중제(民主集中制)의 원칙을 실시한다.

제4조 민족자치지방의 자치기관은 헌법 제3장 제5절에서 규정한 지방국가기관의 직권을 행사하며 동시에 헌법과 자치법 그리고 기타 법률에 규정된 권한에 의하여 자치권리를 행사하며 본 지방 실정에 따라 국가의 법률과 정책을 관철 · 집행한다.

자치주의 자치기관은 산하에 구(區), 현(縣)을 설치한 시 급 지방국가기관의 직권을 행사하며 동시에 자치권을 행사한다.

제5조 민족자치지방의 자치기관은 반드시 나라의 통일을 수호하며 헌법과 법률이 본 지방에서 준수 · 집행되도록 보장하여야 한다.

제6조 민족자치지방의 자치기관은 여러 민족 인민들을 이끌어 사회주의현대화건설에 공헌할 수 있도록 하여야 한다.

민족자치지방의 자치기관은 본 지방 실정에 따라 헌법과 법률에 반하지 않는 전제하에 특수한 정책과 신축성 있는 조치를 취하여 민족자치지방의 경제, 문화건설사업을 신속히 발전시킬 권한을 가진다.

민족자치지방의 자치기관은 국가계획에 따라 실제로부터 출발하여 노동생산성과 경제적 효율성을 부단히 제고하고 사회생산력을 발전시키며 여러 민족의 물질생활수준을 제고해야 한다.

민족자치지방의 자치기관은 민족문화의 우수한 전통을 계승 · 발전시켜 민족특색을 가진 사회주의정신문명을 건설하여 여러 민족인민의 각오와 과학문화수준을 부단히 제고해야 한다.

제7조 민족자치지방의 자치기관은 국가의 총체적 이익을 우선하여 고려하며 상급에서 맡겨준 여러 가지 임무를 적극 완수해야 한다.

제8조 상급국가기관은 민족자치지방이 자치권을 충분히 행사할 수 있도록 보장해주어야 하며 민족자치지방의 특색과 수요에 따라 민족자치지방의 사회주의현대화사업을 신속히 발전시키도록 적극 협력해야 한다.

제9조 상급국가기관과 민족자치지방의 자치기관은 여러 민족이 평등하고 단결하며 서로 협력하는 사회주의민족관계를 수호하고 발전시켜야 한다. 어느 한 민족도 무시당하거나 압박당해서는 아니 되며 민족단결을 파괴하거나 민족분열을 조작하는 행

위는 금지되어야 한다.

제10조 민족자치지방의 자치기관은 본 지방 여러 민족이 모두 자체의 언어문자를 사용 · 발전시킬 수 있는 자유와 민족풍습을 유지 · 발전시킬 수 있는 자유를 보장해주어야 한다.

제11조 민족자치지방의 자치기관은 각 민족 공민의 종교신앙자유를 보장해주어야 한다. 어떠한 국가기관, 사회단체, 개인이든지 다른 공민을 억압하여 종교를 믿게 하거나 종교를 믿지 못하게 하여서는 아니 되며 종교인이든 비 종교인이든 무시해서는 아니 된다.

국가에서는 정상적인 종교활동을 보호한다.

어떠한 개인이든 종교를 이용하여 사회질서를 파괴하거나 공민의 신체건강을 해치거나 국가교육제도를 방해하는 활동을 해서는 아니 된다.

종교단체 및 그 종교사무는 외세(外勢)의 지배를 받지 아니 한다.

제 2 장 민족자치지방의 건립과 자치기관의 구성

제12조 소수민족집거지역은 그 지방 민족관계 · 경제발전 등 여건에 근거하고 역사사실 등을 참고로 한 개 내지 여러 개의 자치지방을 세울 수 있다.

민족자치지방 내 기타 소수민족집거지역도 상응한 자치지방 내지 민족향(民族鄕)을 세울 수 있다.

민족자치지방은 본 지방 실정에 따라 일부 한족 혹은 기타 소수민족이 살고 있는 거주지역이나 도시와 읍도 포함할 수 있다.

제13조 민족자치지방의 명칭은 특수 경우를 제외하고는 모두 지방명칭, 민족명칭, 행정급별 등의 순서에 따른다.

제14조 민족자치지방의 건립, 경계선의 구분 및 명칭의 확정 등은 모두 상급국가기관이 해당 지방국가기관, 해당 민족대표와 충분히 협상하여 방안을 내놓은 후 법률이 정한 절차에 따라 관련 부서에 보고하여 허가 받도록 한다.

민족자치지방이 건립된 후에는 법정절차를 거치지 아니하고 함부로 없애거나 합병해서는 아니 되며 민족자치지방의 경계선이 확정된 후에도 법정절차를 거치지 아니하고 함부로 변경해서는 아니 된다. 없애거나 합병 혹은 변경할 필요가 확실히 있을 경우에는 상급국가기관의 해당 부서와 민족자치지방의 자치기관이 충분히 협상하여 방안을 내놓은 후 법정 절차에 따라 해당 부서에 보고하여 허가를 받도록 한다.

제15조 민족자치지방의 자치기관은 자치구 · 자치주 · 자치현의 인민대표대회와 인민정부이다.

민족자치지방 인민정부는 그 지방인민대표대회와 상급국가행정기관에 대해 책임지고 사업보고를 한다. 지방인민대표대회 폐회기간에는 지방인민대표대회 상무위원회에 대해 책임지고 사업보고를 한다. 각 자치지방의 인민정부는 모두 국무원의 통일영도를 받는 국가행정기관으로써 국무원의 영도에 복종한다.

민족자치지방 자치기관의 조직과 사업은 모두 헌법과 법률에 근거하여 제정된 민족자치지방의 자치조례(自治條例) 혹은 전문조례(專門條例)에 따른다.

제16조 민족자치지방 인민대표대회에는 구역자치를 실시하는 민족의 대표 외에도 본 행정구역내에 거주하고 있는 기타 민족대표도 일정비율로 참여시켜야 한다.

민족자치지방 인민대표대회에 참가하는 구역자치를 실시하는 민족과 기타 소수민족 대표의 비례는 법률이 규정한 원칙에 따라 성 · 자치구 · 직할시 인민대표대회 상무위원회에서 결정한 뒤 전국인민대표대회 상무위원회에 서류로 등록한다.

민족자치지방 인민대표대회 상무위원회 주임 혹은 부 주임에는 구역자치를 실시하는 민족의 공민이 포함되어 있어야 한다.

제17조 자치구 주석(主席), 자치주 주장(州長), 자치현 현장(縣長)은 구역자치를 실시하는 민족의 공민이 맡아야 한다. 자치구 · 자치주 · 자치현 인민정부의 기타 해당 부서의 공무원은 구역자치를 실시하는 민족과 기타 소수민족이 적정 비율에 맞추어 구성되어야 한다.

민족자치지방의 인민정부는 자치구 주석(主席), 자치주 주장(州長), 자치현 현장(縣長) 책임제를 실시한다. 자치구 주석(主席), 자치주 주장(州長), 자치현 현장(縣長)은 각기 그 지방인민정부의 사업을 총괄한다.

제18조 민족자치지방 자치기관 소속 사업부서의 간부의 경우에도 구역자치를 실시하는 민족과 기타 소수민족이 합리하게 적정 비율에 맞추어 구성되어야 한다.

제 3 장 자치기관의 자치권

제19조 민족자치지방의 인민대표대회는 그 지방 민족의 정치, 경제 및 문화적 특성에 따라 자치조례(自治條例)와 전문조례(專門條例)를 제정할 권리가 있다. 자치구의 자치조례(自治條例)와 전문조례(專門條例)는 전국인민대표대회 상무위원회에 보고하여 비준을 받은 후에야 효력을 발생한다. 자치주, 자치현의 자치조례(自治條例)와 전문조례(專門條例)는 성 · 자치구 · 직할시의 인민대표대회에 보고하여 비준을 받은 후에야 그 효력을 발생한다. 단 전국인민대표대회 상무위원회와 국무원에 서류로 등록한다.

제20조 상급국가기관의 결의, 결정, 명령, 지시 등이 민족자치지방의 실정에 맞지 않을 경우에는 자치기관이 상급국가기관에 보고하여 비준을 받은 뒤 변경하여 집행하거나 집행을 취소할 수 있으며 상급국가기관은 보고를 받은 날부터 60일 내 답변을 해야 한다.

제21조 민족자치지방의 자치기관은 직무를 집행할 때 본 민족자치지방 자치조례의 규정에 따라 그 지방에서 통용되는 한 가지 혹은 몇 가지 언어문자를 사용하며 동시에 여러 가지 통용 언어 문자로 직무를 집행하는 곳에서는 구역자치를 실시하는 민족의 언어문자를 주로 사용하여야 한다.

제22조 민족자치지방의 자치기관은 사회주의건설사업의 수요에 따라 여러 가지 조치를 강구하여 그 지방민족 중에서 각 급 간부, 여러 분야의 과학기술, 경영관리 등 전

문인재와 기술인력을 많이 배출하고 그들의 역할을 충분히 발휘시켜야 한다. 또한 소수민족 여성 중에서 각급 간부와 여러 분야의 전문인력을 배출해야 한다.

민족자치지방의 자치기관은 상업인력을 채용할 경우 구역자치를 실시하는 민족과 기타 소수민족을 적정 비율로 배정해줄 수 있다.

민족자치지방의 자치기관은 특별조치를 대여 여러 분야의 전문인력들이 자치지방의 각 분야 건설사업에 참여하도록 할 수 있다.

第23조 민족자치지방의 기업 · 사업체가 국가의 규정에 의해 직원을 초빙할 경우에는 소수민족인력을 우선하여 초빙하며 농촌, 목축지역의 소수민족인구 중에서도 초빙할 수 있다.

第24조 민족자치지방의 자치기관은 국가의 군사제도와 지방의 상황에 따라 국무원의 비준을 거쳐 본 지방 사회치안을 담당하는 공안부대(公安部隊)를 창설할 수 있다.

第25조 민족자치지방의 자치기관은 국가계획의 지도하에 본 지방의 특성과 수요에 따라 경제건설의 방침 · 정책 및 계획을 제정하고 자주적으로 지방의 경제건설사업을 배정하고 관리한다.

第26조 민족자치지방의 자치기관은 사회주의 원칙을 견지하는 전제하에서 해당 법규와 본 지방 경제발전특성에 맞게 생산관계와 경제구조를 적절하게 조정하여 사회주의 시장경제를 발전시킨다.

민족자치지방의 자치기관은 공유제(公有制)를 주체로 다양한 소유제형태의 경제를 함께 발전시키는 기본경제제도를 견지하며 비 공유제경제를 발전시키도록 격려한다.

第27조 민족자치지방의 자치기관은 해당 법규에 의거하여 본 지방의 초지와 삼림의 소유권과 사용권을 확정한다.

민족자치지방의 자치기관은 초원과 삼림을 보호 · 건설하며 식수를 조직 · 격려한다. 어떠한 조직 또는 개인이든지 어떠한 수단으로 초원과 삼림을 파괴하는 것을 금한다. 초원과 삼림에서 자연자원을 파괴하고 경작지를 개척하는 것을 엄금한다.

第28조 각 민족자치지방의 자치기관은 해당 법규에 의거하여 본 지방의 자연자원을 보호한다.

민족자치지방의 자치기관은 해당 법규와 국가의 통일계획에 따라 본 지방에서 개발할 수 있는 자연자원을 우선하여 합리하게 개발 · 이용한다.

第29조 민족자치지방의 자치기관은 국가계획에 따라 본 지방의 재력, 물력 및 기타 구체적 여건에 따라 자주적으로 기본건설항목을 배정한다.

第30조 민족자치지방의 자치기관은 자주적으로 본 지방에 소속된 기업이나 사업체를 관리한다.

第31조 민족자치지방은 국가규정에 따라 대외경제무역활동을 추진할 수 있으며 국무원의 비준을 거쳐 대외무역항구를 건설할 수 있다.

외국과 인접해 있는 민족자치지방은 국무원의 비준을 거쳐 변경무역을 추진한다.

민족자치지방은 대외경제무역활동에서 국가의 정책적 혜택을 향유한다.

第32조 민족자치지방의 재정은 일급 재정으로써 국가재정의 구성부분이다.

민족자치지방의 자치기관은 지방재정을 관리할 수 있는 자치권을 가지고 있다. 국가 재정체제에 따라 민족자치지방의 재정수입에 편입되어 있는 부분은 민족자치지방의 자치기관이 자주적으로 지배하고 사용할 수 있다.

민족자치지방은 전국 통일 재정체제하에 국가에서 명시한 재정이전지불제도(財政轉移支付制度)를 통하여 상급 재정부문의 배려를 받는다.

민족자치지방의 재정예산지출은 국가규정에 따라 기동자금을 마련하며 예비비용이 예산에서 차지하는 비례는 다른 지방보다 높을 수 있다.

민족자치지방의 자치기관은 재정예산을 집행하는 과정에 수입에서 초과된 부분과 지출에서 남은 자금을 자체로 지배하고 사용할 수 있다.

第33조 민족자치지방의 자치기관은 국가에서 규정한 원칙에 따라 본 지방의 각 항 지출기준, 정원(定員), 정액(定額) 등에 대한 보충규정이나 구체방법을 본 지방 실정에 맞게 제정할 수 있다. 단 자치구에서 제정한 보충규정이나 구체방법은 국무원에 보고하여 서류로 등록하고 자치주나 자치현에서 제정한 보충규정이나 구체방법은 성 · 자치구 · 직할시 인민정부의 비준을 받도록 한다.

第34조 민족자치지방의 자치기관은 국가 세법을 집행할 때 국가에서 통일적으로 심사, 비준한 세금감면항목 이외에 지방 세 수입에 속한 일부 세 수입 중에서 배려할 필요가 있을 경우 세금을 감액 또는 면제해줄 수 있다. 단 자치주, 자치현에서 제정한 세금감면결정은 성 · 자치구 · 직할시인민정부의 비준을 받도록 한다.

第35조 민족자치지방은 본 지방 경제와 사회발전수요에 따라 해당 법규에 의거하여 지방상업은행과 도시 및 향 진 신용금고를 세울 수 있다.

第36조 민족자치지방의 자치기관은 국가의 교육방침과 해당 법규에 따라 본 지방 교육계획 및 각 급, 여러 유형 학교의 설치, 학제, 학교운영방식, 교수내용, 교수법, 학생모집방법을 결정할 수 있다.

第37조 민족자치지방의 자치기관은 자주적으로 민족교육, 문맹퇴치, 여러 유형 학교 운영, 9년제 의무교육보급 등을 발전시키고 여러 가지 형식을 취하여 보통 고급 중등교육과 중등직업기술교육을 발전시키며 여건과 수요에 따라 고등교육을 발전시키고 여러 소수 민족의 전문인재를 배양해야 한다.

민족자치지방의 자치기관은 소수민족목축지역, 경제빈곤지역, 거주지가 분산된 소수민족산간지역에 기숙과 장학금 제도로 운영되는 공립민족초등학교와 민족중학교를 설립하여 학생들이 의무교육단계의 학업을 마칠 수 있도록 보장한다. 학교운영비용과 장학금은 지방재정이 부담해야 하며 지방재정이 해결하기 힘든 지역에는 상급재정부문에서 보조해준다.

소수민족학생을 주로 모집하는 학교(반급)와 기타 교육기관은 여건이 되면 소수민족문자로 된 교과서를 채용하고 또 소수민족언어로 강의해야 하며 상황에 따라 초등학교 낮은 학년 혹은 높은 학년에서부터 한어과(漢語科)를 개설하여 전국에서 통용되는 표준말과 규범한자를 보급한다.

각급 인민정부는 소수민족문자로 된 교과서와 출판물의 번역, 출판 사업을 경제적으로 후원해 주어야 한다.

第38조 민족자치지방의 자치기관은 자주적으로 민족형식과 민족특성을 가진 문학, 예술, 신문, 출판, 방송, 영화, TV방송 등 민족문화사업을 발전시키며 문화사업에 대한 투입을 강화하고 문화시설건설을 강화하여 각 부문의 문화사업을 신속히 발전시킨다.

민족자치지방의 자치기관은 해당 부서와 분야에서 민족역사문화서적을 수집 · 정리하고 번역 · 출판하며 민족의 명승고적 · 진귀한 문물 및 기타 중요한 역사문화유산을 보호하며 우수한 민족전통문화를 계승하고 발전시키도록 이끌어주고 도와준다.

第39조 민족자치지방의 자치기관은 자주적으로 본 지방의 과학기술발전계획을 결정하며 과학기술지식을 보급한다.

第40조 민족자치지방의 자치기관은 자주적으로 본 지방의 의료위생사업의 발전계획을 결정하며 현대 의학과 민족전통의학을 함께 발전시킨다.

민족자치지방의 자치기관은 전염병, 지방병에 대한 예방, 퇴치사업과 보건위생사업을 강화하며 의료위생여건을 개선한다.

第41조 민족자치지방의 자치기관은 자주적으로 체육사업을 발전시키고 민족전통체육활동을 전개하여 여러 민족인민들의 체질을 증강시킨다.

第42조 민족자치지방의 자치기관은 교육, 과학기술, 문화예술, 위생, 체육 등 분야에서 다른 지방과의 교류와 협력을 적극 추진한다.

자치구, 자치주의 자치기관은 국가규정에 따라 교육, 과학기술, 문화예술, 위생, 체육 등 분야에서 해외교류도 추진할 수 있다.

第43조 민족자치지방의 자치기관은 해당 법규에 따라 유동인구관리방법을 제정한다.

第44조 민족자치지방은 계획생육을 실시하고 또 질적으로 우수한 생육을 제창함으로써 여러 민족의 인구자질을 제고시킨다.

민족자치지방의 자치기관은 해당 법규와 본 지방실정에 따라 계획생육실시방법을 제정한다.

第45조 민족자치지방의 자치기관은 생활 및 생태환경을 보호개선하며 오염과 기타 공해를 방지하며 인구, 자원, 환경의 조화로운 발전을 실현한다.

제 4 장 민족자치지방의 인민법원과 인민검찰원

第46조 민족자치지방의 인민법원과 인민검찰원은 그 지방 인민대표대회 및 상무위원회에 책임진다. 민족자치지방의 인민검찰원은 상급인민검찰원에 책임진다.

민족자치지방 인민법원의 재판업무는 최고인민법원과 상급인민법원의 감독을 받는다. 민족자치지방 인민검찰원의 업무는 최고인민검찰원과 상급인민검찰원의 영도를 받는다.

민족자치지방의 인민법원과 인민검찰원의 간부와 직원 중에는 구역자치를 실시하는 민족이 포함되어 있어야 한다.

第47조 민족자치지방의 인민법원과 인민검찰원은 해당 지역에서 통용되는 언어로 사건을 심사하며 해당 지역 통용언어문자를 숙달한 인력을 적합하게 배정해야 한다. 해당 지역 통용언어문자에 익숙하지 못한 소송당사자에게는 통역을 제공해야 한다.

법률문서는 실제수요에 따라 해당 지역에서 통용되는 한가지 혹은 여러 가지 문자를 사용하여야 한다. 여러 민족공민이 누구나 자기민족의 언어문자로 소송할 수 있는 권리를 보장한다.

제 5 장 민족자치지방 내의 민족관계

제48조 민족자치지방의 자치기관은 본 지방 여러 민족이 평등한 권리를 향유할 수 있도록 보장한다.

민족자치지방의 자치기관은 여러 민족 간부와 군중들을 단결하여 그들의 적극성을 충분히 발휘시켜 민족자치지방을 건설하여야 한다.

제49조 민족자치지방의 자치기관은 각 민족 간부들을 교육하고 격려하여 그들로 하여금 민족의 언어문자를 서로 배우게 한다. 한족간부(漢族幹部)는 해당 지역 소수민족의 언어문자를 배우고 소수민족간부는 본 민족 언어문자를 배우고 사용하는 동시에 전국에서 통용되는 표준말과 규범화된 한자도 배워야 한다.

민족자치지방의 국가공무원 중에서 해당지역 통용언어문자를 두 가지 이상 숙달한 자에 한해서 장려해 주도록 한다.

제50조 민족자치지방의 자치기관은 본 지방에 집거해 있는 기타 민족을 위해 상응한 자치지방 혹은 민족향(民族鄉)을 건립한다.

민족자치지방의 자치기관은 본 지방 여러 민족을 도와 경제, 교육, 과학기술, 문화, 위생, 체육사업을 발전시킨다.

민족자치지방의 자치기관은 본 지방에 흩어져 살고 있는 민족의 특성과 수요를 고려하고 돌봐주어야 한다.

제51조 민족자치지방의 자치기관은 본 지방 여러 민족의 특정 문제를 처리할 때 반드시 그들의 대표와 충분히 협상해야 하며 그들의 의견을 존중해야 한다.

제52조 민족자치지방의 자치기관은 본 지방 여러 민족 공민이 누구나 헌법이 규정한 공민의 권리를 향유할 수 있도록 보장하며, 그들이 공민으로서 지켜야 될 의무를 이행하도록 이끌어주어야 한다.

제53조 민족자치지방의 자치기관은 조국을 사랑하고 인민을 사랑하며 노동을 사랑하고 과학을 사랑하며 사회주의공공미덕을 사랑할 것을 제창해야 하며 본 지방 각 민족 공민에 대한 애국주의와 공산주의, 민족정책 교육을 실시한다. 여러 민족의 간부와 군중들을 교육하여 서로 신임하고 배우며 서로 돕고 서로의 언어문자, 풍속습관, 종교신앙을 존중하며 나라의 통일과 여러 민족 단결을 수호하도록 해야 한다.

제 6 장 상급국가기관의 직책

제54조 상급국가기관의 민족자치지방에 관한 결의, 결정, 명령 및 지시는 민족자치지방의 실정에 맞아야 한다.

제55조 상급국가기관은 민족자치지방 경제발전전략에 대한 연구, 제정, 실시를 도와주고 지도해주어야 하며 재정, 금융, 물자, 기술과 인재 등 면에서 각 민족 자치지방을 도와 경제, 교육, 과학기술, 문화, 위생, 체육 등 사업을 급속히 발전시켜야 한다. 국가는 우대정책을 제정하여 국내외투자자들이 민족자치지방에 투자할 수 있도록 적극 인도하여야한다.

상급국가기관은 국민경제와 사회발전계획을 제정할 때 민족자치지방의 특성과 수요를 고려해야 한다.

제56조 국가는 통일적인 계획과 시장수요에 따라 우선 민족자치지방에 자원개발항목과 기초시설건설항목을 적절히 배정한다. 국가는 중대한 기초시설투자항목에 투자비중과 정책적 은행대부금비중을 적당하게 높인다.

국가가 민족자치지방에 기초시설건설을 추진할 때 민족자치지방 자체의 부담금이 필요하면 상황에 따라 지방의 부담금을 감면하거나 면제해준다.

국가는 민족자치지방을 도와 실용적 과학기술개발과 성과전환을 추진해 실용기술과 발전전망이 있는 첨단기술을 잘 보급하고 과학기술인재들이 민족자치지방으로 유동할 수 있도록 잘 이끌어주어야 한다. 국가는 민족자치지방에 건설항목을 제공할 때 해당 지역 여건에 따라 선진적이고 적합한 설비와 기술을 제공한다.

제57조 국가는 민족자치지방의 경제발전특성과 수요에 따라 화폐시장과 자본시장을 종합운용하며 민족자치지방에 대한 금융지원을 늘린다. 금융기관은 민족자치지방의 고정자산투자항목과 국가산업정책에 부합되는 기업에 대해 자원개발과 다원화 경제발전 등 면에서 나타나는 적합한 자금수요를 중점 지원해주어야 한다.

국가는 민족자치지방에 대한 상업은행의 신용대출금투입을 증가하여 해당 지역 기업의 합리한 자금수요를 적극 지지한다.

제58조 상급국가기관은 재정, 금융, 인재 등 면에서 민족자치지방 기업을 도와 기술혁신을 추진하고 산업구조조정을 촉진한다.

상급국가기관은 민족자치지방의 기업관리 인력과 기술 인력들을 조직하여 경제발달지역에 대한 현장실습을 할 수 있도록 장려해주며 또한 경제발달지역의 기업관리 인력과 기술 인력들이 민족자치지방의 기업에 와서 사업하는 것을 장려해준다.

제59조 국가는 여러 가지 특별자금을 조성하여 민족자치지방 경제문화건설사업의 발전을 지원해주어야 한다.

국가에서 조성한 각종 특별자금과 임시 민족보조특별자금은 남용해서는 아니 되며 이 자금들로 민족자치지방의 정상 예산수입을 대체시키지 못한다.

제60조 상급국가기관은 국가의 민족무역정책과 민족자치지방의 수요에 따라 민족자치지방의 상업, 공업 및 의약산업의 발전을 위한 투자, 금융, 징수 등을 적극 지원해주어야 한다.

제61조 국가는 우대정책을 제정하여 민족자치지방에서 대외경제무역을 발전시키도록 하며 민족자치지방 생산기업의 대외무역경영자주권을 확대시켜 지방우세를 가진 생산품을 수출하도록 장려하며 변경무역에서 우대정책을 실시한다.

제62조 국민경제의 발전과 재정수입의 증가에 따라 상급재정은 민족자치지방의 재정이

전지불 강도를 점차 높인다. 일반적인 재정이전지불, 전용 재정이전지불, 민족자치지방에 대한 우대정책에 따른 재정이전지불 그리고 국가에서 확정한 기타 방식으로 민족자치지방에 대한 자금투입을 증가하여 민족자치지방의 경제발전과 사회진보를 급속히 발전시키며 발달지역과의 차이를 점차 축소시킨다.

第63조 상급국가기관은 투자, 금융, 징수 등 면에서 민족자치지방을 지원하여 농업, 목축업, 임업 등의 생산여건을 개선하고 수리, 교통, 에너지, 통신 등 기초시설을 개선하며 민족자치지방을 지원하여 본 지방의 자원을 합리하게 이용하여 지방공업, 향진(鄕鎭)기업, 중소기업 및 소수민족 특수상품과 전통적 수공업생산을 발전시킨다.

第64조 상급국가기관은 경제발달지역과 민족자치지방과의 경제, 기술협력 및 다차원, 다방면으로의 전문지원을 지지하며 민족자치지방의 경제·교육, 과학기술, 문화, 위생, 체육 사업의 발전을 적극 추진시켜야 한다.

第65조 국가는 민족자치지방에서 자원개발과 건설사업을 진행할 때 민족자치지방의 이익과 경제건설에 유리하게 배정하여야 하며 해당 지역 소수민족의 생산과 생활을 지원해 주어야 한다. 국가는 해당 조치를 취하여 자연자원을 수출하는 민족자치지방에 일정한 보상을 해준다.

국가는 경제발달지역의 기업이 서로 우대하고 이익을 주고받는 원칙에 따라 민족자치지방에서 투자하고 여러 가지 형태의 경제합작을 하는 것을 격려해준다.

第66조 상급국가기관은 민족자치지방의 중대한 생태 및 환경을 종합적으로 다스리는 사업을 국민경제와 사회발전계획에 포함시켜 통일적으로 배치한다.

민족자치지방이 국가의 생태균형, 환경보호에 공헌하였을 경우 국가에서 일정한 보상을 해준다.

어떠한 조직이나 개인이든지 민족자치지방에서 자원을 개발하고 건설을 진행할 경우 효과적인 방법으로 해당 지역의 생활 및 생태환경을 보호하고 개선하여 오염과 기타 공해를 방지하고 다스려야 한다.

第67조 상급국가기관에 소속된 민족자치지방의 기업, 사업체에서 국가의 해당 규정에 따라 직원을 초빙할 때에는 해당 지역 소수민족을 우선하여 고려한다.

민족자치지방의 기업, 사업체는 해당 자치지방의 자치권리를 존중하고 해당 지역 자치조례(自治條例)와 전문조례(專門條例), 지방법규와 제도를 준수하며 해당 지역 자치기관의 감독을 받는다.

第68조 상급국가기관은 민족자치지방의 동의를 거치지 않고 임의로 민족자치지방 소속 기업의 소속관계를 변경시켜서는 아니 된다.

第69조 국가와 상급인민정부는 재정, 금융, 물자, 기술, 인재 등 면에서 민족자치지방의 빈곤지역에 대한 지원을 강화하여 빈곤상태에서 빨리 벗어날 수 있도록 해야 한다.

第70조 상급국가기관은 민족자치지방을 도와 각급 간부, 각 부문 전문인재와 기술 인력을 대량으로 배양하며 민족자치지방의 수요에 따라 여러 가지 형식으로 적정수의 교사, 의사 및 과학기술인력과 경영관리인력을 파견하여 민족자치지방의 사업에 참여시키며 그들의 생활을 적당히 우대해 주어야 한다.

第71조 국가는 민족자치지방에 대한 교육투입을 증가하고 특별조치를 취하여 민족자치지방에서 9년제 의무교육을 보급시키고 기타 교육사업을 발전시킴으로써 여러 민족 인민들의 과학문화수준을 제고시킨다.

국가는 민족고등학교를 설립하고 고등학교에 민족반, 민족예비학과반을 설치하여 소수민족학생을 주로 받아들이며 계획적으로 학생을 모집하고 배치하는 방법을 적용한다. 고등학교와 중등전문학교에서는 학생을 모집할 때 소수민족응시생에 대하여 합격기준과 조건을 적당히 낮추며 인구가 특히 적은 소수민족응시생들에 대해서는 특별배려를 한다. 각급 인민정부와 학교는 여러 가지 조치를 취하여 가정형편이 어려운 소수민족학생들이 학업을 마칠 수 있도록 도와주어야 한다.

국가는 발달지역에 민족중학교를 설립하거나 일반중학교에 민족반을 개설하고 소수민족학생을 모집하여 중등교육을 실시한다.

국가는 민족자치지방을 위해 여러 민족의 교사를 양성하고 훈련시킨다. 국가는 여러 민족 교사나 조건에 부합되는 여러 민족 졸업생들이 민족자치지방에 가서 교육과 연구사업에 종사하는 것을 장려하며 그들에게 관련 우대정책을 적용한다.

第72조 상급국가기관은 여러 민족 간부와 군중들에 대한 민족정책교육을 강화하며 민족정책과 관련 법규의 준수와 집행을 수시로 검사해야 한다.

제7장 부 칙

第73조 국무원과 기타 관련 부문은 자체의 직권범위 내에서 본 법을 실시하기 위한 행정법규와 규칙 및 구체적인 조치와 방법을 제정한다.

자치구 그리고 그 산하에 자치주, 자치현이 설치되어 있는 성, 직할시의 인민대표대회 및 상무위원회는 해당 지역 실정에 따라 본 법을 실시함에 대한 구체적인 방법을 제정한다.

第74조 본 법은 전국인민대표대회에서 채택되어 1984년 10월 1일부터 실시한다.

◆ 원문출처: 新法規速遞: http://www.law-lib.com 한글번역: 저자

◈ 참고문헌 ◈

Ⅰ. 한국문헌

1. 김찬진, 「외자도입론」, 일조각, 1976년 9월 초판
2. 김옥암, 「경제정책론」, 학문사, 2000년 제1판
3. 박수영, 「서구도시개발론」, 법문사, 1992년 초판
4. 이승윤 · 홍재영, 「한국의 경제적 성장과정」, 광명출판사, 1975년 9월
5. 경제기획원(편), 「개발연대의 경제정책」－경제기획원 30년사(1961년-1980년), 미래사, 1994년 7월
6. 김대식 · 노영기 · 안국신 공저, 「현대경제학원론」－제4전정판(수정판), 박영사, 2003년
7. 김인철, 「경제발전론」, 박영사, 1998년 6월 초판
8. 김성수, 「신경제학원론」(제2전정판), 학문사, 1995년
9. 김익수, 「중국투자론」－이론과 실제, 박영사, 1999년 제1판
10. 신주식, "중국 소수민족의 정체성 약화현상에 대한 연구", 「중국연구」(제32권) 한국외국어대학교 외국학종합연구센터 중국연구소, 2003년 12월

Ⅱ. 중국문헌

1. 毛澤東, "論十大關係", 「毛澤東選集」, 第5卷, 人民出版社(北京), 1997年
2. 鄧小平, 「鄧小平文選」(第3卷), 人民出版社(北京), 1993年 第1版
3. 胡錦濤, "全面貫徹落實科學發展觀推動經濟社會又快又好發展", 「求是」 2006年 第1期
4. 杜平, 「中外西部開發史鑒」, 湖南人民出版社(長沙), 2002年 第1版
5. 孔淑紅 · 梁明, 「國際投資學」, 對外經濟貿易大學出版社(北京), 2001年 2月 第1版
6. 余勁松, 「國際投資法」, 法律出版社(北京), 2003年 8月 第1版
7. 本書編寫組(編), 「'國民經濟和社會發展第十個五年計劃綱要'學習讀本」, 中共中央党校出版社(北京), 2001年 第1版
8. 吳大華 · 徐杰, 「西部大開發的法律保障」, 民族出版社(北京), 2001年 第1版
9. 徐國弟 · 陣玉蓮, 「西部大開發戰略的理論基礎和實施政策」, 中國物價出版社(北京), 2002年 第1版
10. 中國(海南)改革發展研究院(編), 「西部大開發與非國有經濟發展」, 中國經濟出版社(北京), 2001年 第1版
11. 周興維, 「戰略重心的西移」, 民族出版社(北京), 2001年 第1版
12. 王洛林 · 魏後凱, 「未來50年-中國西部大開發戰略」, 北京出版社(北京), 2002年 第1版

13. 余勁松 · 吳志攀, 「國際經濟法」, 北京大學出版社 · 高等教育出版社(北京), 2000年 第1版
14. 盧炯星, 「中國外商投資法問題硏究」, 法律出版社(北京), 2001年 12月 第1版
15. 李少民, 「中國大陸的社會, 政治, 經濟」, 桂冠圖書有限公司(台北), 1992年12月 第1版
16. 王炳林 · 徐艷華, "正確認識小康社會與和諧社會的關係", 「社會主義經濟理論與實踐」, 2006年 第1期
17. 彭智敏, "論中部蹶起的路徑依賴", 「江漢論壇」, 2005年 第8期
18. 王勝今 · 朱顯平, "東北老工業基地振興與區域經濟協調發展", 「吉林大學社會科學學報」, 2004年 第1期
19. 邴正 · 鐘賢崟, "振興東北老工業基地與東北社會發展模式轉變", 「吉林大學社會科學學報」, 2004年 第2期
20. 林木西 · 楊哲英, "東北老工業基地振興與東北亞經濟合作", 「經濟理論與經濟管理」, 2005年 第3期
21. 姚偉龍 · 陳闖 · 薛岩晗, "振興東北老工業基地對策硏究", 「稅務與經濟」, 2007年 第2期
22. 馬建中等, "關與加强湖北發展, 促進中部蹶起的對策建議", 「湖北社會科學」, 2005年 第2期
23. 劉光岭 · 盧寧, "中部經濟蹶起的路徑依賴與路徑選擇", 「經濟學動態」 2007年 第1期
24. 楊雲彦 · 秦尊文, "促進中部蹶起的政策體系", 「湖北社會科學」, 武漢: 湖北社會科學院, 2005年 第11期
25. 徐勇, "國家整合與社會主義新農村建設", 「社會主義硏究」, 2006年 第1期
26. 馬凱, "爲順利實施'十一五'規劃開好局起好步", 「宏觀經濟管理」, 2006年 第1期
27. 黃漢權, "'十一五'時期我國農業和農村經濟發展", 「宏觀經濟管理」, 2006年 第1期
28. 顧益康, "統籌城鄕發展, 全面推進社會主義新農村建設", 「中國農村經濟」, 2006年 第1期
29. 陸學藝, "'三農'問題的核心是農民問題" 「社會科學硏究」, 2006年 第1期
30. 宋林飛, "'農民工'是新興工人群體", 「江西社會科學」, 2005年 第3期
31. 王炳林 · 徐艷華, "正確認識小康社會與和諧社會的關係", 「社會主義經濟理論與實踐」, 2006年 第1期
32. 韓俊, "推進新農村建設需要把握的若干問題", 「宏觀經濟管理」, 2006年 第4期
33. 石磊 · 高帆, "地區開發差距－一個基于經濟構造轉變的實證硏究", 「管理世界」, 2006年 第3期
34. 張文顯, "構建社會主義和諧社會的法律機制", 「中國法學」, 2006年 第1期
35. 崔卓蘭 · 盧護鋒, "和諧社會與中國法律建設", 「當代法學」, 2006年 第3期
36. 馬曉河, "統籌城響發展, 建設新農村及其政策建議", 「改革」, 2006年 第1期
37. 吳海峰, "建設社會主義新農村的十個結合", 「中國農村經濟」, 2006年 第1期
38. 于曉光, "構建社會主義新農村的法律思考", 「社會科學戰線」, 2006年 第2期,
39. 趙萬水, "農村居民生活水平的三條保障線－家庭 · 土地 · 政府", 「經濟體制改革」, 2006年 第1期

40. 溫恩美 · 鄭晶, "賦權體系, 賦權農民與建設新農村的政策測度", 「改革」, 2006年 第5期
41. 李曉陽 · 王釗, "'以工補農'的內涵規範及政策建議", 「改革」, 2006年 第2期
42. 劉鴻淵, "新農村建設的三個關鍵問題", 「經濟體制改革」, 2006年 第2期

Ⅲ. 일본문헌

1. [日] 六本佳平, 「法社會學」, 有斐閣, 昭和 61年 2月 初版
2. [日] 板野長八, "中國古代の法思想", 「前近代アジアの法と社會」, 仁井田陞博士追悼論文集 第1卷, 1967年 10月15日
3. [日] 宮崎義一, 「世界經濟をどう見るか」, 岩波新書, 344, 1990
4. [日] 柳田 侃 · 野村昭夫, 「國際經濟論」, ミネルヴァ書房, 1987
5. [日] 田中角榮 저, 이강록 역, 「일본열도개조론」, 학우사, 1972년 初版

Ⅳ. 서양문헌

1. Warren F. Ilchman and Norman. T. Uphaff, The Political Economy of Change Ch. I and II, especially at 14. (Berkeley: University of California Press, 1969)
2. Schaum's Outline Series, Development Economics, McGraw Hill, New York, 1977
3. R.Nurkse. Problems of Capital Formation in Underdeveloped Countries (Oxford:1953)
4. W.W. Rostow. The Stages of Economic Growth, Cambridge. 1961
5. "Modernization", in International Encyclopedia of the Social Science, Macmiuan, N.Y., 1968, Vol, 10
6. Alberto, Hirschman, The Strategy of Economic Development, Yale University, Press, New Haven, 1958
7. R. Dolzer, "Expropriation and Nationalization," Encyclopedia of Public International Law (V.6:Elsevier Science Publisher, 1985)
8. P. Muchlinski, Muchlinski, Multinational Enterprises and the Law (Blackwell, 1995)
9. Pan A. Yotopoulos and Jeffrey B. Nugent, Economics of Development: Empirical Investigations, Harper&Row, N.Y.,1976

[저자 소개]

김성화(金成華)

중국 길림 화룡 출생(1971)

중국 정법대학교 정치학부 졸업(법학학사, 1994)

중국 연변대학교 대학원 석사과정 졸업(법학석사, 2000)

한국 경기대학교 대학원 박사과정 졸업(법학박사, 2004)

중국 화동정법대학교 법학 포스닥 연구과정 수료(2007)

중국 연변대학교 법과대학 교수 역임(1996-2000)

중국 화동정법대학교 겸임교수 역임(2005-2006)

現: 중국 상해대학교 법과대학 교수(2007-현재)

중국 지역개발전략과 투자법제

2009년 2월 15일 초판인쇄
2009년 2월 20일 초판발행

저 자 김 성 화
발 행 인 고 준 영
발 행 처 **법 영 사**

저자와의 협의하에 인지첨부를 생략함

135-835 서울시 강남구 대치동 611
전화 (501)8898(대) Fax (501)8895
등록 1987. 5. 11. 제3-125호(윤)
Homepage : www.bubyoungsa.co.kr
E-mail : bypuco@chol.com

※ 파본은 교환해 드립니다. 정가 **15,000**원

불법복사는 지식재산을 훔치는 범죄행위입니다.
저작권법 제136조의 ①(권리의 침해죄)에 따라 위반자는 5년 이하의 징역 또는 5천만원 이하의 벌금에 처하거나 이를 병과할 수 있습니다.

ISBN 978-89-7032-252-0